NA LUZ DA VERDADE

NA LUZ DA VERDADE

MENSAGEM DO GRAAL

de

ABDRUSCHIN

Volume 1

ORDEM DO GRAAL NA TERRA

Título do original em língua alemã:
IM LICHTE DER WAHRHEIT
Gralsbotschaft von Abdruschin
(obra escrita entre 1923 e 1937)

Traduzido sob responsabilidade da
ORDEM DO GRAAL NA TERRA
Rua Sete de Setembro, 29.200
06845-000 – Embu das Artes – SP – BRASIL
www.graal.org.br

10ª edição: 2023
Revisada

Dados Internacionais de Catalogação na Publicação (CIP)
(Câmara Brasileira do Livro, SP, Brasil)

Abdruschin, 1875 – 1941.
    Na Luz da Verdade: Mensagem do Graal, volume 1 / de Abdruschin. – 10ª ed. rev. – Embu das Artes, SP: Ordem do Graal na Terra, 2023.

    Obra em 3 volumes.
    Título original: Im Lichte der Wahrheit.
    Vários tradutores.

    ISBN 978-85-7279-026-0

    1. Espiritualidade 2. Filosofia de vida 3. Pensamentos 4. Reflexões I. Título. II. Série

23-176330   CDD-113.8

Índices para catálogo sistemático:
1. Filosofia de vida 113.8

Aline Graziele Benitez - Bibliotecária - CRB-1/3129

NA LUZ DA VERDADE • Mensagem do Graal de Abdruschin
Obra em 3 volumes

Direitos de tradução:
ORDEM DO GRAAL NA TERRA
Registrados sob nº 21.851
na Biblioteca Nacional

LIVRA-TE DE TODAS AS TREVAS!

**QUEM NÃO SE ESFORÇA
PARA COMPREENDER DIREITO
A PALAVRA DO SENHOR
TORNA-SE CULPADO!**

INTRODUÇÃO

A VENDA cai, e a crença se torna convicção. Somente na convicção residem libertação e salvação!

Falo somente para aqueles que procuram com seriedade. Eles têm de estar aptos e dispostos a examinar objetivamente os fatos! Os religiosos fanáticos e entusiastas volúveis que permaneçam à distância, pois são nocivos à Verdade. Quanto aos malévolos e incoerentes, encontrarão nessas palavras seu julgamento.

A Mensagem atingirá somente aqueles que ainda trazem em si uma centelha da Verdade e o anseio de se tornarem seres humanos realmente. Para todos esses ela se tornará um luminar e um bastão. Sem rodeios ela abrirá o caminho através de todo o caos da confusão atual.

A Palavra que se segue não traz uma nova religião, mas deverá ser o archote para todos os ouvintes ou leitores sinceros, a fim de que encontrem o caminho certo que os leve à almejada altura.

Só pode progredir espiritualmente quem se movimenta por si. O tolo, que se utiliza das formas já prontas das concepções alheias, como meio de auxílio, segue seu caminho como apoiado em muletas, enquanto seus próprios membros sadios permanecem inativos.

Tão logo, porém, ele empregue todas as capacidades que dormitam nele à espera de seu chamado, corajosamente, como recurso para a ascensão, ele utiliza o dote[*] que lhe foi confiado de acordo com a vontade do seu Criador, e facilmente vencerá

---

[*] *Nota de tradução* – A palavra alemã "Pfund" significa "dote" e também "talento".

todos os obstáculos que queiram cruzar seu caminho, desviando-
-o dele.

Por isso, despertai! Somente na convicção repousa a verdadeira crença, e convicção só vem através de exames e análises irrestritas! Sede seres vivos na maravilhosa Criação de vosso Deus!

ABDRUSCHIN

QUE PROCURAIS?

Que *procurais?* Dizei, que significa esse impetuoso anseio? Atravessa o mundo como um bramido, e um vagalhão de livros se derrama sobre todos os povos. Eruditos vasculham antigas escrituras, investigam, cismam até a exaustão espiritual. Profetas aparecem advertindo, prometendo... de todos os lados se quer, de repente, como em estado febril, difundir nova luz!

Assim ressoa hoje como uma tempestade sobre a alma humana alvoroçada, sem refrescar nem revigorar, mas sim crestando, consumindo e sugando as últimas forças que restaram à dilacerada alma humana nesta escuridão da atualidade.

Também uma vez ou outra se manifesta um sussurro, um murmúrio de expectativa crescente, de algo que está para vir. Inquieto está cada nervo, tenso de um anseio inconsciente. Ondula, borbulha e paira sobre tudo, de modo sombrio e latente, uma espécie de atordoamento. Gerando desgraça. Que *terá* de nascer disso? Confusão, desalento e perdição, se não for rasgada com energia a camada escura que agora envolve espiritualmente o globo terrestre e que, com a viscosidade do charco imundo, absorve e sufoca, antes que se torne forte, cada livre pensamento luminoso que se eleva, e que, com o silêncio lúgubre de um pântano, reprime, decompõe e destrói, já no germe, cada boa vontade, antes que possa surgir dela uma ação.

O clamor dos que buscam a Luz, porém, que contém força para romper a lama, é desviado, e seu eco se perde contra uma abóbada impenetrável, erigida com empenho justamente por aqueles que presumem ajudar. *Eles oferecem pedras em lugar de pão!*

Vede essa infinidade de livros:

O espírito humano só se cansará por meio deles, não se vivificará! E isso é a prova da esterilidade de tudo quanto oferecem. Pois o que cansa o espírito nunca é o certo.

Pão espiritual refresca imediatamente, Verdade revigora, e Luz vivifica!

Pessoas simples têm, pois, que desanimar, quando veem os muros que estão sendo levantados ao redor do Além pela assim chamada ciência do espírito. Quem, dentre os simples, pode compreender as frases eruditas e estranhas expressões? Então o Além só se destina aos cientistas do espírito?

Fala-se aí de Deus! Deve ser erigida uma universidade, para nela se adquirir primeiro as capacidades de reconhecer a noção de divindade? Para onde impele essa mania que na maior parte está arraigada apenas na ambição?

Como bêbados cambaleiam os leitores e os ouvintes, de um lugar para outro, inseguros, tolhidos, unilaterais, pois foram desviados do caminho simples.

Escutai, desalentados! Erguei o olhar, vós que buscais com sinceridade: *o caminho para o Altíssimo se encontra pronto na frente de cada ser humano! A erudição não é o portal para lá!*

Escolheu Cristo Jesus, este grande exemplo no verdadeiro caminho para a Luz, os seus discípulos entre os eruditos fariseus? Entre pesquisadores das escrituras? Tirou-os da singeleza e da simplicidade, porque eles não tinham de debater-se contra este grande erro, que o caminho para a Luz é difícil de aprender e árduo de seguir.

Este pensamento é o maior inimigo dos seres humanos; é mentira!

Por isso, distanciai-vos de todo cientificismo, lá onde se trata do que há de mais sagrado no ser humano, que precisa ser *plenamente compreendido!* Afastai-vos, porque a ciência, como obra malfeita do cérebro humano, é fragmentária, e como tal tem de permanecer.

Refleti: como poderia a ciência, tão arduamente aprendida, conduzir à divindade? *Que é o saber, afinal?* Saber é o que o cérebro pode compreender. Quão estreitamente limitada é, contudo, a capacidade de compreensão do cérebro, que tem de continuar firmemente ligado ao espaço e ao tempo. Já a eternidade e o sentido do infinito um cérebro humano não é capaz de abranger. Justamente isto, que se encontra ligado inseparavelmente à divindade.

Silencioso, porém, permanece o cérebro, diante dessa força inapreensível que perflui tudo o que existe, e da qual ele próprio haure sua atividade. A força que todos sentem dia após dia, hora após hora, a cada momento, como algo evidente, que mesmo a ciência sempre reconhece existir, e que com o cérebro, portanto com o saber e o raciocínio, se procura em vão alcançar e compreender.

Tão deficiente é, pois, a atividade de um cérebro, pedra fundamental e instrumento da ciência, e essa limitação se faz sentir logicamente também através das obras que constrói, portanto através de todas as ciências. Por conseguinte, a ciência é útil como *complemento,* para melhor compreensão, para subdividir e classificar tudo quanto ela recebe pronto da força criadora precedente; no entanto, tem de falhar incondicionalmente, se quiser arvorar-se em guia ou crítica, enquanto prender-se, como até agora, tão firmemente ao raciocínio, portanto à faculdade de compreensão do cérebro.

Por esse motivo, a erudição e também a humanidade, que por ela se orienta, permanecem sempre presas a pormenores, ao passo que cada ser humano traz em si, como presente, o grande todo inapreensível que o capacita inteiramente a alcançar, sem ensinamentos cansativos, o que há de mais nobre e mais elevado!

Por isso, fora com esse tormento inútil de uma escravidão espiritual! Não é em vão que o grande Mestre clama para nós: Tornai-vos como as crianças!

Quem traz em si firme vontade para o bem e se esforça por outorgar pureza a seus pensamentos, *este já encontrou o caminho para o Altíssimo!* A ele, então, tudo o mais será concedido. Para tanto não precisa nem de livros, nem de esforço espiritual, nem de penitência, nem de isolamento. Torna-se sadio de corpo e alma, livre de toda a pressão do cismar doentio, pois qualquer exagero prejudica. Deveis ser seres humanos, e não plantas de estufa, que devido à formação unilateral logo sucumbem aos primeiros sopros de vento!

Despertai! Olhai em redor! Ouvi vosso íntimo! Isto, por si só, pode abrir o caminho!

Não deis atenção às brigas das igrejas. O grande portador da Verdade, Cristo Jesus, a corporificação do amor divino, não perguntou pelas religiões. Que são hoje, afinal, as religiões? Tolhimentos do espírito livre do ser humano, escravização da centelha de Deus* que habita em vós; dogmas que procuram restringir a obra do Criador e também Seu grande amor nas formas compactadas do sentido humano, o que equivale a rebaixamento e desvalorização proposital do divino.

Todo investigador sincero repele esse procedimento, pois neste caso jamais poderá vivenciar a grande realidade, com o que seu anseio pela Verdade torna-se cada vez mais desesperançado, fazendo-o por fim desesperar de si e do mundo!

Por isso, despertai! Destruí em vós os muros dogmáticos, arrancai a venda para que a Luz pura do Altíssimo possa atingir--vos intata. Vosso espírito se erguerá então jubiloso até às alturas, participando com alegria do grande amor do Pai, que não conhece quaisquer limitações do raciocínio terreno. Sabereis finalmente que sois uma parte desse amor; que o compreendereis sem esforço e completamente; que vos unireis a ele, e assim ganhareis, dia após dia, hora após hora, novas forças, como um presente, que vos permitirá sair da confusão com toda naturalidade.

---

* Dissertação – "Erros".

O CLAMOR PELO GUIA

OBSERVEMOS, mais de perto, todos os seres humanos que hoje em dia procuram com particular intensidade um guia espiritual e que o esperam com entusiasmo interior. Julgam-se já perfeitamente preparados espiritualmente para reconhecê-lo e ouvir sua palavra!

O que observamos numa contemplação serena são muitíssimas cisões. A missão de Cristo, por exemplo, atuou de modo estranho sobre muitas pessoas. Criaram para si uma imagem errada. Como de hábito, a causa disso foi a autoavaliação incorreta, a arrogância.

Em lugar do respeito de outrora e da conservação de uma distância natural e nítida delimitação em relação ao seu Deus, apenas se formaram de um lado súplicas lamurientas dos que só querem receber, mas de modo algum fazer algo. A expressão "Ora" eles aceitaram bem, mas o restante "e trabalha", "trabalha em ti mesmo", que a isso se liga, ignoraram.

Por outro lado, novamente, acreditam ser tão autônomos, tão independentes, que tudo poderão fazer e, com algum esforço, até mesmo se tornarem divinos.

Há também muitos seres humanos que só exigem e esperam que Deus corra atrás deles. Já que lhes tenha mandado Seu Filho uma vez, deu com isso prova do quanto Ele se interessa que a humanidade se aproxime Dele, sim, que Ele, provavelmente, até precise dela!

Para onde se olhar, só se encontrará em tudo arrogância, nenhuma humildade. Falta a autoavaliação correta. —

2. O clamor pelo guia

Em primeiro lugar, é preciso que o ser humano desça de sua altura artificial, a fim de poder tornar-se *verdadeiramente ser humano,* para, como *tal,* iniciar sua ascensão.

Encontra-se hoje sentado no sopé da montanha, em cima de uma árvore, todo enfatuado espiritualmente, em vez de estar com os pés firmes e seguros no solo. Por essa razão, nunca poderá escalar a montanha, a não ser que antes desça da árvore ou de lá despenque.

Enquanto isso, provavelmente todos quantos trilharam calma e sensatamente seu caminho, sob sua árvore, e para os quais ele olhava com arrogância, já chegaram ao cume.

Mas os acontecimentos virão em seu auxílio, pois a árvore *cairá* em pouco tempo. Talvez o ser humano se conscientize melhor quando da altura vacilante cair rudemente no chão. Então estará mais do que em tempo, não lhe restando uma hora sequer a perder.

Atualmente muitos pensam que podem continuar na rotina, como nos milênios passados. Acomodados e confortáveis, estão sentados em suas poltronas, esperando um guia forte.

Mas *como* imaginam esse guia! É realmente deplorável.

Em primeiro lugar, esperam dele, ou, digamos bem acertadamente, *exigem* dele, que *ele* prepare o caminho para cada um, rumo à Luz! Tem *ele* de esforçar-se para construir pontes para o caminho da Verdade aos adeptos de *todos* os credos! Tem *ele* de tornar isso tão fácil e compreensível, que cada qual possa compreender sem esforço. Suas palavras têm de ser escolhidas de tal modo que os grandes e os pequenos de todas as classes se tornem convictos de sua exatidão, sem mais nada.

Tão logo o próprio ser humano tenha de esforçar-se e refletir, então não é um verdadeiro guia. Pois se foi convocado para mostrar o caminho certo, guiando através de sua palavra, então terá naturalmente de esforçar-se em prol dos seres humanos. *Sua* tarefa é convencer os seres humanos, despertá-los! Pois Cristo também deu sua vida.

Os que hoje assim pensam, e esses são muitos, nem precisam esforçar-se, pois assemelham-se às virgens tolas indo ao encontro do que é "tarde demais"!

2. O clamor pelo guia

O guia com certeza *não* os despertará, mas sim deixará que continuem dormindo tranquilamente, até que o portal esteja fechado e eles não possam encontrar entrada para a Luz, visto não poderem libertar-se em tempo certo do âmbito da matéria, para o que a palavra do guia lhes indicara o caminho.

Pois o ser humano não é tão precioso quanto imagina. Deus não precisa dele; ele, sim, necessita de seu Deus!

Já que a humanidade hoje com seu chamado progresso não sabe mais o que realmente *quer,* terá de saber finalmente o que *deve!*

Essa espécie de gente passará buscando e também criticando com superioridade, da mesma forma que tantos outrora passaram por *aquele* cuja vinda já fora preparada pelas revelações.

Como se pode imaginar um guia espiritual *de tal maneira!*

Não dará à humanidade *nenhum palmo* de qualquer concessão, e *exigirá* em toda parte onde se esperava que ele desse!

Aquele ser humano, porém, capaz de pensar de modo sério, logo reconhecerá que *exatamente na exigência severa, irrestrita,* de um atento pensar, repousa a melhor ajuda que a humanidade já tão profundamente emaranhada em sua indolência espiritual necessita para sua salvação! Exatamente pelo fato de um guia exigir desde o início, para a compreensão de suas palavras, vivacidade espiritual, vontade *séria,* autoesforço, separa brincando, já no começo, o joio do trigo. Existe aí uma atuação automática, como se dá nas leis divinas. Também nisso sucederá aos seres humanos exatamente conforme eles realmente querem. —

Há, no entanto, mais outra espécie de seres humanos que se julgam especialmente ativos!

Esses formaram uma ideia bem diferente do guia, conforme se pode ler em relatórios. Isso não é menos grotesco, pois esperam aí um... acrobata espiritual!

Em todo caso, milhares já admitem que a clarividência, a clariaudiência, a hipersensibilidade, etc., constituiriam grande progresso, o que na realidade *não* é assim. Tais coisas aprendidas, cultivadas, ou mesmo sendo dons já trazidos, nunca podem erguer-se acima deste ambiente terreno, movimentam-se apenas em limites inferiores, limites esses que jamais poderão pretender níveis elevados, sendo, por essa razão, bastante desprovidos de valor.

Acaso se pretenderá *com isso* ajudar a humanidade a ascender, mostrando-lhe coisas de matéria fina do mesmo nível, ou ensinando-lhe a vê-las e ouvi-las?

Isso nada tem a ver com a real ascensão do espírito. Do mesmo modo que é inútil para os fenômenos terrenos! São artifícios espirituais, nada mais, interessantes para as pessoas individualmente, *mas sem qualquer valor* para a humanidade em geral!

Que todos esses desejem um guia dessa espécie, que de fato saiba mais do que eles, é facilmente compreensível. —

No entanto, existe um grande número que deseja ir ainda mais longe, às raias do ridículo. E que, apesar disso, tomam isso muito a sério.

Para eles, por exemplo, vale como condição básica para a capacitação de guiar, que um guia... não possa resfriar-se! Caso se resfrie, está destituído, pois isso não corresponde, segundo sua opinião, a um guia ideal. Um forte tem de, em todos os casos e em primeiro lugar, ser superior a todas essas ninharias com o seu espírito.

Isso talvez soe um pouco forçado e ridículo; trata-se, porém, de fatos colhidos, e significa uma fraca repetição da antiga exclamação: "Se és Filho de Deus, então ajuda a ti mesmo e desce da cruz". — Isso brada-se já hoje, antes mesmo de aparecer tal guia!

Pobres ignorantes seres humanos! Aquele que disciplina seu corpo de forma tão *unilateral,* que este se torne insensível temporariamente sob a força do espírito, esse, de modo algum, é um vulto eminente! Os que o admiram parecem-se com as crianças de séculos passados que seguiam de boca aberta e olhos brilhantes os malabaristas que passavam contorcendo-se, e queriam tanto poder imitá-los.

E tal qual as crianças daqueles tempos, nesse campo totalmente *terreno,* não mais progrediram, no campo *espiritual,* muitos dos assim chamados buscadores do espírito e de Deus, da época atual!

2. O clamor pelo guia

Prossigamos refletindo: os saltimbancos dos antigos tempos, de que acabei de falar, desenvolveram-se cada vez mais, tornando-se acrobatas de circos e teatros de variedades. Conseguiram alcançar proporções extraordinárias e ainda hoje, dia após dia, milhares de pessoas exigentes assistem sempre com pasmo e muitas vezes com calafrios a tais representações.

No entanto, *ganharam para si* alguma coisa com isso? Que lucro lhes advém de tais horas? Apesar disso, muitos acrobatas também arriscam suas vidas nessas representações. E sem o mínimo proveito, porque mesmo tendo alcançado tamanha perfeição, têm de continuar *sempre* apenas nos teatros de variedades e circos. Servirão sempre só para entretenimento, e nunca para qualquer vantagem da humanidade.

Uma acrobacia *semelhante,* no campo *espiritual,* é o que se procura agora como padrão para o grande guia!

Deixai tais seres humanos com esses acrobatas espirituais! Em breve experimentarão vivencialmente até onde isso os conduzirá! Ignoram também *o que* realmente querem conquistar com isso. Eles imaginam: grande é apenas aquele cujo espírito domina o corpo, a ponto de não mais conhecer doença!

Todo esse aprendizado é unilateral, e a unilateralidade produz somente insalubridade, doença! Com tais coisas o *espírito* não é *fortalecido,* mas sim *unicamente* o *corpo* fica *enfraquecido!* O indispensável equilíbrio para uma harmonia sadia entre o corpo e o espírito fica deslocado, e o fim é que o espírito acaba se desligando prematuramente do corpo assim maltratado, sem dispor mais da necessária ressonância sadia e vigorosa para a vivência terrena. Mas isso então *falta* ao espírito, e ele chega *imaturo* ao Além. Será obrigado *mais uma vez* a fazer um estágio na Terra.

Trata-se tão somente de artifícios espirituais que se processam à custa do corpo terreno, o qual, na realidade, deve auxiliar o espírito. O corpo *pertence* a uma fase do desenvolvimento do espírito. Caso seja enfraquecido e oprimido, não poderá ser útil ao espírito, pois suas irradiações serão fracas demais para produzirem na matéria a força plena de que necessita.

Se um ser humano quer subjugar uma doença, tem de provocar espiritualmente a pressão de um êxtase sobre o corpo, da mesma forma como ocorre em menor escala quando o medo do dentista pode afastar as dores. Tais elevados estados de agitação, um corpo suporta certamente sem perigo uma vez, talvez mais vezes, mas não por períodos prolongados, sem sofrer sérios danos.

E se um guia faz ou aconselha *isso,* não merece ser tomado na conta de guia, pois ele se contrapõe assim às leis naturais da Criação. O ser humano terreno deve preservar seu corpo como um bem que lhe foi confiado, e procurar manter a harmonia sadia entre o espírito e o corpo. Caso esta seja perturbada mediante opressão unilateral, então isso deixará de ser progresso, ascensão, mas sim será um estorvo incisivo para o cumprimento de sua missão na Terra bem como, aliás, *na matéria.* A força plena do espírito se perde aí com referência a seu efeito *na matéria,* porque ele necessita para isso, de qualquer modo, da força de um corpo terreno não subjugado, mas sim que se harmonize com o espírito!

Aquele que, baseando-se em tais coisas, é chamado de mestre vale menos do que um aprendiz que desconhece totalmente as incumbências do espírito humano e as necessidades de sua evolução! É até mesmo nocivo ao espírito.

Não tardarão a reconhecer dolorosamente sua tolice.

Cada falso guia, porém, terá de passar por *amargas* experiências! Sua ascensão no Além *só* poderá principiar quando o *último* dos que ele deteve ou até desencaminhou com suas brincadeiras espirituais tiver chegado ao reconhecimento. Enquanto seus livros, seus escritos tiverem influência aqui na Terra, ele permanecerá detido no Além, mesmo que nesse ínterim chegue lá a melhores reconhecimentos.

Quem aconselha aprendizado do ocultismo dá aos seres humanos pedra em lugar de pão, mostrando com isso que nem sequer possui uma ideia dos *verdadeiros* fenômenos no Além, e menos ainda de toda a engrenagem universal! —

O ANTICRISTO

SERES humanos! Quando chegar a hora em que segundo a vontade divina tiver de acontecer na Terra a limpeza e a separação, atentai então para os sinais prometidos e em parte sobrenaturais que surgirão *no céu!*

Não vos deixeis confundir então por *aqueles* seres humanos, nem pelas igrejas que há muito se entregaram ao anticristo. É triste que nem mesmo as igrejas tenham sabido até agora *onde* procurar esse anticristo que, no entanto, desde muito tempo age entre todos os seres humanos. Com um pouco de vigilância já o teriam reconhecido! Quem pode então agir de modo mais anticristão do que aqueles que outrora combateram o *próprio Cristo* e que por fim também o assassinaram! Quem poderia mostrar-se pior e mais nitidamente contra Cristo!

Foram os representantes e portadores da religião terrena, que não se conformaram com a legítima doutrina de Deus trazida e apresentada pelo Filho de Deus, e a qual não se enquadrava à sua própria organização. A verdadeira Mensagem de Deus não podia coadunar-se com isso, já que a organização eclesiástica dos dignitários terrenos estava direcionada para a influência, para o poder e a expansão terrenais.

Bem nitidamente demonstraram com isso que eram servos do raciocínio humano, que está direcionado unicamente para o saber e o poder terrenais, sendo hostil e contrário a tudo o que se situe fora da compreensão terrena! Como Deus permanece inteiramente fora da compreensibilidade terrena, bem como o espiritual, logo é exatamente o raciocínio o único empecilho verdadeiro! Por isso, ele também é, em sua espécie, adversário de tudo o que é divino e tudo o que é espiritual!

E, por conseguinte, com ele todos os seres humanos que consideram seu raciocínio como o que há de mais elevado e sublime, procurando construir somente baseado *nele*.

Os representantes da religião daquele tempo temiam perder a influência junto ao povo, devido aos esclarecimentos do Filho de Deus. Foi *esse,* como hoje todos sabem, o motivo predominante para as calúnias que procuraram espalhar contra Cristo, culminando com a execução do Filho de Deus. Pregaram-no na cruz como blasfemador de Deus, ele que fora enviado para esclarecimentos por esse mesmo Deus, de Quem se atribuíam a condição de servos!

Tão pouco conheciam, na verdade, *esse* Deus e Sua vontade, a Cujo serviço queriam fazer crer aos seres humanos que se encontravam, mas em Cuja honra, em Cuja defesa terrena... assassinaram esse Filho de Deus, o enviado de Deus!

Tornou-se evidente, como consequência nefasta disso, que eles eram escravos do seu raciocínio terreno, o qual só lutava pela própria influência. Entregaram-se como carrascos a serviço do anticristo, ao qual, dentro de si, sem alarde, já haviam soerguido um trono. Pois nisso encontravam satisfação para as fraquezas humanas, como a presunção, a vaidade e a arrogância.

Quem espera provas mais claras não pode ser auxiliado, pois algo mais caracteristicamente contra Cristo, o Filho de Deus, e sua Palavra, não pode haver! E anticristo significa, pois, o lutador *contra* Cristo, contra a libertação dos seres humanos pela Mensagem de Deus. O raciocínio terreno impeliu-os a isso! Justamente esse constitui, como excrescência venenosa de *Lúcifer,* seu instrumento, que se tornou o mais perigoso para a humanidade!

Já por isso, outrora, o exagerado cultivo do raciocínio humano transformou-se no pecado hereditário para os seres humanos! Atrás dele, porém, encontra-se o próprio Lúcifer como anticristo em pessoa! É *ele,* sim, que por meio dos seres humanos pôde erguer a cabeça! Ele, o único verdadeiro inimigo de Deus!

3. O anticristo

Adquiriu para si o nome de anticristo, pela luta hostil contra a missão do Filho de Deus. Nenhum outro teria tido a força e o poder para tornar-se o anticristo.

E Lúcifer se utiliza na Terra, na sua luta contra a vontade de Deus, não apenas *de um* ser humano, mas de quase toda a humanidade, a qual, com isso, está levando à perdição, pelos efeitos da ira divina! Quem não puder compreender *isso,* por si tão evidente, que somente o *próprio Lúcifer* poderia ser *o anticristo,* aquele que ousa opor-se a Deus, jamais poderá compreender algo de tudo quanto se encontra fora da matéria grosseira, isto é, fora do puramente terrenal.

E da mesma forma que foi outrora, *continua sendo ainda hoje!* Até mesmo muito pior. Também hoje muitos representantes das religiões quererão lutar encarniçadamente, a fim de manter nos templos e nas igrejas as regras do raciocínio terreno vigentes.

Justamente esse raciocínio humano, que restringe todas as intuições mais nobres, é, entre outras, a mais perigosa excrescência de Lúcifer, que ele pôde disseminar pela humanidade. Todos os escravos do raciocínio são, porém, na realidade, *servidores de Lúcifer,* cúmplices da descomunal ruína que devido a isso tem de cair sobre a humanidade!

Como, no entanto, nenhum ser humano procurou o anticristo sob o raciocínio, é que sua nefasta expansão tornou-se tão fácil! Lúcifer triunfou, pois dessa forma excluía a humanidade de toda e qualquer compreensão de tudo aquilo que se encontra fora da matéria grosseira. Da *vida real!* Do lugar onde então se inicia o contato com o espiritual e que conduz à proximidade de Deus!

Com isso colocou o pé em cima desta Terra como senhor da Terra e da maior parte da humanidade!

Logo, tampouco não era de admirar que ele tivesse podido avançar até os altares, e que representantes terrenos das religiões, inclusive de igrejas cristãs, se tornassem suas vítimas. Também eles esperam o anticristo somente antes do Juízo anunciado. A grande revelação da Bíblia ficou assim incompreendida até agora, como muitas coisas mais.

Diz a revelação que esse anticristo *erguerá sua cabeça* antes do Juízo! Não, porém, que ainda virá! Se, portanto, está declarado que ele erguerá a cabeça, isso mostra que ele já deve estar, e não, porém, que ainda virá. *Ele terá o auge do seu domínio* pouco antes do Juízo, eis o que se diz com isto!

Vós, que ainda não ficastes espiritualmente surdos nem cegos, escutai este brado de alerta! Dai-vos ao trabalho, *vós mesmos,* de refletir seriamente sobre isso. Se ainda continuardes acomodados, então vós mesmos vos condenais!

Tão logo alguém ponha a descoberto o lugar onde se esconde uma serpente venenosa, esta, assim que se vê exposta repentinamente, procura então naturalmente dar um bote para picar a mão desatenta.

O mesmo sucede aqui. Vendo-se assim descoberto, o anticristo há de logo querer reagir por meio de seus servos, procurando por todos os meios possíveis, ao sentir-se desmascarado, fazer clamor, a fim de manter-se no trono que a humanidade de bom grado lhe outorgou. Tudo isso ele só conseguirá, entretanto, através dos que no íntimo o adoram.

Assim sendo, observai à vossa volta com toda a atenção, quando principiar a luta! Será exatamente pelas gritarias que havereis de reconhecer cada um dos que lhe pertencem! Pois esses hão de *novamente* comportar-se como antes, temerosos de encarar a Verdade límpida!

O anticristo tentará, de novo, firmar tenazmente sua influência sobre a Terra. Tende cuidado quanto à sua falta de objetividade, tanto na defesa como no ataque, pois novamente há de trabalhar lançando somente calúnias e suspeitas, porque seus adeptos não conseguem fazer outra coisa. Enfrentar a Verdade e contradizê-la não é possível.

Assim, os servos de Lúcifer combaterão também o enviado de Deus, tal como outrora combateram o Filho de Deus!

Onde quer que tal tentativa ocorra, aí deveis ficar bem atentos, pois com isso tais seres humanos querem apenas proteger Lúcifer, a fim de manter seu domínio sobre a Terra. Lá será um foco da escuridão, mesmo que externamente os seres humanos costumem vestir roupas terrenas claras, mesmo que sejam servidores de alguma igreja.

Não vos esqueçais dos acontecimentos do tempo do Filho de Deus aqui na Terra; ponderai, isso sim, que ainda hoje *o mesmo* anticristo se esforça com número ainda maior de adeptos para conservar seu domínio terreno, escapar à destruição e continuar a obscurecer a verdadeira vontade de Deus.

Ficai, portanto, bem atentos a todos os sinais que foram prometidos! Pois é chegado o momento da *última* decisão para cada um. Salvação ou perdição! Pois desta vez é da vontade de Deus que se perca o que se atrever mais uma vez a erguer-se contra Ele!

Toda e qualquer negligência quanto a isso se transformará para vós em juízo! — Não estarão sobre nenhuma igreja os sinais de Deus, nenhum dignitário eclesiástico terreno trará as credenciais de enviado de Deus! Mas tão somente aquele que estiver indissoluvelmente unido aos sinais e que, por conseguinte, os trouxer também vivos e luminosos consigo, como outrora o Filho de Deus, quando viveu nesta Terra. É a Cruz da Verdade, viva e luminosa nele, e a Pomba sobre ele! Tornar-se-ão visíveis a todos os que merecerem a graça de ver o que é espiritual, a fim de testemunhar perante todos os seres humanos da Terra, pois haverá, entre todos os povos, aqueles aos quais desta vez será dado "ver", como última graça de Deus! — — —

E esses altos sinais da Verdade sacrossanta jamais se deixarão simular. Nem o próprio Lúcifer consegue isso, tendo de fugir deles, e muito menos o conseguirá qualquer ser humano. Quem, portanto, ainda quiser opor-se a essa credencial de Deus, logo se colocará contra Deus, como inimigo de Deus. Mostrará, com isso, não ser, nem nunca haver sido, servo de Deus, pouco importando o que procurou aparentar até então na Terra.

Acautelai-vos, para que também não sejais incluídos entre esses!

MORALIDADE

Sobre a humanidade paira como que uma escura nuvem de tempestade. Sufocante está a atmosfera. De modo indolente, sob pressão abafada, trabalha a capacidade intuitiva de cada um. Somente os nervos se encontram excessivamente tensos, atuando sobre a sensibilidade e os instintos do corpo. Estimulados artificialmente pelos erros de uma educação errada, de uma concepção errada e autoilusão.

O ser humano de hoje não é a tal respeito um ser normal, mas sim traz consigo um instinto sexual doentio, muito aumentado, que procura exaltar, adorando-o por centenas de formas e maneiras, o que acarretará a ruína da humanidade inteira.

Sendo tudo isso contagioso e transmissível como um hálito pestífero, acabará com o tempo atuando também sobre aqueles que ainda procuram prender-se tenazmente a um ideal, cujos vislumbres ainda enxergam no esconderijo da semiconsciência. Estendem, sim, ansiosos os braços para isso, mas desesperados acabam tornando a baixá-los, suspirando sem esperança, quando voltam o olhar para o que os cerca.

Veem apavorados e impotentes com que velocidade se vai toldando a visão clara em relação à moralidade e à imoralidade, perdendo a capacidade de discernimento, modificando a pauta dos conceitos nisso e, de tal modo, que muito daquilo que não faz muito tempo causava repugnância e desprezo, rapidamente passa a ser admitido como inteiramente natural, já não escandalizando mais.

Mas o cálice em breve estará cheio até a borda. Há de sobrevir um terrível despertar.

4. Moralidade

Mesmo agora já se nota às vezes, entre essas massas fustigadas pelos instintos, um repentino e tímido encolhimento, inteiramente inconsciente e irrefletido. A incerteza se apodera por um instante de mais de um coração; contudo, não ocorre um despertar, uma nítida intuição de sua atuação indigna. Acode então um zelo redobrado para jogar fora ou até abafar tais "fraquezas" ou "últimos resquícios" de conceitos antiquados.

Progresso a todo custo. Mas progredir é possível em duas direções. Para cima ou para baixo. Conforme a escolha feita. E conforme a situação presente, conduz com velocidade sinistra para baixo. O choque terá de arrebentar os que assim se precipitam para baixo, quando chegar a hora em que baterem contra uma resistência forte.

A nuvem de tempestade se condensa cada vez mais sinistramente nesse ambiente abafadiço. A qualquer momento é de se esperar o primeiro relâmpago, que rasgará e clareará a escuridão, que iluminará flamejantemente o que estiver mais escondido, com uma inexorabilidade e agudeza que trará em si libertação para aqueles que anseiam pela Luz e clareza, trazendo, porém, destruição para aqueles que não mais têm anseio pela Luz.

Quanto mais tempo dispuser essa nuvem para densificar sua escuridão e pesadume, tanto mais penetrante e apavorante será o raio produzido por ela. Desaparecerá a atmosfera frouxa e branda que esconde nas dobras de sua indolência cobiças viscosas, pois ao primeiro relâmpago se seguirá naturalmente uma corrente de ar fresco e sadio, trazendo vida nova. Na claridade fria da Luz se tornarão nítidas, subitamente, diante dos olhares da humanidade horrorizada, todas as monstruosidades da fantasia mórbida de suas mentiras de falso brilho.

Como o abalo de um poderoso trovão será o despertar nas almas, de modo que o manancial de água vivificante da Verdade pura possa jorrar bramante sobre o solo assim preparado. O dia da liberdade desponta. Libertação do jugo de imoralidade que desde milênios existiu e agora chegou à máxima florescência.

Olhai em torno de vós! Observai as leituras, as danças, as roupas! A época atual esforça-se, mais do que nunca, para, através da destruição de todas as barreiras entre os dois sexos, turvar sistematicamente a pureza da intuição, deformá-la com essa turvação e colocar-lhe máscaras enganadoras, se possível asfixiá-la por fim.

As reflexões que surgem, os seres humanos sufocam com palavras sonantes, as quais, porém, examinadas nitidamente, apenas provêm do trêmulo instinto sexual, a fim de dar sempre nova nutrição às cobiças, de incontáveis maneiras hábeis e inábeis, de modo escondido e não escondido.

Falam do início de uma humanidade livre e autônoma, de um desenvolvimento da estabilização interior, de cultura física, beleza da nudez, de esporte enobrecido, e da educação para a vivificação do lema: "Aos puros, tudo é puro!" Em suma: o soerguimento do gênero humano por meio da extinção de todo o "pudor", de maneira a assim ser criado o ser humano livre e nobre que deve dominar no futuro! Ai daquele que ouse falar algo em contrário! Tal atrevido será imediatamente apedrejado, sob grande vozerio, com insultos parecidos com afirmações de que somente pensamentos impuros poderiam movê-lo a "encontrar algo nisso"!

Um furioso redemoinho de águas podres, das quais emana uma nebulosidade entorpecente e venenosa que, como embriaguez de morfina, desencadeia ilusões mórbidas aos sentidos, nas quais se deixam deslizar permanentemente milhares e milhares de pessoas, até sucumbirem enfraquecidas nisso.

O irmão procura ensinar a irmã; os filhos, seus pais. Como um dilúvio, isso passa sobre todos os seres humanos, e furioso embate de ondas surge onde alguns criteriosos, enojados, ainda permanecem solitários como os recifes no mar. A esses se agarram muitos que no turbilhão percebem que as forças lhes estão faltando. Apraz ver esses pequenos grupos que são como os oásis no deserto. Do mesmo modo refrescante como aqueles, convidando para repouso e descanso o viajante que, lutando penosamente, conseguiu atravessar a terrível tempestade de areia.

Tudo quanto hoje em dia está sendo pregado sob os lindos mantos do progresso, outra coisa não é senão um disfarçado

4. Moralidade   29

incremento do descaramento, o envenenamento de todas as intuições mais elevadas do ser humano. A maior epidemia que já afetou a humanidade. E esquisito: é como se muitos apenas tivessem aguardado que um pretexto cabível lhes fosse dado para se rebaixarem. Para incontáveis pessoas isso é mais do que bem-vindo!

Entretanto, quem conhece as leis espirituais que atuam no Universo se afastará com repugnância dessas tendências atuais. Tomemos por exemplo apenas um desses "inofensivos" divertimentos: "os banhos em conjunto".

"Aos puros, tudo é puro!" Isso soa tão bem, que sob a proteção desse acorde muita coisa acaba sendo permitida. Analisemos, contudo, os mais simples fenômenos com referência à matéria fina durante um desses tais banhos. Admitamos que ali estejam trinta pessoas de ambos os sexos, e que dessas, vinte e nove sejam realmente puras em todos os sentidos. Uma suposição que de antemão já é totalmente impossível, pois o contrário é que seria mais certo, conquanto ainda raro. Contudo, suponhamos tal coisa.

Esse um, o trigésimo, incentivado pelo que está vendo, tem pensamentos impuros, muito embora aparentemente talvez se porte corretamente. Tais pensamentos tomam forma imediatamente na esfera de matéria fina, dirigem-se para o objeto de sua contemplação e aí se prendem. Isso é uma conspurcação, quer se objetive em manifestações e fatos, quer não!

A pessoa assim atingida sairá dali levando consigo essa conspurcação, que poderá atrair formas de pensamentos semelhantes que vagueiam ao redor. Dessa maneira, torna-se cada vez mais denso em torno dessa pessoa, podendo por fim influenciá-la e envenená-la, do mesmo modo que a trepadeira envolvente muitas vezes consegue matar a mais sadia árvore.

Eis os fenômenos relativos à matéria fina, nos chamados "inofensivos" banhos em conjunto, jogos de sociedade, danças e tantos outros divertimentos.

Tem de ser considerado, então, que tais banhos e divertimentos, de uma ou de outra forma, só são frequentados por aqueles que intencionalmente procuram algo para incentivar especialmente seus pensamentos e sentimentos, mediante tais contemplações! Não é, pois, difícil de explicar que sujeira com isso é cultivada, sem que exteriormente se note algo na esfera de matéria grosseira.

Da mesma forma, torna-se compreensível que essa nuvem sempre crescente e condensante de formas de pensamentos voluptuosos tem de, gradualmente, atuar sobre um número incontável de pessoas que por si não procuram tais coisas. Nelas vão surgindo primeiro de modo fraco, depois mais forte e mais vivo, pensamentos análogos, que vão sendo alimentados constantemente por muitas formas do assim chamado "progresso" do seu ambiente, e assim um após outro desliza para dentro da corrente escura e viscosa, onde as normas da autêntica pureza e o conceito de moralidade cada vez se vão turvando mais, até arrastarem tudo às profundezas da escuridão completa.

Essas oportunidades e os estímulos para tais excrescências proliferativas devem ser eliminados em primeiro lugar! Não passam de incubadoras onde os vermes pestíferos de seres humanos imorais podem lançar seus pensamentos que, a seguir, vicejando, crescem e devastadoramente se alastram sobre toda a humanidade, criando sempre novos focos de proliferação e constituindo por fim apenas um campo enorme de excrescências asquerosas, das quais provém uma exalação venenosa que sufoca também o que é bom.

Libertai-vos desse torpor que, qual entorpecente, só aparenta um fortalecimento, mas que na verdade só consegue atuar enfraquecendo e destruindo.

É evidente, conquanto também entristecedor, que seja exatamente o sexo feminino que em primeiro lugar exagera tudo ao máximo, rebaixando-se inescrupulosamente em suas vestimentas à condição devassa de mulher de rua.

Isso só prova, porém, a exatidão do que ficou esclarecido a propósito dos fenômenos de matéria fina. É exatamente a mulher que, primeiro e mais amplamente, por sua maior capacidade intuitiva, recebe e colhe esse veneno do pestífero mundo de formas de pensamentos de matéria fina, sem mesmo se dar conta disso. Ela se encontra mais exposta a esses perigos, e por isso é arrastada primeiro e se deixa levar com incompreensível rapidez, ultrapassando quaisquer limites.

Não é em vão que se diz: "A mulher, quando ruim, é pior do que o homem!" Isso se patenteia em tudo, seja na crueldade, no ódio ou no amor! O procedimento da mulher será sempre o resultado do mundo de matéria fina que a envolve. Nisso, naturalmente, existem exceções. Por essa razão, ela tampouco está isenta de responsabilidade, pois consegue perceber as influências que investem sobre si mesma e dirigir sua vontade e seu atuar conforme seu arbítrio se... ela quiser! Que isso, infelizmente, não aconteça com a maioria é uma falha do sexo feminino, que decorre unicamente da ignorância nessas coisas.

O pior para os tempos atuais é que na realidade a mulher também tem o futuro do povo em suas mãos. E isso se dá por serem suas condições anímicas sobre os descendentes mais decisivas do que as dos homens. Que decadência, consequentemente, trará o futuro! Inevitável! Não poderá ser detida pelas armas, pelo dinheiro, nem pelos inventos. Tampouco pela benevolência ou pelas manobras políticas. Aí devem vir meios mais incisivos.

Mas não cabe somente à mulher essa culpa enorme. Ela será sempre apenas a imagem fiel daquele mundo de formas de pensamentos que paira sobre o seu povo. Isso não deve ser esquecido. *Respeitai e honrai* a mulher *como tal* e ela se formará por esse padrão, tornar-se-á *aquilo que virdes nela,* e com isso soerguereis todo o vosso povo!

Contudo, antes tem de ocorrer um grande processo de transformação entre as mulheres. Conforme elas são atualmente, um restabelecimento só poderá ocorrer por meio de uma operação radical, por um corte implacável e violento que retire todas as excrescências com facas afiadas, e as atire ao fogo! Do contrário, elas ainda destruiriam todas as partes sadias.

Para essa intervenção necessária na humanidade inteira, marcha o tempo atual sem detença, depressa, cada vez mais depressa, desencadeando-a finalmente por si mesmo! Será doloroso e terrível, mas o fim será a cura. Só então terá chegado o tempo para se falar em moralidade. Hoje, isto se perderia como palavras jogadas na tempestade.

Depois de passada a hora, quando a Babel dos pecados tiver de sucumbir, desmoronando devido à sua podridão, observai então o sexo feminino! Suas ações vos mostrarão sempre *conforme sois*, porque a mulher, devido à sua capacidade intuitiva mais fina, vive aquilo que as formas de pensamentos querem.

Este fato nos dá também a certeza de que, com a pureza dos pensamentos e das intuições, a feminilidade será a primeira a elevar-se com rapidez àquele modelo que consideramos um ser humano nobre. Então a moralidade aparecerá com todo o brilho de sua pureza!

DESPERTAI!

DESPERTAI, ó seres humanos, desse sono de chumbo! Reconhecei o fardo indigno que carregais e que pesa com uma indizível e tenaz pressão sobre milhões de seres humanos. Atirai-o fora! Acaso merece ser carregado? Nem sequer um único segundo!

Que encerra ele? Debulho vazio que se desvanece temeroso ao sopro da Verdade. Desperdiçastes tempo e força em vão. Arrebentai, portanto, as correntes que vos prendem embaixo, tornai-vos livres, afinal!

O ser humano que permanece preso interiormente será um eterno escravo, mesmo que seja um rei.

Vós vos atais com tudo o que vos esforçais por aprender. Refleti: com a aprendizagem vos comprimis em formas alheias que outros conceberam, associando-vos de bom grado a convicções alheias, assimilando somente aquilo que outros vivenciaram em si, *para si*.

Considerai: uma coisa não é para todos! O que é útil para um pode prejudicar outro. Cada qual tem de percorrer por si seu próprio caminho para o aperfeiçoamento. Seu recurso para isso são as capacidades que traz em si. De acordo com elas é que tem de orientar-se, e sobre elas edificar! Se não o fizer, permanecerá um estranho dentro de si mesmo, estará sempre *ao lado* daquilo que estudou, e que nunca poderá tornar-se vivo dentro dele. Assim, cada proveito para ele está fora de cogitação. Vegeta, e se torna impossível um progresso.

Notai bem, ó vós que vos esforçais com sinceridade pela Luz e a Verdade:

O caminho para a Luz deve cada qual vivenciar dentro de si, descobri-lo *pessoalmente,* se desejar percorrê-lo com segurança. Somente aquilo que o ser humano vivencia dentro de si e sente intuitivamente com todas as mutações é que compreendeu plenamente!

O sofrimento e também a alegria batem continuamente à porta, estimulando, sacudindo para um despertar espiritual. Durante segundos fica então o ser humano muitas vezes libertado das futilidades da vida cotidiana e sente, tanto na felicidade como na dor, ligação com o espírito que perflui tudo o que é vivo.

E *tudo* é, pois, vida; nada está morto! Feliz daquele que compreende e retém tais momentos de ligação, lançando-se nisso para cima. Não deve ater-se aí a formas rígidas, mas sim cada um deve desenvolver-se por si mesmo, partindo de seu íntimo.

Não vos preocupeis com zombadores que ainda desconhecem a vida espiritual. Como bêbados e como doentes se encontram perante a imponente obra da Criação, que tanto nos oferece. Como cegos, que tateiam através da existência terrena e não veem todo o esplendor que os rodeia!

Estão confusos, dormem, pois como pode um ser humano, por exemplo, ainda afirmar que só existe aquilo que ele vê? Que lá, onde ele nada consegue distinguir com seus olhos, não haja vida nenhuma? Que, com a morte de seu corpo, também ele deixa de existir, somente porque até agora, em sua cegueira, não pôde convencer-se com seus olhos do contrário? Não sabe ele agora, já por muitas coisas, como é restrita a capacidade do olho? Não sabe ele ainda que ela está ligada às capacidades de seu cérebro, as quais, por sua vez, são adstritas ao tempo e ao espaço? E que, por essa razão, tudo quanto está *acima* do espaço e do tempo ele *não* pode reconhecer com seus olhos? Nenhum desses zombadores compreendeu ainda tal fundamentação lógica do raciocínio? A vida espiritual, chamemo-la também o Além, é, contudo, somente algo que se encontra inteiramente acima do conceito terreno de espaço e de tempo, e que necessita, portanto, de um caminho idêntico para ser reconhecido.

Contudo, nosso olho nem vê mesmo aquilo que se deixa classificar no espaço e no tempo. Considere-se a gota d'água, cuja incondicional pureza cada olho testemunha e que, observada através de um microscópio, encerra milhões de seres vivos, que dentro dela, sem piedade, lutam e se destroem. Não há, às vezes, bacilos na água, no ar, que possuem força para destruir corpos humanos, e que não são percebidos pelos olhos? No entanto, eles se tornam visíveis através de instrumentos aperfeiçoados.

Quem ousará ainda depois disso afirmar que não encontrareis coisas novas até agora desconhecidas, tão logo aperfeiçoardes melhor tais instrumentos? Aperfeiçoai-os mil vezes, milhões de vezes, mesmo assim a visão não terá fim; ao contrário, diante de vós se desvendarão sempre novos mundos que antes não podíeis ver nem sentir e que, no entanto, aí já existiam.

O pensamento lógico leva a idênticas conclusões sobre tudo o mais que as ciências até agora conseguiram colecionar. Dá-se a expectativa de permanente desenvolvimento e nunca, porém, de um fim.

Que é então o Além? Muitos se confundem com essa *palavra*. O Além é simplesmente tudo aquilo que não se deixa reconhecer com meios terrenos. Meios terrenos, contudo, são os olhos, o cérebro, e tudo o mais do corpo, bem como os instrumentos que ajudam essas partes a exercer melhor e com mais nitidez suas atividades, ampliando-as.

Poder-se-ia dizer, portanto: o Além é o que se encontra além da capacidade de reconhecimento de nossos olhos corpóreos. *Uma separação, porém, entre este mundo e o Além não existe!* E também nenhum abismo! Tudo é uno, como a Criação toda. *Uma* força perflui tanto o Aquém como o Além, tudo vive e atua a partir dessa única corrente da vida e por isso é completa e indissoluvelmente ligado. Disso se torna compreensível o seguinte:

Quando uma parte desse todo adoece, o efeito tem de fazer-se sentir na outra parte, como num corpo. Partículas doentes dessa outra parte fluem então para a que adoeceu, mediante a atração da espécie igual, agravando ainda mais a doença. Se tal doença tornar-se incurável, surge então a indispensável contingência de amputar o membro doente, a fim de que o conjunto não sofra permanentemente.

Por esse motivo, modificai-vos. Não existe o Aquém e o Além, mas sim apenas uma existência una! A noção de separação foi inventada unicamente pelo ser humano, por não poder ver tudo e considerar-se o ponto central e principal do âmbito que lhe é visível. Mas o círculo de sua atividade é maior. Com o conceito errôneo de separação, ele apenas se restringe, violentamente, impede seu progresso e dá lugar a fantasias desenfreadas, que originam imagens disformes.

Que há de surpreendente, pois, se, como consequência, muitos apenas têm um sorriso de descrença, outros, uma adoração doentia que degenera em escravidão ou fanatismo? Quem pode ainda se espantar com o medo, sim, aflição e pavor que se desenvolveram em muitos seres humanos?

Fora com tudo isso! Por que esse tormento? Derrubai essa barreira que o erro dos seres humanos procurou levantar, e que, no entanto, nunca existiu! A orientação errada de até agora vos dá também uma base errada sobre a qual vos esforçais inutilmente em erigir sem fim a verdadeira crença, isto é, a convicção interior. Esbarrais por isso em pontos, rochedos que vos tornam vacilantes ou hesitantes, ou obrigam a destruir de novo o edifício todo propriamente, para, em seguida, talvez abandonar tudo com desalento ou rancor.

Somente vós sofreis o prejuízo, pois para vós não existe progresso, mas sim apenas parada ou retrocesso. O caminho que ainda tendes de percorrer torna-se desta forma ainda mais comprido.

Quando tiverdes finalmente compreendido a Criação como um todo que ela é, quando não fizerdes nenhuma separação entre o Aquém e o Além, então tereis o caminho reto, o alvo verdadeiro estará mais próximo, e a ascensão vos causará alegria e satisfação. Poderei então sentir e compreender muito melhor os efeitos da reciprocidade que pulsam, cheios de vida, através de todo o conjunto uniforme, pois toda a atuação é impulsionada e mantida por aquela força única. A Luz da Verdade irromperá assim para vós!

5. Despertai!

Reconhecereis em breve que para muitos só a comodidade e a indolência é a causa de zombarias, somente porque custaria esforços para derrubar o que foi aprendido e considerado até agora, e construir coisa nova. A outros isso vem alterar a habitual rotina; por isso, torna-se incômodo para eles.

Deixai esses tais, não brigueis; contudo, sede prestimosos com vosso saber para com aqueles que não estão contentes com os prazeres passageiros e que procuram algo *mais* na existência terrena, não sendo como os animais, que só procuram satisfazer o corpo. Dai-lhes o reconhecimento obtido, não enterreis o dote*, pois com o dar, reciprocamente, torna-se mais rico e forte vosso saber.

No Universo age uma lei eterna: Somente dando pode-se também receber, quando se trata de valores permanentes! Isso penetra tão fundo, traspassa a Criação toda, como um legado sagrado de seu Criador. Dar desinteressadamente, ajudar onde for necessário, ter compreensão pelo sofrimento do próximo, bem como por suas fraquezas, chama-se receber, pois esse é o caminho reto e verdadeiro para o Altíssimo!

E querer isso seriamente redunda em vosso imediato auxílio e força! Um único desejo sincero e profundo voltado para o bem, e já será como uma espada de fogo manejada do outro lado, agora ainda invisível para vós, despedaçando a muralha que vossos próprios pensamentos até aqui tinham erguido como obstáculo, pois vós sois, sim, um só com o Além tão temido, negado ou desejado, sois ligados a ele estreita e inseparavelmente.

Experimentai isso, pois vossos pensamentos são os mensageiros que enviais e que a vós retornam sobrecarregados com o que foi intencionado por vós, seja coisa boa ou má. Isso acontece! Considerai, pois, que vossos pensamentos são coisas que adquirem forma espiritual, tornando-se frequentemente configurações que sobrevivem à existência terrena de vosso corpo, e então muito se tornará claro para vós.

---

* *Nota de tradução* – A palavra alemã "Pfund" significa "dote" e também "talento".

5. Despertai!

Assim também se evidenciará a exatidão do que foi dito: Pois suas obras os seguirão! As criações de pensamentos são obras que vos hão de esperar! Que formam auréolas claras ou escuras à vossa volta e que tereis de transpor para penetrar no mundo espiritual. Nenhuma proteção, nenhuma interferência pode ajudar, porque tendes a autodeterminação. O primeiro passo para tudo tem de partir de vós, portanto. E ele não é difícil, reside apenas na vontade que se manifesta pelos pensamentos. Dessa forma, trazeis em vós mesmos tanto o céu como o inferno.

Podeis decidir, mas então estareis sujeitos às consequências de vossos pensamentos e de vossa vontade, incondicionalmente! Vós próprios criais as consequências; por isso, clamo para vós:

Conservai puro o foco dos vossos pensamentos, com isso estabelecereis a paz e sereis felizes!

Não vos esqueçais de que cada pensamento por vós gerado e enviado atrai durante o percurso todos os da mesma espécie ou adere a outros, tornando-se com isso mais forte, cada vez mais forte e por fim também atinge um alvo, um cérebro que talvez se tenha distraído durante alguns segundos apenas, deixando assim entrar e atuar tais formas flutuantes de pensamentos.

Imaginai apenas que responsabilidade cai então sobre vós, se o pensamento transformar-se em ação numa pessoa em que pôde atuar! Tal responsabilidade se manifesta já pela circunstância de que cada pensamento conserva ligação ininterrupta convosco, como através de um fio que não arrebenta, retrocedendo assim com a força adquirida durante o percurso, para vos tornar a oprimir ou beneficiar, conforme a espécie que gerastes.

Assim nos encontramos no mundo dos pensamentos, e damos lugar, com os respectivos modos de pensar, a formas de pensamentos semelhantes. Por isso não malbarateis a força do pensar; ao contrário, concentrai-a para a defesa e para pensamentos *aguçados* que saiam como lanças, atuando sobre tudo. Criai assim com vossos pensamentos a *lança sagrada* que combate pelo bem, que cicatriza feridas, beneficiando a Criação inteira!

Por isso, orientai o pensar para a ação e o progresso! Para fazer isso, tereis de abalar muitas colunas que suportam concepções tradicionais. Muitas vezes se trata de um conceito erradamente absorvido, que não deixa encontrar o verdadeiro caminho. Ele tem de retroceder ao ponto de partida. Um vislumbre de luz põe abaixo a construção inteira, que ele penosamente construiu durante decênios, e então recomeça a obra depois de um maior ou menor atordoamento. *Tem* de fazer assim, já que no Universo não existe estagnação. Tomemos, por exemplo, a conceituação sobre o tempo:

O tempo passa! Os tempos mudam! Assim por toda parte se ouve dizer, e com isso surge involuntariamente no espírito uma imagem: *vemos tempos mutáveis passando por nós!*

Essa imagem se torna hábito e para muitas pessoas forma uma base sólida, na qual vão edificando e orientando todas as suas pesquisas e reflexões. Não demora muito, contudo, que esbarrem em obstáculos, que se contradizem uns com os outros. Já nada se ajusta, nem com a melhor boa vontade. Perdem-se e deixam lacunas, que, não obstante toda reflexão, não mais podem ser preenchidas.

Muitas pessoas julgam então que em tal contingência se deve recorrer à *crença,* como sucedâneo, quando o pensamento lógico nenhum amparo encontra. Mas isso é errado! O ser humano não deve crer em coisas que não possa compreender! Tem de procurar compreendê-las; do contrário escancarará a porta para o ingresso de erros, e com os erros sempre se desvaloriza também a Verdade.

Crer sem compreender é apenas indolência e preguiça mental! Isso não eleva o espírito, pelo contrário, oprime-o. Por conseguinte, levantemos o olhar, devemos pesquisar e analisar. Não é à toa que existe dentro de nós o impulso para isso.

O tempo! Passará realmente? Qual a razão de se encontrarem obstáculos referentes a esse princípio, quando aí se quer prosseguir no pensar? Muito simples, porque a ideia básica é *errada, pois o tempo permanece parado!* Nós, sim, é que corremos ao seu encontro! Investimos pelo tempo adentro, que é eterno, procurando dentro dele a Verdade.

O tempo permanece parado. Continua o mesmo hoje, ontem, durante mil anos! Somente as formas é que variam.

Mergulhamos no tempo, para colher no regaço de suas anotações, a fim de fomentar nosso saber com as coleções que ele encerra! Pois nada se perdeu, tudo ele preservou. Não mudou, porque é eterno.

Tu também, ó ser humano, és sempre apenas o mesmo, quer pareças jovem ou velho! Permaneces aquele que és! Tu próprio já não o percebeste? Não notas nitidamente uma diferença entre a forma e o teu "eu"? Entre o corpo, que é sujeito a alterações, e tu, o espírito, que é eterno?

Vós procurais a Verdade! Que é a Verdade? O que hoje ainda admitis como Verdade, amanhã já reconhecereis como erros, para mais tarde verificardes outra vez que nesses erros se encontram grãos de Verdade! Pois também as revelações modificam suas formas. Assim vos sucede nas constantes pesquisas, mas nas modificações amadurecereis!

A Verdade, contudo, permanece sempre a mesma, não muda, pois é eterna! E sendo eterna, nunca poderá, mediante os sentidos terrenos, que só distinguem mutações de formas, ser compreendida de modo puro e verdadeiro!

Por isso, espiritualizai-vos! Livres de todos os pensamentos terrenos, possuireis a Verdade, estareis na Verdade, a fim de banhar-vos na Luz límpida que ela irradia constantemente, pois vos rodeia totalmente. Nadareis nela, tão logo vos espiritualizardes.

Não tereis mais necessidade de aprender arduamente as ciências nem de recear quaisquer erros, mas sim tereis para cada pergunta a resposta já na própria Verdade; mais ainda, não tereis então mais perguntas, pois, sem que penseis, sabereis tudo, abrangereis tudo, porque vosso espírito *vive* na Luz límpida, na Verdade!

Por conseguinte, tornai-vos livres espiritualmente! Arrebentai todos os laços que vos oprimem! Se com isso se apresentarem obstáculos, arremessai-vos jubilosos contra eles, pois eles significam que estais no caminho para a liberdade e força! Considerai-os como um presente, do qual surgem proveitos para vós e, brincando, os vencereis.

Ou eles são colocados à vossa frente para que aprendais com isso e vos desenvolvais, com o que aumentais vossos recursos para a ascensão, ou são efeitos retroativos de alguma culpa, que com isso redimireis e da qual podereis libertar-vos. Em ambos os casos vos levarão para diante. Assim, ide em frente, é para vossa salvação!

É tolice falar de golpes do destino ou provações. Cada luta e cada sofrimento é *progresso*. Com isso o ser humano terá oportunidade de anular sombras de culpas anteriores, pois nenhum centavo pode ser perdoado para cada um, porque o circular de leis eternas no Universo é também aqui inalterável, leis nas quais se revela a vontade criadora do Pai, que assim nos perdoa e desfaz todas as trevas.

O menor desvio nisso teria de reduzir o mundo a escombros, tão bem disposto e sabiamente ordenado se encontra tudo.

Quem, no entanto, tiver muita coisa anterior a liquidar, não deverá tal pessoa desanimar então, apavorando-se diante do resgate de suas culpas?

Pode dar início a isso confiante e alegre, livre de preocupações, logo que *queira com sinceridade!* Pois uma *compensação* pode ser criada através da correnteza contrária de uma força de boa vontade que no espiritual se torna viva como as demais formas de pensamentos e também uma arma poderosa, capaz de livrar cada lastro de trevas, cada pesadume, e conduzir o "eu" para a Luz!

Força de vontade! Um poder não pressentido por tantas pessoas que, como um ímã que nunca falha, atrai as forças iguais, fazendo-as crescer como avalanches e, unido a outros poderes espirituais semelhantes, atua retroativamente, atinge novamente o ponto de partida, portanto a origem, ou, melhor ainda, o gerador, e o eleva para a Luz ou o arremessa mais profundamente ainda na lama e na sujeira! Conforme a espécie que o próprio autor desejou anteriormente.

Quem conhece esse efeito recíproco permanente e infalível, existente em toda a Criação, que nela se desencadeia e desabrocha com inamovível certeza, esse sabe utilizá-lo, tem de amá-lo, tem de temê-lo! Para esse torna-se vivo gradualmente o mundo invisível que o rodeia, pois sente seus efeitos com tal nitidez que liquida cada dúvida.

Tem de intuir as fortes ondas de atividade infatigável que agem sobre ele, provenientes do grande Universo, tão logo atente um pouco, sentindo finalmente que ele é o foco de fortes correntezas, qual uma lente que faz convergir os raios solares sobre um ponto e lá gera uma força que atua inflamando, podendo queimar e destruir, bem como curar e vivificar, trazer bênçãos, e também provocar um fogo abrasador!

E tais lentes sois também vós, capazes de, mediante vossa vontade, concentrar essas correntezas invisíveis de força que vos atingem, emitindo-as reunidas num potencial para finalidades benéficas ou malévolas, conduzindo bênçãos ou destruições à humanidade. Fogo abrasador, sim, que podeis e deveis, com isso, acender nas almas: o fogo do entusiasmo para o bem, para o que é nobre e para a perfeição!

Para isso, é necessária apenas uma força de vontade que torna o ser humano de certa maneira o senhor da Criação, determinando seu próprio destino. Sua própria vontade lhe acarreta a destruição ou a salvação! Cria-lhe, com inexorável certeza, a recompensa ou o castigo.

Portanto, não temais que esse saber vos afaste do Criador ou vos enfraqueça a crença que nutristes até agora. Pelo contrário! O conhecimento dessas leis eternas, que podeis utilizar, deixa a obra da Criação inteira parecer ainda mais sublime para vós, e obriga o pesquisador sincero a prostrar-se de joelhos, em devoção diante de tal grandeza!

E então jamais o ser humano quererá o mal. Com alegria se agarrará ao melhor apoio que existe para ele: ao amor! Amor por toda a Criação maravilhosa, amor pelo próximo, a fim de também conduzi-lo à magnificência dessa usufruição, à consciência dessa força.

O SILÊNCIO

Tão logo surja em ti um pensamento, trata de retê-lo, não o exponhas logo, porém nutre-o, pois ele se condensa mediante a contenção no silêncio e ganha em forças, como o vapor sob compressão.

A pressão e a condensação geram a propriedade de uma atividade magnética, segundo a lei de que tudo o que é mais forte atrai o fraco. Formas de pensamentos análogas serão através disso atraídas de todas as partes, seguradas, reforçando cada vez mais a força do próprio pensamento primitivo e, apesar disso, atuam de modo que a primeira forma gerada se vá moldando, transformando-se e adquirindo formas variáveis por ação de outras desconhecidas, até atingir seu amadurecimento. Sentes tudo isso dentro de ti; contudo, julgas que isso resulte unicamente de tua própria vontade. *Mas em coisa alguma dás inteiramente tua própria vontade, tens sempre junto algo alheio!*

Que te diz esse fenômeno?

Que somente com a fusão de muitas partículas algo perfeito pode ser criado! Criado? Isso está certo? Não, mas sim formado! Pois realmente não há nada de novo a criar, trata-se em tudo apenas de um novo formar, visto que todas as partículas já existem na grande Criação. Cumpre apenas impulsionar essas partículas em direção ao caminho da perfeição, o que traz a fusão.

Fusão! Não passes de leve por tal termo, procura antes aprofundar-te nesse conceito de que também o amadurecimento e a perfeição são alcançados por meio da fusão. Essa sentença repousa em toda a Criação, como uma preciosidade que quer ser descoberta! Encontra-se intimamente ligada à lei de que somente no dar também se pode receber! E o que condiciona a exata compreensão dessas sentenças? Isto é, a vivência? O amor! E por isso o amor constitui também a força máxima, como poder ilimitado dentro do mistério da grande existência!

Assim como a fusão, no caso de um único pensamento, forma, amolda e lapida, assim se dá com o próprio ser humano e com toda a Criação, que na interminável fusão de formas individuais existentes passa por transformações, devido à força de vontade, tornando-se assim o caminho para a perfeição.

Um ser isolado não pode oferecer-te a perfeição, mas sim a humanidade toda, na pluralidade de suas características! Cada qual tem algo que pertence de maneira incondicional ao conjunto. Daí acontecer também que uma pessoa que já atingiu amplo progresso, já não conhecendo mais nenhuma cobiça terrena, sinta amor pela humanidade inteira, e não por um ser isolado, visto que somente a humanidade toda consegue fazer vibrar em harmoniosa sinfonia celestial as cordas de sua alma amadurecida, libertadas através da purificação. Traz harmonia dentro de si, porque todas as cordas vibram!

Voltemos ao pensamento que atraiu para si as formas alheias e que assim se foi tornando cada vez mais forte: acaba finalmente elevando-se para cima de ti em cerradas ondas de força, rompe a aura de tua própria pessoa e passa a exercer influência sobre um âmbito mais amplo.

A isso a humanidade cognomina magnetismo pessoal. Os leigos dizem: "Irradias algo!" Conforme a espécie, trata-se de algo agradável ou antipático, atraente ou repulsivo. Mas sente-se!

Contudo, não irradias nada! O fenômeno que ocasionou tal sensação nos outros se origina no fato de atraíres tudo o que tem igual espécie espiritual. É esse atrair que as pessoas próximas sentem. É que também nisso reside o efeito recíproco. Assim, nesse contato, essa outra pessoa sente então nitidamente tua força, nascendo através disso a "simpatia".

Mantém sempre diante dos olhos o seguinte: tudo quanto é espiritual, expresso segundo nossos conceitos, é magnético, e bem sabes que sempre o mais fraco é superado pelo mais forte, pela atração e pela absorção. Por isso, "é tirado do pobre (fraco) até mesmo o pouco que possui". Ele se torna dependente.

Nisso não ocorre nenhuma injustiça, mas sim tudo se passa segundo as leis divinas. O ser humano precisa apenas cobrar ânimo, querer realmente, então estará protegido disso.

Naturalmente perguntarás: E como será quando todos quiserem ser fortes? Quando nada tiverem a tomar de alguém? Então, querido amigo, *será um intercâmbio espontâneo,* subordinado à lei de que somente dando é que também se pode receber. Não ocorrerá paralisação; apenas será eliminado tudo quanto é inferior.

Assim acontece que devido à indolência muitos se tornam dependentes no espírito, chegando até mesmo à incapacidade de desenvolver seus próprios pensamentos.

Deve ser salientado que somente o de igual espécie é atraído. Daí o provérbio: "Cada qual com seu igual". Assim se juntarão sempre os que são dados à bebida, fumantes têm "simpatias", tagarelas, jogadores, etc.; mas também os de índole nobre se encontram para fins elevados.

No entanto, ainda prossegue: aquilo que se esforça espiritualmente também se efetiva por fim *fisicamente,* visto todo o espiritual traspassar a matéria grosseira, razão pela qual temos de considerar a lei do efeito retroativo, porque um pensamento sempre mantém ligação com a origem, causando nessa ligação irradiações retroativas.

Refiro-me aqui sempre apenas aos pensamentos *reais,* que contêm em si a força vital da intuição anímica. E não me refiro ao desperdício de forças da substância cerebral confiada a ti como instrumento, a qual forma apenas pensamentos voláteis que se manifestam como emanações difusas em desordenada confusão e que, felizmente, logo se desfazem. Tais pensamentos só te custam tempo e força, e desperdiças com isso um bem que te foi confiado.

Refletes, por exemplo, seriamente sobre determinada coisa, tal pensamento se tornará fortemente magnético dentro de ti pelo poder do silêncio e atrairá todos os semelhantes, tornando-se, desse modo, fertilizado. Ele amadurece e transpõe os limites da rotina, penetra devido a isso até em outras esferas também, recebendo de lá a afluência de pensamentos mais elevados... a inspiração! Por essa razão, em contraste com a mediunidade, na inspiração o pensamento básico tem de partir de ti mesmo, devendo formar uma ponte para o Além, o mundo espiritual, a fim de ali haurir conscientemente de uma fonte.

Por conseguinte, a inspiração não tem nada a ver com a mediunidade. Dessa forma, o pensamento amadurecerá dentro de ti. Avanças para a realização e *trarás, condensado por tua força,* aquilo que já pairava antes em inúmeras partículas no Universo, como formas de pensamentos.

Dessa maneira, crias *uma nova forma* por meio da fusão e da condensação daquilo que há muito já existia espiritualmente! Assim, na Criação inteira, mudam sempre apenas as formas, pois tudo o mais é eterno e indestrutível.

Acautela-te de pensamentos confusos e de toda a superficialidade no pensar. O descuido vinga-se amargamente, pois sem demora te verás rebaixado a uma arena de influências estranhas, o que te tornará facilmente irritado, inconstante e injusto para com o teu ambiente próximo.

Se tens um pensamento autêntico e o sabes reter bem, assim finalmente essa força concentrada também tem de ser impelida para a realização, pois o desenvolvimento de tudo ocorre inteiramente de modo espiritual, *já que toda força é apenas espiritual!* O que então consegues distinguir são sempre apenas os últimos efeitos de um processo magnético-espiritual ocorrido antes e que se realiza em ordem predeterminada e sempre uniforme.

Observa, e quando pensas e sentes, logo terás a prova de que toda a vida real *só* pode ser na verdade *a espiritual,* na qual unicamente se encontram a origem e o desenvolvimento. Tens de chegar à convicção de que tudo quanto vês com os olhos corpóreos são realmente apenas efeitos do espírito eternamente impulsionante.

Qualquer ação, mesmo o menor movimento de uma pessoa, foi sempre precedida de vontade espiritual. Os corpos exercem

6. O silêncio

nisso apenas a função de instrumentos vivificados pelo espírito, que propriamente só adquiriram consistência através da força do espírito. Assim também árvores, pedras e a Terra inteira. Tudo é vivificado, traspassado e impulsionado pelo espírito criador.

Visto que a matéria toda, portanto o que é visível terrenamente, só vem a ser efeito da vida espiritual, não te será difícil compreender que, conforme a espécie *mais imediata* da vida espiritual que nos rodeia, assim se formarão também as *circunstâncias terrenas*. O que daí se deduz logicamente é claro: ao próprio ser humano é dada, pela sábia disposição da Criação, a força para formar as circunstâncias de vida com a própria força do Criador. Feliz dele se a utilizar somente para o bem! Mas ai dele, se se deixar induzir a empregá-la para o mal!

O espírito, nos seres humanos, só é envolvido e obscurecido devido às ambições terrenas que, como escórias, aderem a ele, sobrecarregam-no e puxam-no para baixo. Seus pensamentos são, pois, atos de vontade nos quais repousa a força do espírito. *O ser humano dispõe da decisão para pensar bem ou mal, e pode assim dirigir a força divina tanto para o bem como para o mal!* Nisso reside a responsabilidade que o ser humano traz, pois a recompensa ou o castigo hão de vir, já que todas as consequências dos pensamentos voltam ao ponto de partida através do efeito da reciprocidade instituída, que nunca falha, e que nisso é totalmente inalterável, portanto, inexorável. Com isso também incorruptível, severa, justa! Não se diz o mesmo também a respeito de Deus?

Se muitos inimigos da fé hoje nada mais querem saber da divindade, tudo isso não consegue alterar nada nos fatos que citei. Basta que essas pessoas suprimam a palavra "Deus" e se aprofundem seriamente na ciência; virão a encontrar então *exatamente o mesmo*, só que expresso em outras palavras. Não é, portanto, ridículo discutir sobre isso?

Nenhum ser humano pode esquivar-se das leis da natureza, ninguém consegue nadar em sentido contrário a elas. Deus é a força que impulsiona as leis da natureza, a força que ainda ninguém compreendeu, que ninguém viu, mas cujos *efeitos* cada um, dia a dia, hora a hora, até nas frações de todos os segundos, tem de ver, intuir e observar, se apenas *quiser* ver, em si próprio, em cada animal, cada árvore, cada flor, cada fibra de uma folha, quando irrompe do invólucro para chegar à luz.

Não é cegueira opor-se obstinadamente, quando todos, até mesmo esses negadores inflexíveis, reconhecem e comprovam a existência dessa força? O que os impede então de denominar Deus a essa força reconhecida? Teimosia pueril? Ou certa vergonha por terem de admitir que durante tanto tempo procuraram negar obstinadamente algo, cuja existência há muito lhes era evidente?

Certamente não é nada disso. A causa deve residir no fato de que foram apresentadas à humanidade, de tantos lados, caricaturas da grande divindade, com as quais, num sério pesquisar, ela não podia concordar. A força da divindade, que tudo abrange e tudo traspassa, tem de ser diminuída e desvalorizada com a tentativa de imprimi-la num quadro!

Com reflexão profunda, nenhum quadro pode harmonizar-se com isso! Exatamente porque cada ser humano traz em si a concepção de Deus, é que se opõe cheio de pressentimentos contra a restrição da grandiosa e inapreensível força que o gerou e que o conduz.

O *dogma* é em grande parte culpado de que aqueles que em seus conflitos procuram transpor cada meta, muitas vezes o façam contra a certeza que vive dentro deles.

Mas não está distante a hora do despertar espiritual! Em que se interpretarão direito as palavras do Salvador, compreendendo-se direito sua grande obra de salvação, pois Cristo trouxe libertação das trevas, ao apontar o caminho para a Verdade, mostrando, como ser humano, o caminho para as alturas luminosas! E com o sangue na cruz, ele imprimiu o selo de sua convicção!

A Verdade nunca deixou de ser o que foi outrora e que ainda é hoje e continuará sendo em dezenas de milênios, pois ela é eterna!

Por isso, aprendei a conhecer as leis que se encontram no grande livro da Criação inteira. Submeter-se a elas significa: amar

6. O silêncio

a Deus! Pois com isso não provocarás nenhuma dissonância na harmonia, mas sim concorrerás para que os acordes vibrantes atinjam amplitude total.

Quer digas: Sujeito-me voluntariamente às leis vigentes da natureza, porque elas são em meu benefício; ou quer digas: Submeto-me à vontade de Deus, que se revela nas leis da natureza ou na força inapreensível que impulsiona as leis da natureza... ocorre alguma diferença no efeito delas? A força aí está e tu a reconheces, *tens* de reconhecê-la, sim, porque não te resta alternativa, tão logo reflitas um pouco... e com isso reconheces teu Deus, o Criador!

E essa força atua em ti também quando pensas! Por conseguinte, não a degrades, servindo-te dela para o mal; pelo contrário, pensa no sentido do bem! Nunca esqueças: Quando crias pensamentos, utilizas força divina, com a qual podes alcançar o que há de mais puro e sublime!

Procura jamais deixar de atentar que todas as consequências de teu pensar recaem sempre sobre ti, segundo a força, o tamanho e amplitude *do efeito* dos pensamentos, tanto no bem como no mal.

E como o pensamento é espiritual, assim retornam as consequências de maneira *espiritual*. Elas te encontrarão, portanto, seja lá como for, ou aqui na Terra, ou então no espiritual, depois de teu falecimento. Por serem espirituais, também não estão ligadas à matéria. Disso resulta *que a decomposição do corpo não revoga o resgate devido!* A retribuição, no efeito retroativo, ocorrerá na certa, mais cedo ou mais tarde, aqui ou lá.

A ligação espiritual permanece firme em todas as tuas obras, pois também as obras materiais terrenas possuem, sim, origem espiritual através dos pensamentos que as geraram, e permanecem, mesmo que tudo o que seja terreno tenha desaparecido. Por isso é dito acertadamente: "As tuas obras te aguardam, enquanto o resgate não se der pelo efeito retroativo".

Caso, por ocasião de um desses efeitos retroativos, ainda estejas aqui na Terra, ou aqui tenhas voltado, assim se efetiva então a força das consequências do espiritual, *de acordo com a espécie,* para o bem ou para o mal, através das circunstâncias, em teu ambiente ou em ti mesmo diretamente, em teu corpo.

Aqui seja mais uma vez indicado especialmente o seguinte: *A verdadeira vida se processa no espiritual!* E essa não conhece nem tempo nem espaço; por isso, também nenhuma separação. Situa-se acima dos conceitos terrenos. Por essa razão, as consequências te encontrarão onde estiveres, no tempo em que, segundo a lei eterna, o efeito retorna ao ponto de partida. Nada se perde aí, volta com certeza.

Isso soluciona também a pergunta, já tantas vezes apresentada, de como acontece que pessoas visivelmente boas às vezes têm de sofrer tanto na vida terrena, de tal forma que é visto como injustiça. *Trata-se de resgates que têm de atingi-las!*

Conheces agora a resposta a essa pergunta; é que teu corpo ocasional não desempenha nisso nenhum papel. Teu corpo não significa bem tu próprio, não é o teu "eu" completo, e sim um instrumento que escolheste ou que tiveste de tomar segundo as leis respectivas da vida espiritual, as quais poderás denominar também leis cósmicas, caso assim te pareça mais compreensível. A respectiva vida terrena é apenas um curto espaço de tua existência real.

Um pensamento arrasador, se não houvesse nenhuma saída, nenhum poder que se contrapusesse protetoramente. Quantos não deveriam desanimar ao despertarem para o espiritual, e desejariam, de preferência, que o sono da rotina continuasse. Eles não sabem, pois, *o que* os aguarda e o que ainda os atingirá de outrora pelo efeito retroativo! Ou, como dizem os seres humanos: "O que eles têm de reparar!"

Contudo, sem receio! Com o despertar te será mostrado também, na sábia disposição da grande Criação, um caminho através daquela *força da boa vontade,* a que já me referi especialmente e que atenua os perigos do carma que se desencadeia, ou os afasta totalmente para o lado.

Também isso o Espírito do Pai depôs em tua mão. A força da boa vontade forma à tua volta um círculo capaz de destruir a ação nociva do mal ou atenuá-la bastante, da mesma forma que a camada de ar protege o globo terrestre.

6. O silêncio

Contudo, a força da boa vontade, essa proteção eficaz, aumentará e se consolidará através do poder do silêncio.

Por isso, a vós que procurais, chamo mais uma vez e insistentemente a atenção:

Conservai puro o foco dos vossos pensamentos, e praticai em primeiro lugar o grande poder do silêncio, se quereis ascender.

O Pai já depositou em vós a força para tudo! Precisais apenas utilizá-la!

ASCENSÃO

Não vos emaranheis numa rede, vós que aspirais por conhecimento, mas sim tratai de ver com clareza! Decorrente de lei eterna, uma pressão de expiação inalterável pesa sobre vós, a qual nunca podereis passar para outros. O que carregais mediante vossos pensamentos, palavras ou ações, ninguém pode resgatar, senão vós próprios! Ponderai, pois de outro modo a justiça divina seria apenas um som oco, caindo com ela tudo o mais em ruínas.

Por isso, libertai-vos! Não desperdiceis nenhuma hora para ultimar essa pressão de expiação! A sincera vontade para o bem, para o melhor, que se reforça por meio da oração verdadeiramente intuída, *traz a libertação!*

Sem a vontade sincera e firme para o bem, nunca se verificará a expiação. Irá perdurando tudo quanto é inferior, fornecendo novo alimento para continuar existindo e com isso exigindo sempre nova expiação, sem cessar, a ponto de parecer que o que se vai renovando se vos apresenta como um *único* vício ou sofrimento! Trata-se, contudo, de toda uma corrente sem fim, sempre atando de novo, antes mesmo que as coisas anteriores tenham podido desprender-se.

Assim, nunca ocorre a libertação, por ser exigida sempre a expiação. É como se uma corrente vos mantivesse chumbados ao solo. Daí o grande perigo de afundar cada vez mais. Por conseguinte, animai-vos finalmente para a boa vontade, vós que ainda permaneceis neste mundo ou que, segundo vossas concepções, já vos encontrais no outro mundo! Com a persistente boa vontade *tem* de sobrevir o fim de todas as expiações, já que aquele que

7. Ascensão

quer o bem e age nesse sentido não concede novo alimento para novas exigências de expiações. E dessa maneira advirá então a libertação, a remição, que unicamente permite a ascensão para a Luz. *Atendei à advertência! Não há outro caminho para vós! Nem para ninguém!*

Com isso, adquirirá também cada um a certeza de que nunca pode ser tarde demais. Quanto aos fatos isolados é evidente que deveis expiá-los, remi-los, mas desde o momento em que iniciais com seriedade vossos esforços para o bem e colocais o marco para o fim de vossas expiações, tende certeza então de que esse fim *tem* de chegar, iniciando assim vossa ascensão! Então podereis ir resgatando alegremente todas as vossas expiações. O que ainda vier ao vosso encontro será em prol de vossa salvação, fará chegar a hora da remição, da libertação.

Compreendeis, então, o valor, quando eu vos aconselho a iniciar com toda a força a boa vontade, o pensar puro? A não desistir, e sim agarrar-vos nisso com todo o anseio, toda a energia? Isso vos eleva! Transforma-vos, bem como ao vosso ambiente!

Ponderai que cada passagem pela Terra é uma breve escola, que não termina para vós com a desencarnação. Vivereis continuamente ou morrereis continuamente! Usufruireis felicidade contínua ou sofrimento contínuo!

Quem supõe que com o sepultamento terreno também para ele está tudo terminado, tudo remido, que se afaste e prossiga seu caminho, pois com isso somente quer iludir a si próprio. Apavorado ficará depois diante da verdade... *obrigado* a começar seu caminho de sofrimento! Seu verdadeiro eu, despojado da proteção de seu corpo, cuja densidade o envolvia como uma muralha, será então atraído, cercado e segurado por sua igual espécie.

O ânimo da vontade séria para o melhor, que poderia libertá-lo e elevá-lo, será mais difícil para ele, e por muito tempo impossível, porque então estará sujeito exclusivamente à influência do ambiente de igual espécie, que não traz em si nenhum tipo de pensamento luminoso que possa despertá-lo e apoiá-lo. Terá de sofrer em dobro com tudo o que criou para si.

Por essa razão, um progresso se tornará ainda mais difícil do que em carne e sangue, onde o bem e o mal andam juntos, o que só se torna possível sob a proteção do corpo terreno, porque... a vida terrena é uma escola onde ao "eu" de cada um é dada a possibilidade de desenvolvimento conforme seu livre-arbítrio.

Por isso, animai-vos enfim! O fruto de cada pensamento cairá sobre vós, aqui ou lá, e tereis de usufruí-lo! Nenhum ser humano pode fugir desse fato!

Que vos adiantará enfiar a cabeça na areia medrosamente, diante de tal realidade? Encarai, pois, os fatos, corajosamente! Isto só vos facilitará tudo, porque aqui podeis progredir mais depressa.

Principiai! Mas com a consciência de que todo o passado tem de ser saldado. Não espereis, como muitos tolos, que a felicidade caia imediatamente no colo, após passar por portas e janelas. Pode ser que muitos dentre vós ainda tenham de resgatar uma enorme corrente. Quem por isso desanimar prejudicará a si próprio, pois nada lhe poderá ser descontado nem tirado. Hesitações tornam tudo mais difícil e talvez mesmo impossível por muito tempo.

Isso deve servir-lhe de estímulo para não mais desperdiçar uma hora sequer, pois somente com o primeiro passo começa ele a viver! Feliz daquele que se anima para isso; elo por elo se desligará dele. Com passos gigantescos pode avançar, cheio de júbilo e agradecimento, transpondo também os últimos obstáculos, pois se tornará livre!

As pedras, que sua atuação errada de até agora amontoou à sua frente como um muro, impedindo o progresso, não serão acaso retiradas do caminho; pelo contrário, serão colocadas solicitamente diante dele, para que as reconheça e as transponha, pois terá de saldar todos os erros. No entanto, perplexo e admirado, logo verá o amor que atua em seu redor, assim que mostre boa vontade.

O caminho lhe será tão facilitado com delicado zelo, como os primeiros passos de uma criança são amparados pela mãe. Se houver coisas de sua vida de até agora que o amedrontem, assustem e que preferiria deixar dormir continuamente... inesperadamente será colocado à frente delas! Tem de decidir, agir. Visivelmente as circunstâncias o impelem para isso. Se ousar, então, dar o primeiro passo confiante na vitória da boa vontade, o nó fatídico se abrirá, passará por ele e estará livre disso.

Porém, mal a culpa é resgatada, já lhe surge outra sob qualquer forma, exigindo de modo idêntico seu resgate.

Assim, desfaz-se um anel após outro, que tinham de tolhê-lo e oprimi-lo. Sente-se tão leve! E a sensação de leveza que muitos dentre vós certamente já vivenciaram não é nenhuma ilusão, mas sim efeito de um fato real. O espírito assim liberto da opressão torna-se leve e ascenderá de maneira rápida, de acordo com a lei da gravidade espiritual, para aquela região a que ele agora pertence conforme sua respectiva leveza.

Assim irá avançando sempre ao encontro da Luz almejada. A vontade má comprime o espírito para baixo, tornando-o pesado, mas a boa o impele para cima.

Jesus já mostrou para vós, também em relação a isso, o caminho simples que leva infalivelmente ao alvo, pois profunda verdade reside nestas simples palavras: *"Ama a teu próximo como a ti mesmo!"*

Com isso deu a chave para a libertação, para a ascensão! Porque é incontestável: o que fazeis ao próximo, fazeis na realidade somente para vós! Para vós somente, pois tudo, de acordo com as leis eternas, recai infalivelmente sobre vós, o bem ou o mal, seja já aqui ou lá. Virá! Por conseguinte, com isso vos é apontado o caminho mais simples, como deveis conceber o passo para a boa vontade.

Com vossa *maneira de ser,* deveis dar ao vosso próximo! Não necessariamente com dinheiro ou bens. Pois assim os pobres ficariam privados da possibilidade de dar. E nesse modo de ser, nesse "dar-se" no convívio com o próximo, na consideração, no respeito que lhe ofereceis espontaneamente, está o "amar" de que nos fala Jesus, está também o auxílio que prestais ao vosso próximo, porque nisso ele se torna capaz de modificar-se por si mesmo ou prosseguir em direção ao alto, porque nisso ele pode fortalecer-se.

As irradiações retroativas disso, porém, erguem-vos rapidamente em seu efeito recíproco. Através delas recebereis sempre novas forças. Com voo bramante conseguireis dirigir-vos ao encontro da Luz...

Pobres tolos os que ainda podem indagar: "Que ganho com isso, se abandono tantos hábitos antigos e me modifico?"

Trata-se de um negócio que deva ser fechado? E se eles ganhassem somente como seres humanos, no modo de ser mais elevado, então o lucro já seria bastante. Porém é infinitamente maior! Repito: com o começo da boa vontade, coloca cada um também o marco para o fim de sua pressão de expiação, que tem de cumprir, da qual jamais poderá escapar. A esse respeito nenhum outro pode substituí-lo.

Com tal decisão ele coloca, por conseguinte, um fim previsível da pressão de expiação. Trata-se de um valor que todos os tesouros deste mundo não são capazes de sobrepujar. Liberta-se com isso das correntes de escravo que ele próprio continuamente forjou para si. Portanto, acordai do sono que enfraquece. Deixai finalmente chegar o despertar!

Fora com a embriaguez que, paralisando, traz a ilusão de que a libertação por intermédio do Salvador tornou-se um salvo-conduto, para que possais viver a vida toda descuidadamente, entregando-vos ao "egocentrismo", bastando que vos torneis no último momento fiéis, convertendo-vos e deixando esta Terra crendo no Salvador e em sua obra! Tolos, esperar da divindade uma tão mesquinha e imperfeita obra fragmentária! Isso significaria cultivar o mal! Pensai nisso, libertai-vos!

CULTO

CULTO deve ser o anseio tornado forma, para que algo inapreensível terrenamente se torne assimilável de algum modo pelos sentidos terrenos.

Deve ser o anseio tornado forma, mas infelizmente ainda não é assim, do contrário muitas coisas deveriam ter formas completamente diferentes, se tivessem *surgido* do próprio anseio. O caminho *certo* para isso condiciona justamente o brotar de formas exteriores, vindas do íntimo. Mas tudo quanto hoje vemos nada mais é do que uma construção do *raciocínio,* no qual somente *depois* as intuições deverão ser comprimidas. Toma-se assim um caminho contrário, que naturalmente também se pode chamar de errado ou falso, por jamais conseguir realmente ser vivo em si.

Assim, muita coisa grosseira ou importuna se molda, o que de outra forma chegaria muito mais próximo da vontade *real,* com o que, somente então, o efeito convincente pode unir-se.

Muita coisa bem-intencionada tem de repugnar em lugar de convencer, porque a forma certa para isso ainda não foi encontrada, a qual o raciocínio nunca pode dar para aquilo que é inapreensível terrenamente!

É o que acontece também nas igrejas. De modo demasiadamente nítido se faz sentir a edificação do raciocínio, visando somente à influência terrena, e com isso muita coisa boa perde sua significação, porque dá a impressão de antinatural.

Por outro lado, só pode dar a impressão de antinatural aquilo que não corresponde às leis da Criação. Justamente tais coisas existem em abundância nos cultos atuais, onde simplesmente

8. Culto

tudo o que se encontra em oposição às leis naturais da Criação é envolvido em misteriosa escuridão.

Exatamente com isso, porém, pelo fato de os seres humanos, inconscientemente, nunca falarem nessas coisas de uma Luz misteriosa, mas sempre apenas de uma escuridão, eles acertam, pois a Luz não conhece obscurecimento, portanto também nenhuma mística, para a qual não deveria haver lugar na Criação que se originou da vontade perfeita de Deus e que trabalha automaticamente segundo um ritmo inalterável. Nada é mais claro em seu tecer do que exatamente a Criação, que é a obra de Deus!

Nisso reside o segredo do êxito e da estabilidade, ou da ruína. O que está construído com base nessas leis vivas da Criação recebe auxílio, trazendo êxito e também estabilidade. Onde, porém, tais leis não forem observadas, seja por ignorância, seja por obstinação, o desmoronamento se efetivará irremediavelmente, após tempo maior ou menor, porque não conseguirá manter-se permanentemente, pois não se encontra sobre nenhuma base firme e inamovível.

Eis por que tanta obra humana é efêmera, o que não precisava ocorrer. A isso pertencem cultos de múltiplas espécies que constantemente têm de ser submetidos a transformações, se não devam desmoronar totalmente.

O Filho de Deus deu aos seres humanos terrenos, do modo mais simples e mais claro, em sua *Palavra,* o caminho *certo* pelo qual devem conduzir sua existência terrena, correspondente à tecedura da Criação, a fim de, através das leis de Deus que se manifestam no tecer da Criação, serem apoiados auxiliadoramente e elevados às alturas luminosas, para obterem paz e alegria aqui na Terra.

Infelizmente, contudo, as igrejas não se conservaram no caminho da salvação e soerguimento dos seres humanos, dado pelo próprio Filho de Deus e por ele exatamente explicado, mas sim acrescentaram à sua doutrina ainda muita coisa segundo o próprio pensar, e com isso naturalmente causaram confusão, que tinha de acarretar cisões, porque não correspondia às leis da Criação, sendo, por essa razão, por mais estranho que isso possa soar, também contra a clara doutrina do Filho de Deus, segundo a qual elas, no entanto, se denominam cristãs.

É o que se dá, por exemplo, a respeito do culto de Maria, dos cristãos seguidores do papa. Jesus, que ensinou aos seres humanos *tudo,* como deviam pensar e agir, sim, também como falar e orar, para que atuassem certo, de acordo com a vontade de Deus, disse uma só palavra que fosse, a tal respeito? *Não, isso ele não fez!* E isto é uma prova de que ele também não o queria e que isto não devia existir!

Há até mesmo afirmações dele que provam o contrário daquilo que o culto de Maria condiciona.

E os cristãos querem, no entanto, agir sinceramente apenas segundo Cristo, caso contrário não *seriam* cristãos.

Se, pois, os seres humanos acrescentaram algo, e a Igreja papal age diferentemente do que Cristo ensinou, logo está provado que essa Igreja se coloca atrevidamente *acima* do Filho de Deus, pois procura melhorar suas palavras, já que estabelece atos que o Filho de Deus *não* queria, uma vez que, do contrário, ele teria ensinado infalivelmente também esses atos, em face de tudo aquilo que ensinou aos seres humanos.

Certamente *existe* uma Rainha do Céu que, segundo a conceituação terrena, também poderia chamar-se Mãe Primordial e que, não obstante, possui a mais pura virgindade. Ela, porém, está desde toda a eternidade nas *alturas mais elevadas* e nunca teve encarnação terrena!

Trata-se, pois, de sua *imagem irradiante,* e não dela em realidade, o que uma vez ou outra certas pessoas, devido a uma profunda emoção, podem "ver" ou "intuir". Através dela chegam também muitas vezes auxílios mais rápidos, chamados milagres.

Uma visão verdadeira, *pessoal,* dessa Rainha Primordial, mesmo aos espíritos humanos mais evoluídos, nunca é possível, porque, devido às leis inflexíveis da Criação, cada espécie só está apta a ver sua espécie análoga. Assim, o olho terreno só pode ver as coisas terrenas, o olho de matéria fina, as coisas de matéria fina, o olho espiritual, apenas as coisas espirituais, e assim por diante.

E como o *espírito* humano só pode ver o espiritual, de onde ele mesmo promana, assim também não consegue na realidade ver a Rainha Primordial, que é de uma espécie muito mais elevada, mas sim, se lhe for concedida a graça, *apenas sua irradiante imagem espiritual,* que no entanto parece viva e cuja irradiação já pode ser tão forte que realiza milagres, onde encontrar um solo preparado para isso, o que ocorre mediante inabalável crença ou profunda comoção no sofrimento ou na alegria.

Isso reside na atuação da Criação, emanado e sustentado pela vontade perfeita de Deus. Nessa atuação se encontram também todos os auxílios para os seres humanos, desde o começo dos tempos até toda a eternidade, se eles mesmos não se desviarem, levados pelo querer saber melhor.

Na Criação atua Deus, pois ela é Sua obra perfeita.

E exatamente por causa dessa perfeição, para que se desse o nascimento terreno do Filho de Deus, teve de haver anteriormente uma geração terrena. Quem afirma o contrário duvida da perfeição das *obras* de Deus, portanto também da perfeição de Deus, de Cuja vontade se originou a Criação.

Imaculada concepção é uma concepção no mais puro amor, em contraste com uma concepção em prazer pecaminoso! Mas não existe nascimento terreno sem geração.

Se uma concepção terrena, isto é, uma geração terrena não pudesse ser imaculada, então cada maternidade teria de ser considerada como mácula!

Através da Criação, Deus também fala, mostrando nitidamente Sua vontade.

Reconhecer essa vontade é dever dos seres humanos. E o Filho de Deus indicou com sua sagrada Palavra o verdadeiro caminho para isso, porque os seres humanos não se esforçavam para tanto, emaranhando-se por isso cada vez mais nas leis automáticas da Criação.

Esse inalterável tecer da Criação, com o decorrer do tempo, tinha de aniquilar os seres humanos devido à ignorância e utilização errada, ao passo que soerguerá a humanidade, se ela viver direito, conforme a vontade de Deus.

Recompensa e castigo para o ser humano estão no tecer da Criação, que é conduzido de modo constante e imutável pela própria vontade de Deus. Nisso reside também a condenação ou a salvação! É inexorável e justo, sempre objetivo, sem arbitrariedade.

Nisso reside a indescritível grandeza de Deus, Seu amor e justiça. Isto é, em *Sua obra,* que Ele legou aos seres humanos, ao lado de muitos outros seres, como morada e pátria.

É chegada a época em que os seres humanos têm de alcançar esse *saber* para chegarem com a mais completa convicção ao reconhecimento da *atuação de Deus,* que se exprime em Sua *obra!*

Então, cada ser humano terreno se encontrará de modo inabalável aqui na Terra, com a mais jubilosa vontade de trabalhar, com os olhos soerguidos gratamente para Deus, porque o reconhecimento o ligará para sempre através do *saber!*

Para transmitir aos seres humanos tal saber, que lhes dá uma convicção nítida e compreensível da atuação de Deus, em Sua justiça e amor, escrevi a obra "Na Luz da Verdade", que não deixa lacunas, contém resposta a *cada* pergunta, traz esclarecimentos aos seres humanos de quão maravilhosos são os caminhos na Criação, os quais muitos servidores de Sua vontade mantêm.

Santo, porém, é só Deus!

ENRIJECIMENTO

Na Criação tudo é movimento. O movimento, originado através da pressão da Luz, completamente de acordo com a lei, produz calor e permite o surgimento de formas. Sem Luz não poderia, portanto, haver movimento, e assim pode o ser humano imaginar que o movimento seja muito mais rápido e mais forte na proximidade da Luz do que em distâncias longínquas.

Realmente, o movimento será também mais lento e mais vagaroso pela distância da Luz, podendo isso levar com o tempo ao enrijecimento de todas as formas já constituídas por um movimento anterior mais intenso.

Sob a expressão "Luz" não se deve naturalmente compreender neste caso a luz de algum astro, e sim a *Luz Primordial,* que é a própria vida, portanto, Deus!

Em complemento à imagem dada, apresentando uma visão ampla sobre os processos na Criação, quero hoje dirigir a atenção para a Terra, que atualmente descreve seu círculo numa distância muito mais afastada da Luz Primordial do que sucedia há muitos milhões de anos, porque ela cada vez mais foi abandonada ao pesadume das trevas por meio dos seres humanos que se afastaram de Deus por presunção ridícula, num cultivo excessivo e unilateral do raciocínio, que só é dirigido *para baixo,* para a matéria grosseira, e aí permanecerá sempre, pois *para isso* foi dado, mas na suposição de uma límpida capacidade receptiva de todas as irradiações e impressões do alto, dos páramos luminosos.

Ao cérebro anterior cabe todo o trabalho do raciocínio para atividades exteriores nas camadas mais grosseiras, isto é, na

9. Enrijecimento

matéria, cabendo, no entanto, ao cérebro posterior a recepção e transmissão para a elaboração das impressões de cima, que são mais leves e mais luminosas do que a matéria grosseira. Essa ação conjunta e harmônica dos dois cérebros, dada aos seres humanos para seu benefício, foi perturbada pela propensão humana só para as coisas terrenas, isto é, para a atuação na matéria grosseira e, com o tempo, completamente suprimida, de fato estrangulada, porque o cérebro anterior, devido a ocupações mais intensas, acabou com o tempo se desenvolvendo mais em relação ao cérebro posterior, que permaneceu desprezado e se tornou, por conseguinte, mais enfraquecido e menos receptível. Com isso, formou-se há milênios o *mal hereditário* através da reprodução na matéria grosseira, pois já as crianças traziam ao nascer o cérebro anterior muito mais desenvolvido que o cérebro posterior, com o que se originou o perigo do despertar do *pecado hereditário* que consiste no pensar obrigatório, de antemão condicionado, exclusivamente para o que é terreno, portanto, para o que é desviado de Deus.

Isso será compreensível sem mais nada para qualquer ser humano de vontade séria; além disso, eu o expliquei minuciosamente em minha Mensagem.

Todo mal na Terra se originou daí, pelo fato de o ser humano, devido à sua origem espiritual, ter podido fazer, com a sua vontade, pressão sobre tudo o mais existente na Terra, ao passo que ele, exatamente devido a essa origem espiritual, poderia e também deveria ter agido *elevando,* pois essa foi e é sua verdadeira missão na Criação posterior, onde naturalmente tudo quanto é espiritual atua guiando. Mas pode guiar para cima, como seria natural, bem como também para baixo, quando a vontade do espiritual anseia predominantemente pelas coisas terrenas, como é o caso do ser humano terreno.

No saber da Criação já dado por mim em minha Mensagem, e nos esclarecimentos a isso ligados, do funcionamento automático das leis atuantes na Criação, que também podem ser chamadas leis da natureza, mostra-se sem lacunas todo o tecer da Criação, deixando reconhecer claramente todos os fenômenos e com isso a razão de toda a existência humana, esclarecendo também, em intangível sequência, de onde vem e para onde vai, dando por essa razão resposta a cada pergunta, assim que o ser humano procurar seriamente por isso.

Neste ponto têm de conter-se até mesmo os adversários mais malévolos, uma vez que suas astúcias não são suficientes para poderem penetrar de forma destrutiva nos fundamentos perfeitos do que ficou dito, a fim de também tirar este auxílio dos seres humanos.

Eu disse que o movimento na Criação tem de tornar-se cada vez mais lento, quanto mais distante encontrar-se da Luz Primordial, que é o ponto de partida da pressão, que traz como consequência o movimento.

Assim acontece atualmente com a Terra. Seus círculos afastaram-se cada vez mais, devido à culpa dos seres humanos terrenos; com isso, as movimentações tornam-se mais lentas, cada vez mais indolentes e, devido a isso, muita coisa já se encontra próxima do estado inicial de enrijecimento.

Também o enrijecimento tem muitos degraus, e no começo não é fácil ser reconhecido. Mesmo durante seu progresso torna-se impossível o reconhecimento, a não ser que um vislumbre de Luz estimule uma observação mais aguda.

Já por isso é difícil, porque tudo quanto vive no círculo das movimentações, que se vão tornando cada vez mais vagarosas, acaba proporcionalmente sendo puxado para a crescente condensação que leva ao enrijecimento. Aliás, não somente o corpo do ser humano, mas tudo, inclusive seu pensar. Isso acontece mesmo nas coisas mínimas. Todas as noções se modificam e se deslocam imperceptivelmente, mesmo o próprio sentido do idioma.

O ser humano não poderá notá-lo em seu próximo, uma vez que ele mesmo está sendo arrastado em idêntico movimento indolente, se não procurar, lutando, elevar-se espiritualmente mais uma vez, com a máxima vontade e com tenacidade, a fim de conseguir tornar a se aproximar um pouco mais da Luz, com o que seu espírito gradualmente se torna mais ágil e assim mais leve, mais luminoso, e influi no reconhecimento terreno.

9. Enrijecimento

Então, tomado de espanto, verá, ou pelo menos intuirá com horripilante pavor, até que ponto as distorções de todos os conceitos já se foram enrijecendo nesta Terra. Falta a visão ampla do essencial, porque tudo está comprimido entre fronteiras estreitas e inabrangíveis, que já se tornaram intransponíveis e que em determinado tempo terão de sufocar tudo quanto englobam.

Já assinalei muitas vezes os conceitos torcidos, mas agora esses lentamente se dirigem caminho abaixo, para o enrijecimento, na distância contínua da Luz.

Não é necessário dar exemplos isolados; tais esclarecimentos já não seriam mais levados em conta, ou tidos como importuno jogo de palavras, porque as pessoas estão demasiado enrijecidas ou indolentes para querer pensar nisso mais profundamente.

Já falei também bastante do poder da palavra, do mistério que mesmo a *palavra humana* pode temporariamente construir ou destruir no âmbito da Terra, na atuação da Criação, pois pelo timbre, pelo tom e pela composição de uma palavra são postas em movimento forças da Criação, que não agem segundo o sentido dado por quem fala, mas sim segundo a significação específica da *palavra*.

A significação, porém, foi dada outrora através das forças que a palavra põe em movimento e as quais, devido a isso, estão exatamente sintonizadas com o sentido *certo* ou, pelo contrário, não segundo a vontade de quem fala. Sentido e palavra surgiram do correspondente movimento de forças, por isso constituem *um só* inseparável!

O *pensar* do ser humano põe em movimento, por sua vez, *outras* correntezas de força, que correspondem ao sentido do pensamento. Por isso, o ser humano devia esforçar-se por escolher palavras certas para a expressão de seu pensamento; portanto, intuir mais claro e certo.

Suponhamos que uma pessoa seja interrogada a respeito de uma coisa que ouviu, que talvez também tenha podido ver uma parte. Interrogada, ela afirmaria imediatamente que a *sabe!*

Segundo a opinião de muitas pessoas superficiais, essa resposta estaria certa; no entanto, em verdade está *errada* e condenável, pois "saber" quer dizer poder dar *informação exata* sobre tudo, desde o começo até o fim, com todas as particularidades, sem lacunas, e de experiência vivencial própria. Só *então* pode uma pessoa falar que a *sabe*.

Reside uma grande responsabilidade na expressão "saber" e na noção que lhe está ligada!

Já indiquei também uma vez a grande diferença entre o "saber" e o "aprendido". A erudição ainda está longe do verdadeiro *saber*, que só pode ser algo próprio, pessoal, ao passo que o aprendido é a aceitação de alguma coisa fora do âmbito pessoal.

Ouvir algo e talvez também ver em parte ainda está longe do próprio *saber!* O ser humano não deve afirmar: Eu *sei* isto, mas poderia no máximo dizer: Vi ou ouvi algo disso; mas se ele quiser agir *direito,* de acordo com a verdade, será obrigado a dizer: Eu não sei!

Será, em qualquer circunstância, um procedimento mais acertado do que narrar algo com que absolutamente não tem nada a ver, o que, portanto, também não pode ser um *saber* real, ao passo que, com um relato parcial, só pode lançar suspeitas ou fazer carga sobre outras pessoas, talvez até mesmo desnecessariamente lançá-las na desgraça, sem conhecer as verdadeiras conexões. Por conseguinte, pesai meticulosamente com a intuição *cada* palavra que quiserdes empregar.

Quem pensa mais profundamente, não se contentando com conceitos já enrijecidos, que servem de autodesculpa para tagarelas presunçosos e para a vontade má, esse compreenderá facilmente as explicações e aprenderá a examinar serenamente e com visão mais ampla tudo quanto tiver de falar.

Já inúmeros de tais conceitos restritos, com suas consequências nocivas, tornaram-se costume entre os seres humanos terrenos, sendo avidamente agarrados e nutridos pelos escravos do raciocínio, como os mais solícitos asseclas das influências luciferianas das trevas mais pesadas.

Aprendei a observar atentamente as correntezas nesta Criação e a utilizá-las direito, pois trazem em si a vontade de Deus e com ela a justiça de Deus em forma pura. E então tornareis a encontrar também a legítima condição humana, que foi arrebatada de vós.

Quanto sofrimento seria evitado assim, e de quantos malévolos entre os seres humanos seria tirada também a possibilidade de ação.

A esse mal se deve atribuir também o fato de a descrição da existência terrena de Jesus, o Filho de Deus, não estar de acordo em todos os pontos com os fatos, razão pela qual, no decorrer do tempo até hoje, surgiu no pensar dos seres humanos uma imagem inteiramente errada. De idêntico modo foram distorcidas as palavras dadas por ele, como aconteceu com *todos* os ensinamentos que foram elevados a religião e que deviam trazer ao ser humano elevação e aperfeiçoamento do espírito.

E nisso reside também a grande confusão entre todos os seres humanos, que cada vez podem entender-se menos, reciprocamente, o que faz crescer e florescer o descontentamento, a desconfiança, a calúnia, a inveja e o ódio.

Tudo isso são sinais infalíveis do progressivo enrijecimento na Terra!

Erguei vosso espírito, principiai a pensar e falar com *visão ampla* e total! Isto condiciona naturalmente também que trabalheis não somente com o raciocínio, que faz parte da matéria mais grosseira, como também que deis novamente a vosso espírito as possibilidades de guiar vosso raciocínio, que deve servi-lo, conforme a determinação de vosso Criador, que desde o início vos deixou surgir sem mácula aqui na Terra.

São tantas as coisas que já se encontram na primeira fase do enrijecimento, que em breve poderá ser tomado todo o vosso pensar, tendo de seguir canais inflexíveis e férreos que só vos trarão ainda mal-estar, sofrimento sobre sofrimento, e que acabarão reduzindo vossa condição humana ao estado de máquina sem conteúdo, servindo apenas às trevas, distanciada de toda a Luz. —

INFANTILIDADE

A PALAVRA "infantil" é uma expressão que os seres humanos, em seu modo leviano e irrefletido de falar, na maioria dos casos empregam erradamente.

Devido ao estorvo da indolência espiritual, essa expressão não é suficientemente intuída para poder ser compreendida direito. Mas quem não a houver compreendido em toda a sua extensão jamais poderá empregá-la acertadamente.

E, no entanto, é exatamente a infantilidade que oferece uma forte ponte aos seres humanos para a ascensão às alturas luminosas, para a possibilidade de amadurecimento de cada espírito humano e para o aperfeiçoamento com vistas à possibilidade de uma eterna permanência nesta Criação, que é a casa de Deus-Pai, que Ele pôs à disposição dos seres humanos, se... aí permanecerem como hóspedes *agradáveis*. Hóspedes que não danifiquem o recinto, que por graça lhes foi concedido apenas para usufruto, com mesa sempre fartamente posta.

Quão distanciado, porém, se encontra agora o ser humano dessa infantilidade, para ele tão necessária!

Contudo, sem ela nada poderá obter para seu espírito. O espírito *tem* de possuir infantilidade, pois é e permanece uma criança da Criação, mesmo quando adquire plena maturidade.

Uma criança da Criação! Nisso reside o sentido profundo, pois tem de desenvolver-se para tornar-se uma criança de Deus. Quanto a alcançar isso, depende unicamente do grau de reconhecimento que ele está disposto a adquirir durante sua peregrinação através de todas as matérias.

10. Infantilidade

Conjuntamente com essa disposição tem de mostrar também a *ação*. Nos planos espirituais, a vontade é também ao mesmo tempo ação. Lá, vontade e ação são sempre *uma só*. Contudo, isto só é assim nos planos *espirituais* e não nos planos materiais. Quanto mais espesso e mais pesado for um plano da matéria, tanto mais longe a ação fica da vontade.

Que a espessura age retardando, já se percebe no som que tem de passar na movimentação através da matéria, que o retarda conforme a espécie dessa espessura. Isso é nitidamente perceptível, mesmo nas distâncias mais curtas.

Quando uma pessoa corta madeira em pedaços, ou prega nas vigas em qualquer construção, pode-se ver bem nitidamente a pancada de sua ferramenta, ao passo que o som só chega após alguns segundos. Isso é tão notório, que não há pessoa que não tenha assistido a isso uma vez ou outra.

Coisa análoga, mas ainda mais difícil, ocorre com o ser humano na Terra com relação à vontade e à ação. A vontade irrompe no espírito e imediatamente se torna ação nele. No entanto, para que a vontade se torne visível na matéria grosseira, precisa do corpo de matéria grosseira. Somente no impulso cada corpo age já alguns segundos depois do irromper da vontade. Com isso fica excluído o trabalho mais demorado de um cérebro anterior, o qual normalmente tem de proporcionar o caminho da vontade até a impressão sobre a atividade do corpo.

O caminho verdadeiro dura um tempo relativamente mais longo. Às vezes chega a manifestar-se apenas fracamente, ou nem se torna ação, porque a vontade acaba por enfraquecer-se durante o caminho mais longo, ou então, por causa do raciocínio cismador, torna-se completamente bloqueada.

Com essa consideração, gostaria de dar uma indicação, independente desse assunto, sobre efeitos despercebidos e, contudo, nitidamente visíveis na atuação humana, da lei da Criação de atração das espécies iguais:

As leis humano-terrenas são redigidas pelo raciocínio terreno e são também executadas por ele. *Por isso*, os planos elaborados com o raciocínio, isto é, as ações refletidas, são, como tais, castigadas e julgadas mais severamente do que as ações espontâneas, isto é, irrefletidas. A estas últimas é concedido julgamento mais brando, na maioria dos casos.

Isto tem na realidade uma conexão, imperceptível aos seres humanos, com a igual espécie da atuação do raciocínio sob a pressão da lei da Criação, para todos aqueles que se curvam ao raciocínio incondicionalmente. A eles, isso é inteiramente compreensível.

Sem saber disso, numa ação espontânea, a maior parte do remate da culpa é com isso transferida *para o plano espiritual*. Legisladores e juízes nem sequer pressentem isso, pois partem de bases bem diferentes, puramente mentais. No entanto, com uma reflexão mais profunda e a compreensão das leis atuantes da Criação, tudo se encontra sob uma luz bem diferente.

Apesar disso, também em outros julgamentos e sentenças terrenas as leis vivas de Deus na Criação atuam totalmente autônomas, não influenciáveis pelas leis nem pelos conceitos humano-terrenais. Nenhum ser humano sincero pensará que a culpa verdadeira, não apenas a rotulada pelos seres humanos como tal, depois de cumprido o castigo ditado e imposto pelo raciocínio terreno, possa estar liquidada também ao mesmo tempo perante as leis de Deus.

Desde milênios são praticamente dois mundos distintos, separados pelo modo de atuar e pensar dos seres humanos, conquanto devessem ser somente *um* mundo, onde unicamente atuassem as leis *de Deus!*

Mediante tal castigo terreno só pode resultar um resgate enquanto as leis e as penalidades concordarem totalmente com as leis da Criação de Deus. Existem, pois, dois tipos de ações espontâneas. Primeiro, as já descritas, que propriamente deveriam ser chamadas de *impulsos,* e, além disso, aquelas que irrompem no cérebro anterior, isto é, não no espírito, e que pertencem ao setor do raciocínio. Elas são irrefletidas e não deveriam ter as mesmas atenuações que as ações de impulso.

No entanto, quanto a isso só poderiam descobrir acertadamente as diferenciações justas, *aquelas* pessoas que conhecessem

10. Infantilidade

todas as leis de Deus na Criação e estivessem a par de seus efeitos. Isto tem de ficar reservado a uma época vindoura, na qual não haja mais ações arbitrárias entre os seres humanos, porque estes terão uma maturidade espiritual que em todo o seu atuar e pensar somente os deixará vibrar com as leis de Deus.

Esta digressão tem o fim apenas de estimular a reflexão, não pertence propriamente ao tema específico desta dissertação.

Basta que fique bem acentuado aqui que nos planos espirituais vontade e ação são *uma só,* mas que se separam nos planos materiais devido à espécie da matéria. Por isso Jesus já disse outrora aos seres humanos: *O espírito está pronto, mas a carne é fraca!* A carne, aqui significando a matéria grosseira do corpo, não transforma em ação tudo aquilo que no espírito já era vontade e ação.

Contudo, o espírito poderia, mesmo aqui na Terra, com sua roupa de matéria grosseira, forçar sua vontade a sempre tornar-se ação na matéria grosseira, se não fosse demasiado indolente para isso. E nem pode responsabilizar o corpo por essa indolência, porque o corpo foi dado a cada espírito apenas como instrumento, que ele tem de aprender a dominar, para utilizar-se dele com acerto.

O espírito é, portanto, uma criança da Criação. E tem de permanecer nela *infantil,* se quiser cumprir a finalidade para a qual se encontra na Criação. A presunção do raciocínio deixou-o afastar-se da infantilidade, porque não soube "compreendê-la" como realmente é. Por isso, ele perdeu o apoio na Criação, que agora tem de expulsá-lo como estranho, perturbador e nocivo, para ela própria poder permanecer sadia.

E assim acontece que os seres humanos cavam sua própria sepultura, por causa do seu modo errado de pensar e atuar.

Quão estranho é que cada ser humano, que deseje que a festa de Natal atue de maneira certa sobre ele, tenha de procurar primeiro transportar-se para a infância!

Isto é, pois, um sinal suficientemente nítido *de que* ele nem é capaz de vivenciar, como adulto, a festa de Natal com a *intuição.* É a prova bem nítida de que perdeu alguma coisa que possuía quando criança! Por que isso não dá o que pensar aos seres humanos!

Trata-se novamente de indolência espiritual, que os impede de se ocuparem seriamente com as coisas. "Isso é para crianças", pensam eles, e os adultos não têm absolutamente tempo para isso! Eles têm de pensar em *coisas mais sérias*.

Coisas mais sérias! Com essas coisas mais sérias referem-se somente à caça às coisas da Terra, isto é, trabalho do raciocínio! O raciocínio rechaça depressa e para longe as recordações, a fim de não perder a primazia, quando uma vez é dado lugar à intuição!

Em todos esses fatos aparentemente tão pequenos se reconheceriam as *maiores* coisas, se o raciocínio somente desse tempo para isso. Mas ele tem o predomínio e luta por isso com toda a astúcia e malícia. Isto é, não ele, mas na realidade luta aquilo que se utiliza dele como instrumento e que se esconde atrás dele: as trevas!

Não querem deixar encontrar a Luz nas recordações. E *como* o espírito anseia encontrar a Luz e dela haurir nova força, reconhecereis aí que com as recordações do Natal da infância desperta também uma indefinida e quase dolorosa saudade, que é capaz de enternecer passageiramente muitas pessoas.

Esse enternecimento poderia tornar-se o melhor terreno para o *despertar,* se fosse utilizado logo e também com toda a força! Mas infelizmente os adultos alcançam isso somente em devaneios, com o que desperdiçam e perdem a força que surge. E nesses devaneios passa também a oportunidade, sem poder trazer proveito ou sem ter sido utilizada.

Mesmo quando certas pessoas deixam cair algumas lágrimas com isso, envergonham-se delas, procuram escondê-las, recompõem-se com um impulso físico, no qual tantas vezes se torna reconhecível uma inconsciente teimosia.

Quanto poderiam os seres humanos aprender com tudo isso. Não é em vão que nas recordações da infância se insere uma leve melancolia. Trata-se do sentimento inconsciente de ter perdido alguma coisa que deixou um vazio, a incapacidade de intuir ainda infantilmente.

10. Infantilidade

Mas certamente tendes notado muitas vezes o efeito maravilhoso e revigorante que causa uma pessoa, apenas com sua presença silenciosa, de cujos olhos irrompe de vez em quando um brilho *infantil*.

O adulto não deve esquecer que o infantil não é pueril. Ignorais, porém, por que o infantil pode atuar assim, o que ele é na realidade! E por que Jesus disse: Tornai-vos como as crianças!

Para descobrir o que é infantil, deveis primeiro ficar cientes de que o infantil absolutamente não está ligado à criança em si. Com certeza vós próprios conheceis crianças, às quais falta a verdadeira e bela infantilidade! Existem, portanto, crianças sem infantilidade! Uma criança maldosa nunca se comportará infantilmente, tampouco uma criança mal-educada; na realidade, *não* educada!

Disso resulta claramente que infantilidade e criança são duas coisas independentes.

Aquilo que na Terra se chama infantil é um ramo da atuação da *pureza!* Pureza no sentido mais elevado, e não apenas no sentido humano-terrenal. O ser humano que vive na irradiação da pureza divina, que concede lugar para a irradiação da pureza dentro de si, adquiriu com isso também o infantil, seja ainda na idade da infância ou já como adulto.

A infantilidade é o resultado da pureza interior, ou o sinal de que tal ser humano se entregou à pureza, servindo-a. Estas são apenas maneiras diferentes de expressão; na realidade, porém, sempre a mesma coisa.

Por conseguinte, somente uma criança pura pode comportar-se infantilmente, assim como um adulto que cultive a pureza dentro de si. Por isso ele exerce um efeito *revigorante* e vivificador, despertando também confiança!

E onde existir a verdadeira pureza, poderá surgir também o verdadeiro amor, pois o amor de Deus atua na irradiação da pureza. A irradiação da pureza é o seu caminho, por onde ele segue. Não seria capaz de seguir por outro.

Quem não tiver absorvido, dentro de si, a irradiação da pureza, a esse nunca poderá chegar a irradiação do amor de Deus!

10. Infantilidade

O ser humano, porém, com seu afastamento da Luz, privou-se da infantilidade por causa de seu pensar intelectivo e unilateral, ao qual sacrificou tudo o que podia soerguê-lo, e assim se chumbou com mil correntes firmemente à Terra, isto é, à matéria grosseira, que o retém até que possa libertar-se, o que não poderá conseguir com a morte terrena, e sim somente com o despertar *espiritual*.

CASTIDADE

A CASTIDADE é um conceito tornado tão incrivelmente limitado pelos seres humanos terrenos, que nada resta de sua significação real, tendo sido mesmo arrastado por um caminho errado, e, como consequência natural, essa deformação trouxe para muitas pessoas uma opressão inútil e mesmo muitas vezes um inaudito sofrimento.

Perguntai onde quiserdes o que vem a ser a castidade e por toda parte vos será dada como resposta a ideia de uma castidade corporal, explicada de alguma maneira; em todo caso culmina nisso a concepção dos seres humanos terrenos.

Isso dá testemunho completo do restrito modo de pensar dos seres humanos subordinados ao raciocínio, que demarcou os limites de tudo o que é terrenal, por não poder alcançar mais longe com suas capacidades que nasceram do terrenal.

Como seria fácil para o ser humano fazer-se passar por casto, criar para si uma reputação nesse sentido, enquanto se expõe ao sol de uma autoglorificação vaidosa. Com isso, porém, não consegue dar um passo para as alturas, rumo aos jardins luminosos, que constituem o Paraíso, a meta final e bem-aventurada de cada espírito humano.

Nada adianta ao ser humano terreno conservar casto seu corpo terreno e macular seu espírito, pois assim jamais conseguirá transpor as soleiras que dão acesso de um degrau a outro para cima.

A castidade é algo diferente do que os seres humanos imaginam, muito mais abrangente, maior, não exige que se coloquem contra a natureza, pois isso seria uma transgressão às leis que vibram na Criação de Deus, o que não pode ficar sem efeitos prejudiciais.

A castidade é o conceito *terreno* da pureza, que é *divina*. Em cada espírito humano o esforço para atividades materiais é um reflexo pressentido da evidência divina. A pureza é divina, a castidade é a sua imitação pelo espírito humano, portanto uma reprodução espiritual, que pode e deve tornar-se visível na atuação terrena.

Isso teria de bastar como lei básica, para que cada espírito humano *amadurecido* cumprisse a castidade. Mas na Terra o ser humano, sob a pressão de diversos desejos egoísticos, tende a iludir a si próprio com algo que na realidade nem existe nele, somente para obter a satisfação de seus desejos.

O egoísmo caminha sempre na vanguarda e atordoa assim a vontade realmente *pura!* O ser humano nunca confessaria isso a si próprio e se deixa levar calmamente. Quando já não sabe mais o que alegar a si mesmo, ele denomina a frequente inequívoca tendência, de conseguir a satisfação de contestáveis desejos pessoais, de contingência do destino, ao qual tem de submeter-se.

Por isso, necessita ainda, como apoio e regra, de outras indicações que o ajudem a vivenciar e reconhecer o que realmente *seja* a castidade, de como reside na vontade de Deus, que não quer na Terra nenhuma separação da natureza.

No divinal a pureza se encontra estreitamente unida ao amor! Por isso, o ser humano também não deve procurar separá-la na Terra, se quiser obter bênçãos.

No entanto, o amor na Terra é apenas uma caricatura má daquilo que ele *realmente* é. Por isso, ele não pode, sem antes sofrer uma transformação, unir-se ao verdadeiro conceito da pureza.

Dou, com isso, a todos quantos se esforçam por atingir a castidade, uma indicação que proporciona o apoio de que o ser humano precisa na Terra para viver *de tal maneira* como está nas leis da Criação e como, portanto, também é de agrado a Deus:

"Quem em sua atuação refletir sempre que não deve causar dano a seu semelhante, o qual nele confia, nem empreender nada que possa oprimi-lo, esse acabará agindo sempre *de forma a permanecer espiritualmente sem carga de culpas* e, por essa razão, poderá realmente ser chamado casto!"

Essas palavras singelas, compreendidas direito, podem guiar o ser humano através de toda a Criação, inteiramente protegido, e soerguê-lo aos jardins luminosos, sua pátria verdadeira. Essas palavras são a chave para a atuação certa na Terra, pois a verdadeira castidade repousa nelas.

Jesus, Filho de Deus, expressou exatamente a mesma coisa com as palavras:

"Ama a teu próximo como a ti mesmo!"

Tendes, contudo, de acautelar-vos de cair nos antigos erros humanos e ajeitar novamente o sentido das palavras, deformando-as parcialmente, para que sirvam aos vossos interesses egoísticos, apaziguando-vos quando agis erradamente, embalando o descuido de vosso semelhante ou até iludindo-o.

Assimilai tais palavras conforme em verdade devem ser assimiladas, e não como vos parecerem cômodas e adequadas à vossa vontade. Então, elas serão para vós como a espada mais afiada em vossas mãos, com a qual podereis combater todas as trevas, bastando quererdes. Tornai vivas essas palavras dentro de vós de modo certo, a fim de abrangerdes a vida na Terra como vencedores jubilosos, cheios de gratidão!

O PRIMEIRO PASSO

DEIXAI minha Palavra tornar-se *viva* em vós, pois unicamente *isso* pode trazer-vos *aquele* proveito de que precisais, para que vosso espírito possa elevar-se às alturas luminosas dos eternos jardins de Deus.

Não adianta nada *saber* da Palavra! E mesmo que possais saber de cor minha Mensagem inteira, frase por frase, a fim de instruirdes a vós próprios e aos vossos semelhantes... não adiantará nada, se não *agirdes* de acordo, se não *refletirdes* no sentido de minha Palavra, e se em toda a vossa existência terrena não vos enquadrardes nela como sendo uma coisa natural, que se impregnou em vossa carne e em vosso sangue, e que não se deixa separar de vós. Somente assim podereis haurir os valores eternos de minha Mensagem e o que ela contém para vós.

Por suas *obras* deveis reconhecê-los! Esta sentença de Cristo destina-se *em primeiro lugar* a todos os leitores de minha Mensagem! Por suas obras, quer dizer, por sua *atuação,* isto é, seus pensamentos, seus atos no cotidiano da existência terrena! Como atos se compreende também o vosso modo de falar e não apenas o vosso modo de agir, pois o falar *é* uma ação, que até agora tendes subestimado em seus efeitos. A isso pertencem até mesmo os *pensamentos.*

Os seres humanos estão acostumados a dizer que os pensamentos "não pagam taxas". Com isso querem dar a entender que não podem ser chamados a prestar contas terrenamente sobre pensamentos, porque esses se encontram num degrau que as mãos do ser humano não alcançam.

12. O primeiro passo

É por isso que muitas vezes *brincam* da maneira mais leviana com os pensamentos, ou, melhor dito, brincam *em* pensamento. Trata-se, não raro, infelizmente, de brinquedo muito perigoso, na leviana suposição de que disso poderão sair indenes.

Enganam-se nisso, no entanto, pois também os pensamentos pertencem à *matéria grosseira* e em todas as circunstâncias nela mesma devem ser antes remidos, para que um espírito se torne apto a subir livremente, assim que desfizer a ligação com o corpo terreno.

Procurai, portanto, vibrar constantemente, já com os vossos pensamentos, no sentido de minha Mensagem, de modo a só quererdes o que é *nobre,* não descendo a baixezas, apenas porque imaginais que ninguém possa ver ou ouvir.

Pensamentos, palavras e atos exteriores pertencem todos eles ao reino da matéria grosseira desta Criação!

Os pensamentos agem na parte *fina* da matéria grosseira, as palavras na parte *média* e os atos exteriores se formam na parte *mais grosseira,* isto é, na mais *espessa* matéria grosseira. Todas essas três maneiras de vossa atuação são *materialmente grosseiras!*

Mas as formas de todas três estão estreitamente ligadas umas às outras e seus efeitos se entrelaçam. O que isso significa para vós, e como muitas vezes pode tornar-se incisivo e determinante no decorrer de vossa existência, não podeis calcular no primeiro momento.

Não significa outra coisa senão que também um pensamento, automático em sua espécie, pode, continuando a agir, fortalecer uma contextura de igual espécie e assim produzir formas mais vigorosas na matéria grosseira *média,* bem como, seguindo nesse fortalecimento e continuando a agir, redundar numa forma atuante visível na matéria *mais grosseira,* sem que pareça que vós próprios coparticipeis diretamente.

É abalador saber disso, quando se conhece a leviandade e displicência no pensar dos seres humanos terrenos.

Assim, vós sois *coparticipantes,* sem saber, de muitas ações que qualquer um dos vossos semelhantes realiza, somente porque esse recebeu o fortalecimento pela forma que acabei de esclarecer, que o habilitou a executar materialmente qualquer coisa até então latente nele e com a qual antes sempre brincava apenas em pensamento.

Muito ser humano terreno, assim, frequentemente desaprova uma ação qualquer de um semelhante seu, rechaçando-a e condenando-a com ira, quando na verdade, perante as leis eternas de Deus, é um *corresponsável!* Sim, pode tratar-se de uma pessoa completamente desconhecida e de uma ação que ele, por si só, jamais teria levado a efeito na matéria mais grosseira.

Pensai, pois, em tais processos e então compreendereis de maneira certa o que conclamo para vós em minha Mensagem: *Conservai puro o foco dos vossos pensamentos, com isso estabelecereis a paz e sereis felizes!*

Quando vos tiverdes fortalecido bastante com vossa própria purificação, então acontecerão na Terra menos crimes do que até agora e dos quais muitos foram cúmplices sem o saber.

A época e o lugar de tais atos, dos quais podeis ser cúmplices, não desempenham nenhum papel. Mesmo se o fato tenha ocorrido no extremo oposto da Terra ao lugar onde vós vos encontrais, em lugares onde nunca pusestes os pés e de cuja existência nem tendes conhecimento. Através de vossas leviandades no pensar, chegam reforços *lá,* onde descobrem espécies iguais, independentemente de distâncias, países e nações.

Podem assim pensamentos de ódio e de inveja, com o decorrer do tempo, arremessar-se sobre pessoas individualmente, grupos ou povos inteiros, nos quais encontrem espécie igual, forçando-os a ações, as quais, nas formas em que se desencadeiam, são muito diferentes das que surgiram inicialmente em vossas leviandades no pensar.

Os efeitos então podem mostrar como o *executante* intuiu no momento do ato. Desse modo podeis ter contribuído para a execução de ações em cujo horror jamais tínheis pensado na realidade, e no entanto permaneceis ligados a elas, e uma parte do efeito retroativo tem de sobrecarregar vosso espírito, pendendo nele como peso, quando desligar-se do corpo.

12. O primeiro passo

No entanto, também pode dar-se o contrário; podeis contribuir também, e mais fortemente ainda, para a paz e a bem-aventurança da humanidade; podeis, mediante pensamentos puros e alegres, coparticipar das obras que através de vós são realizadas por pessoas, mesmo distantes.

Eis logicamente por que motivo aflui sobre vós também a bênção, sem que saibais a razão de a receberdes.

Se pudésseis *ver,* uma só vez que fosse, como para cada pensamento individual, por vós nutrido, se cumpre sem cessar a inflexível justiça da sacrossanta vontade de Deus, nas leis automáticas da Criação, esforçar-vos-íeis com toda a energia para conseguir pureza em vosso pensar!

Só assim vos transformareis *naqueles* seres humanos que o Criador cheio de graça deseja conduzir em Sua obra para o saber, o qual lhes concede a eternidade e os transforma em auxiliares na Criação, dignos de receber as altas graças destinadas aos espíritos humanos, a fim de, agradecidos e jubilosos, retransmiti-las, transformadas, *àquelas* criaturas que somente nessa transformação através dos seres humanos são capazes de assimilá-las, e que dessas graças hoje criminosamente estão isoladas devido à decadência do espírito humano, depois que em épocas de vibração melhor e mais pura da humanidade puderam formar-se.

Com isso, porém, tereis incandescido e vivificado para vós na Terra somente *uma* sentença de minha Mensagem!

É para vós o *mais difícil,* mas depois deixará mais fácil tudo o mais, cujo cumprimento fará surgir milagre após milagre, terrenamente *visível* e palpável diante de vós. —

Quando houverdes vencido a vós próprios *nesse sentido,* então há no caminho outra vez um perigo, que resulta da torção do pensamento humano: conhecereis nisso um poder que tendereis de muito bom grado a comprimir em determinadas formas, para servir a este ou àquele fim especial, composto de desejos egoísticos!

Disso já quero *advertir-vos* hoje, pois o perigo poderá tragar-vos e nele sucumbiríeis, mesmo que já tenhais tomado o caminho certo.

Acautelai-vos de querer conquistar *à força, lutando*, essa pureza de pensamento, pois desse modo a comprimireis em determinadas direções, e vossos esforços se transformarão em ilusão, ficando forçada apenas *artificialmente*, e jamais poderá ter o grande efeito que deveria. Vossos esforços se tornariam nocivos em lugar de úteis, por faltar-lhes a autenticidade da livre intuição. Isso seria novamente um efeito de vossa *vontade intelectiva*, nunca, porém, o trabalho do vosso espírito! Advirto-vos disso!

Pensai na Palavra de minha Mensagem, que vos diz que toda verdadeira grandeza só pode residir na *simplicidade*, já que a verdadeira grandeza *é* simples. A simplicidade, a que me refiro aqui, vós certamente podereis melhor compreender, se colocardes nesse lugar, como termo de transição, o conceito humano-terrenal de *singeleza*. Isso talvez esteja mais perto de vossa capacidade de compreensão e acertareis.

Não será com vontade mental que podereis dar aos vossos pensamentos aquela pureza a que me refiro, mas sim *singelamente* e sem limites tem de brotar em vós a vontade pura, partindo de vossa intuição, e não comprimida numa palavra, a qual apenas limitadamente pode deixar surgir um conceito. Assim não deve ser, mas, pelo contrário, um impulso ilimitado para o bem, que seja capaz de envolver o surgimento de vossos pensamentos, penetrando-os, antes mesmo de tomarem forma; isso é o certo e do que necessitais.

Não é difícil, é mesmo mais fácil do que outras tentativas, tão logo deixeis a singeleza governar, na qual não há possibilidade de surgir a presunção intelectiva da própria capacidade e da própria força. Esvaziai-vos de pensamentos e deixai irromper livremente em vós o impulso para as coisas nobres e boas, então tereis *aquela* base para o pensar, que promana da vontade de vosso *espírito*, e o que surgir *daí* podeis deixar com toda a calma ser executado na matéria grosseira mais densa pelo trabalho do raciocínio. Assim nunca poderá formar-se algo errado.

Atirai para longe de vós aflições oriundas de pensamentos, confiando tão só em vosso *espírito*, que abrirá para si o caminho certo, caso vós próprios não o amuralhardes. Tornai-vos *livres em*

12. O primeiro passo

espírito outra coisa não quer dizer senão *deixai em vós o espírito seguir seu caminho!* Ele nem *poderá* então fazer outra coisa a não ser seguir para as alturas, pois por sua própria constituição será atraído com segurança para cima. Até aqui o detivestes, de modo que ele não mais pôde desenvolver-se, pois paralisastes com isso seu vibrar ou suas asas.

A base para a formação de uma nova humanidade reside nesta única frase que não podeis nem deveis contornar: *Conservai puro o foco dos vossos pensamentos!*

E *com isso* é que o ser humano tem de começar! É a sua *primeira* tarefa, que o prepara para *aquilo* que ele *tem* de tornar-se. Um *exemplo* para todos os que se esforçam para a Luz e a Verdade, e que querem servir agradecidos ao Criador, através da maneira de todo o seu ser. Quem cumpre *isso* não precisa mais de quaisquer outras instruções. Ele *é* como deve ser e desse modo receberá auxílios integrais que o aguardam na Criação e ininterruptamente o conduzirão para o alto.

O MUNDO

O MUNDO! Quando o ser humano emprega essa palavra, na maior parte das vezes a articula impensadamente, sem chegar a fazer uma imagem de *como* possa ser realmente isso a que ele chama o mundo.

Contudo, muitas pessoas que procuram imaginar algo sobre isso veem mentalmente inúmeros corpos celestes de tamanhos e formas as mais diversas, percorrendo no Universo suas determinadas órbitas, e todos eles ordenados em sistemas solares. Sabem que, à medida que aparecem instrumentos mais fortes e de mais longo alcance, mais corpos celestes se tornarão visíveis. E então o ser humano mediano se compraz com a palavra "infinito", iniciando-se nele com isso o erro de uma noção *falsa*.

O mundo não é infinito. É a Criação material, isto é, a *obra* do Criador. Como todas as demais, essa obra se encontra *ao lado* do Criador e é, como tal, limitada.

Os assim chamados progressistas frequentemente se sentem orgulhosos de possuir o reconhecimento de que Deus repousa na Criação toda, em cada flor, em cada pedra e de que Deus é a força propulsora da natureza, por conseguinte, de tudo o que é imperscrutável, que se torna perceptível, mas que não é possível compreender realmente. Uma energia primordial de efeitos permanentes, uma fonte de forças atuantes renovando-se perenemente, a Luz Primordial inenteal. Julgam-se sumamente adiantados com a concepção de que Deus é uma força propulsora que, penetrando em tudo, é encontrada por toda parte, agindo sempre com a única finalidade de desenvolvimento para a perfeição.

Isso, porém, é certo apenas em determinado sentido. Encontramos no conjunto da Criação apenas a Sua vontade e, com isso, o Seu espírito e a Sua força. Ele próprio se encontra muito acima da Criação.

A Criação material, desde que surgiu, está ligada às leis imutáveis do formar e decompor, pois aquilo que chamamos de leis da natureza não é senão a vontade criadora de Deus que, atuando continuamente, forma e desfaz mundos. Essa vontade criadora é *uniforme* em toda a Criação, à qual pertencem, como *um só,* os mundos de matéria fina e de matéria grosseira.

A uniformidade incondicional e inamovível das leis primordiais, isto é, da vontade primordial, traz como consequência que nos mínimos fenômenos da Terra de matéria grosseira tudo sempre se desenrola exatamente como tem de ocorrer em qualquer fenômeno, portanto, também nos mais gigantescos acontecimentos da Criação inteira, e como no próprio criar.

A forma rigorosa da vontade primordial é singela e simples. Nós a encontramos facilmente, uma vez reconhecida, em todas as coisas. A confusão e a incompreensibilidade de muitos fenômenos decorrem apenas dos emaranhados rumos e percursos, formados pelas diferentes vontades dos seres humanos.

A obra de Deus, o mundo, se encontra, portanto, como Criação, submetida em tudo às leis divinas sempre uniformes e perfeitas, das quais também se originou, sendo, pois, limitada.

O artista, por exemplo, está também em sua obra, identifica-se com ela e, apesar disso, fica pessoalmente ao lado dela. A obra é limitada e transitória, mas nem por isso o é a capacidade do artista. Este, portanto, o criador, pode destruir a obra, que é a expressão de sua vontade, sem que ele próprio venha a ser atingido. Não obstante isso, continuará sendo sempre o artista.

Reconhecemos e encontramos o artista em sua obra, e ele se nos torna familiar, sem que seja necessário tê-lo visto pessoalmente. Temos suas obras, sua vontade reside dentro delas e atua sobre nós; por intermédio delas ele se comunica conosco, podendo, no entanto, viver por si, longe de nós.

O artista criador e sua obra refletem uma fraca imagem da relação entre o Criador e a Criação.

Eterno e sem fim, isto é, infinito, é apenas o *circular* da Criação, em seu ininterrupto formar, perecer, para outra vez tomar nova forma.

Nesses acontecimentos se cumprem também todas as revelações e promessas. Por último se cumprirá nisso também para a Terra o "Juízo Final"!

O Juízo Final, isto é, o *último* Juízo, chegará uma vez para *cada* corpo celeste material, porém esse acontecimento não ocorre ao mesmo tempo em toda a Criação.

Trata-se de um fenômeno necessário para cada parte da Criação que já tenha, em seu circular, atingido o ponto em que sua dissolução deve começar, a fim de poder tomar nova forma no caminho a seguir.

Com esse eterno circular não se entende o ciclo rotativo da Terra e de outros astros em torno de seu Sol, mas sim o grande e mais poderoso circular que todos os sistemas solares, por sua vez, têm de percorrer, enquanto também executam seus movimentos específicos e próprios.

O ponto no qual deve principiar a dissolução de cada corpo celeste está fixado de modo exato, novamente com base na consequência de leis naturais. Trata-se de um lugar certo no qual *tem* de ocorrer o processo da decomposição, independentemente do estado do respectivo corpo celeste e de seus habitantes.

O circular de cada corpo celeste o impele de modo inexorável nessa direção e chegará sem retardamento a hora de sua decomposição que, como em tudo o que foi criado, significa na realidade somente uma transformação, a oportunidade para uma evolução progressiva. Aí terá chegado a hora do "sim ou não" para cada ser humano. Ou será soerguido à Luz, caso tenha visado ao espiritual, ou ficará acorrentado à matéria a que está aderido, caso suas convicções só reconheçam mérito e valia nas coisas materiais.

Neste caso não conseguirá elevar-se da matéria, na consequência lógica de sua própria vontade, e será arrastado com ela no último trecho do caminho para a dissolução. Isto é então a morte espiritual! Equivale a ser riscado do Livro da Vida.

Este processo, em si tão natural, é denominado também condenação eterna, visto "ter que deixar de existir pessoalmente" quem for levado desta forma à decomposição. A pior coisa que pode acontecer a um ser humano. É considerado uma "pedra imprestável", inadequada para uma construção espiritual, e por isso tem de ser triturada.

Essa separação entre o espírito e a matéria, ocorrendo também em base de leis e fenômenos totalmente naturais, é o assim chamado "Juízo Final", que está ligado a grandes transformações e mudanças.

Que essa dissolução não se processará em *um* dia terrenal, todas as pessoas compreenderão facilmente, pois nos fenômenos universais mil anos são como um dia.

Contudo, já nos encontramos no limiar desse período. A Terra está chegando agora ao ponto em que se afastará da órbita seguida até então, fenômeno esse que se fará sentir fortemente também na matéria grosseira. Então se estabelecerá cada vez mais intensamente a separação entre todos os seres humanos, separação essa que já foi preparada nos últimos tempos, pronunciando-se por enquanto apenas em "opiniões e convicções".

Por essa razão, cada hora da existência terrena torna-se mais preciosa do que nunca. Que todo aquele que quiser procurar e aprender com seriedade se desprenda com todos os esforços dos pensamentos baixos que o acorrentam às coisas terrenas. Do contrário, correrá o perigo de permanecer aderido à matéria e de com ela se vir arrastado à dissolução total.

Já aqueles, contudo, que se esforçam para atingir a Luz serão pouco a pouco libertados da matéria e por fim elevados para a pátria de todo o espiritual.

Então estará consumada definitivamente a separação entre a Luz e as trevas, e cumprido o Juízo.

"O mundo", isto é, a Criação inteira, nem por isso acabará, pois os corpos celestes só serão arrastados à dissolução assim que seu curso atingir o ponto em que a dissolução e, com isso, também a prévia separação tem de começar.

A execução irrompe através da atuação natural das leis divinas, que desde os primórdios da Criação nela residiam, que originaram a própria Criação e que, tanto hoje como no futuro, continuamente cumprem a vontade do Criador. No eterno circular há um ininterrupto criar, semear, amadurecer, colher e desintegrar, a fim de, nas transformações de ligações, tomar de modo fortalecido outras formas, que se movimentam ao encontro de um novo circular.

Pode-se imaginar esse circular da Criação como um gigantesco funil ou uma enorme cavidade por onde irrompe uma torrente incessante de sementes primordiais sempre em movimentos circulatórios, em busca de novas ligações e desenvolvimento. Tal qual a ciência já sabe e descreveu direito.

Espessas névoas se formam mediante atrito e fusão para constituir por sua vez corpos celestes que, através de irretorquíveis leis de consequência lógica e segura, se agrupam em sistemas solares, os quais, fechados em seu próprio circular, têm de acompanhar o grande movimento circular, que é eterno.

Como nos fenômenos visíveis aos olhos terrenos, da semente advêm o desenvolvimento, a formação, a maturação e a colheita, ou a decadência, acarretando transformações e decomposições para ulteriores desenvolvimentos, quer se trate de plantas, animais ou corpos humanos, exatamente assim é também nos grandes fenômenos do mundo. Os visíveis corpos celestes de matéria grosseira, envoltos por um ambiente de matéria fina muito maior, portanto não visível aos olhos terrenos, encontram-se submetidos em seu eterno circular a idênticos fenômenos, porque neles atuam as mesmas leis.

A existência da semente primordial não pode ser negada nem mesmo pelo mais fanático cético, contudo não pode ser notada pelos olhos terrenos, porque se trata de outra matéria, do "Além". Chamemo-la de novo, calmamente, matéria fina.

Também não é difícil compreender que, naturalmente, o mundo que se formou *primeiro* disso seja igualmente de matéria

13. O mundo

fina e não reconhecível com os olhos terrenos. Somente o sedimento *mais grosseiro* que *depois* resulta disso, dependente do mundo de matéria fina, é que forma, pouco a pouco, o mundo de matéria grosseira com seus corpos de matéria grosseira, e *tão só isso* pode ser observado desde os mínimos inícios com os olhos terrenos e com todos os meios auxiliares de matéria grosseira.

Não é diferente com o invólucro do próprio ser humano em sua espécie espiritual, de que ainda virei a falar. Em suas peregrinações através dos mundos diferentes, sua vestimenta, capa, manto, corpo ou instrumento, enfim, seja lá qual for o nome que se queira dar ao invólucro, tudo terá de adquirir a estrutura idêntica à do ambiente material em que ingressa, a fim de servir-se dele como proteção e meio auxiliar necessário, se quiser ter a possibilidade de atuar eficazmente aí de modo *direto*.

No entanto, como o mundo de matéria grosseira depende do mundo de matéria fina, disso resulta também o efeito retroativo de todos os acontecimentos do mundo de matéria grosseira para o de matéria fina.

Esse enorme ambiente de matéria fina foi criado da semente primordial, portanto acompanha o circular eterno, acabando também por ser atraído e arrastado para o lado posterior do gigantesco funil já mencionado, onde se processa a decomposição para ser expelido do outro lado como semente primordial, com vistas a um novo circular.

Igual à atividade do coração e à circulação do sangue, assim é o funil como coração da Criação material. O processo de decomposição atinge, por conseguinte, a Criação inteira, inclusive a parte de matéria fina, visto como *tudo* quanto é material torna a dissolver-se em semente primordial, para novas formações. Em nenhuma parte se encontra uma arbitrariedade, pelo contrário, tudo se processa segundo a lógica consequência das leis primordiais, que não admitem outro caminho.

Por isso, num determinado ponto do grande circular dá-se o momento para tudo o que foi criado, quer seja de matéria grosseira ou fina, em que o processo de decomposição do que foi criado se prepara de maneira autônoma, irrompendo por fim.

13. O mundo

Esse mundo de matéria fina é, pois, o lugar de estada transitória para as pessoas terrenamente falecidas, o assim chamado Além. Encontra-se estreitamente interligado com o mundo de matéria grosseira, que lhe pertence, que é um só com ele. No momento do falecimento, o ser humano penetra com seu corpo de matéria fina, que traz junto com o de matéria grosseira, nas imediações de igual espécie fino-material do mundo de matéria grosseira, ao passo que deixa neste seu corpo de matéria grosseira.

Assim, esse mundo de matéria fina, o Além, pertencente à Criação, está sujeito às mesmas leis de contínuo desenvolvimento e decomposição. Ao iniciar-se a decomposição, processa-se por sua vez uma separação entre o espiritual e o material de modo inteiramente natural. Conforme o estado espiritual do ser humano no mundo de matéria grosseira, bem como no de matéria fina, terá o ser humano espiritual, o verdadeiro "eu", de movimentar-se para cima ou permanecer acorrentado à matéria.

O sincero anseio pela Verdade e a Luz tornará cada um espiritualmente mais puro e assim mais luminoso, devido à sua concomitante modificação, de modo que essa circunstância o desligará natural e gradativamente da densa materialidade e o impulsionará em direção às alturas, conforme sua pureza e leveza.

Aquele, porém, que só crê na matéria mantém-se, devido à sua convicção, aderido a ela e permanece acorrentado, não podendo por isso ser levado para o alto. É através da própria decisão de cada um que acontece a separação entre os que se esforçam para a Luz e os que permanecem ligados às trevas, de acordo com as leis vigentes naturais da gravidade espiritual.

Torna-se assim evidente que também há um *fim real* para a possibilidade de desenvolvimento de pessoas terrenamente falecidas, no processo de purificação do assim chamado Além. Uma última decisão! Os seres humanos em ambos os mundos ou se tornam de tal modo enobrecidos que possam ser elevados às regiões da Luz ou permanecem presos devido à sua condição inferior, conforme a própria vontade, sendo finalmente atirados à "condenação eterna", isto é, sofrerão a decomposição com a matéria da qual não podem libertar-se, sofrem-na com dores, e acabam por não existir mais pessoalmente.

Como debulho arremessado ao vento, eles se dispersarão, sendo com isso riscados do Livro de Ouro da Vida!

O assim chamado Juízo Final, isto é, o último Juízo, é, por conseguinte, também um processo que se realiza naturalmente pela atuação das leis que regem a Criação, de tal maneira que nem poderia dar-se diferentemente. O ser humano recebe também aqui sempre apenas os frutos daquilo que ele próprio quis, daquilo que provocou mediante sua convicção.

O saber de que tudo o que ocorre na Criação se realiza segundo a mais severa consequência lógica, de que a diretriz do destino humano é sempre decorrente do próprio ser humano, conforme seus desejos e sua vontade, e de que o Criador não interfere, observando, a fim de recompensar ou castigar, não diminui a grandeza do Criador, mas sim somente pode dar motivo para imaginá-Lo ainda muito mais sublime.

A grandeza reside na *perfeição* de Sua obra, que obriga à respeitosa contemplação, visto ter de conter, tanto nos acontecimentos máximos como nos mínimos, o maior amor e a mais íntegra justiça, sem diferença.

Grande é também o ser humano, colocado como tal dentro da Criação, como senhor de seu próprio destino! Pode ele, por si, mediante sua vontade, salientar-se na obra e contribuir para seu mais elevado desenvolvimento, como também pode degradá-la e nela enredar-se, sem jamais poder desvencilhar-se, acompanhando-a na dissolução, seja no mundo de matéria grosseira, seja no de matéria fina.

Livrai-vos, portanto, de todos os laços dos baixos sentimentos, pois o tempo urge! Aproxima-se a hora do término do prazo! Despertai em vós o anseio pelo que é puro, verdadeiro e nobre! —

Muito acima do eterno circular da Criação pairam, como uma coroa no meio de uma "Ilha Azul", os páramos dos bem-aventurados, dos espíritos purificados, que já podem permanecer nas regiões da Luz! Essa ilha se encontra separada do mundo. Não toma parte, por conseguinte, do circular, constituindo, porém, não obstante sua altura acima da Criação circulante, o apoio e o ponto central de onde emanam as forças espirituais. É a ilha que contém em sua altura a tão celebrada cidade das ruas de ouro. Lá, nada mais está sujeito a quaisquer transmutações. Não há que temer mais nenhum Juízo Final. Aqueles que podem permanecer lá encontram-se na "pátria".

E como último, porém, como o mais elevado dessa Ilha Azul, existe, inacessível para os não eleitos, o... Supremo Templo do Graal, já mencionado tantas vezes nas obras poéticas!

Envolto em lendas, como anseio de incontáveis criaturas, ele paira no fulgor da suprema magnificência e abriga o cálice sagrado do puro amor do Onipotente, o Graal!

Como guardiões, foram eleitos os mais puros dos espíritos. São portadores do amor divino em sua forma mais pura, essencialmente diferente do que os seres humanos na Terra imaginam, embora o vivenciem toda hora e todo dia.

Através de revelações, a notícia da existência desse Templo desceu por muitos degraus o longo percurso dessa Ilha Azul, atravessando o mundo de matéria fina, até chegar finalmente aos seres humanos da Terra de matéria grosseira, mediante a inspiração profunda de alguns poetas. De degrau em degrau, transmitida para baixo, a Verdade acabou sofrendo, involuntariamente, várias desfigurações, de modo que a última transmissão pôde permanecer somente um reflexo várias vezes turvado, que se tornou a causa de muitos erros.

Contudo, quando de uma parte da grande Criação sobe até o Criador uma súplica ardente por causa de grande sofrimento, então é enviado um servo do cálice sagrado para intervir auxiliando, como portador desse amor, na aflição espiritual. Assim, aquilo que somente como mito e lenda flutua na obra da Criação torna-se então vivo nela!

No entanto, tais missões não se realizam com frequência. São sempre acompanhadas de incisivas modificações e grandes transformações. Tais enviados trazem Luz e Verdade aos que perderam o caminho, paz aos desesperados, estendem a mão com sua mensagem a todos quantos buscam, oferecendo-lhes nova coragem e nova energia, a fim de, através de toda a escuridão, guiá-los para cima, rumo à Luz.

Chegam somente para aqueles que anseiam por auxílio da Luz, e não, porém, para os zombadores e presunçosos.

A ESTRELA DE BELÉM

Luz deverá haver agora aqui na Terra, conforme outrora deveria ter havido, quando a estrela da promessa brilhou sobre um estábulo em Belém.

Mas a Luz foi recebida somente por poucos naquela época, e os que ouviram falar, segundo é hábito dos seres humanos terrenos, logo a deformaram e alteraram, procurando substituir coisas esquecidas por ideias suas, produzindo com isso uma confusão que hoje pretende passar como verdade intocável.

Com receio de que tudo isso venha a ruir, se o menor dos pilares se mostrar falso, combatem eles qualquer fulgor de luz que possa trazer o reconhecimento, denigrem-no e, onde isso não for possível, procuram pelo menos torná-lo ridículo com tal malícia e perfídia que mostra ao raciocínio lúcido, nitidamente, que essa atitude nasce do medo! Contudo, o raciocínio lúcido é coisa rara de se encontrar ainda na Terra.

Apesar disso, a luz do legítimo reconhecimento *tem* de chegar finalmente até toda a humanidade!

É chegada a época em que tudo quanto é nocivo, produzido pelo cérebro humano, será arremessado para fora da Criação, a fim de que no futuro isso não mais impeça a elucidação de que a Verdade é *muito diferente* das imagens insustentáveis que a presunção ostensiva, o sentido comercial, a ilusão doentia e a hipocrisia criaram do pântano sufocante das tendências acanhadas e baixas, visando ao poder terreno e à admiração terrena.

Assim, pois, malditos sejam esses que escravizaram a tal ponto milhões de seres humanos, desviando-os erroneamente, que hoje não ousam mais abrir seus olhos à Luz, e sim injuriam às cegas, tão logo soe em seus ouvidos algo de timbre diferente do que até então ouviram, em vez de finalmente ficar à escuta e de procurar averiguar, uma vez que seja, se o que lhes advém de novo não se aproxima mais de sua compreensão do que o que foi aprendido até aqui.

Os ouvidos estão obstruídos, e temerosamente cuidam para que a eles não chegue nenhuma corrente de ar fresco, realmente apenas por preguiça e medo de que o ar fresco, com o saneamento a isso ligado, condicione a *atividade do espírito,* a qual exige e impõe o autoesforço. Ao contrário do atual dormitar espiritual, aparentemente cômodo, o qual tem, como consequência, um prolongado sono pesado, concedendo com isso apenas caminho livre à astúcia do raciocínio deformado e corrompido!

Mas não adianta nada que obtureis os ouvidos à Palavra nova, nem que fecheis os olhos para que a Luz não vos ofusque nem vos apavore! *Violentamente* sereis despertados desse triste entorpecimento! Sentindo frio, devereis estar diante da Luz fria que vos despojará sem misericórdia de todas as falsas vestimentas. Sentindo frio, porque a centelha de vosso espírito, *dentro de vós,* já não é capaz de ser inflamada, a fim de, aquecendo de dentro para fora, ligar-se à Luz.

E para vós é tão *fácil crer em coisas inacreditáveis,* pois aí não precisais esforçar-vos para pensar ou examinar. Exatamente porque tais coisas não passariam por nenhum exame segundo as leis divinas naturais, *tendes* de simplesmente crer, sem perguntar Como nem Por Que, tendes de crer *cegamente,* e isso vos parece *grandioso!* Vós, que vos imaginais nessa maneira cômoda particularmente fiéis, passais simplesmente por cima de todas as dúvidas, e... senti-vos bem, salvos, com uma sensação de nobreza, de beatitude e com direito à bem-aventurança.

Contudo, com isso absolutamente não passastes por cima de todas as dúvidas, mas sim tão somente passastes covardemente de lado! Fostes demasiado indolentes espiritualmente para vos empenhardes em alguma coisa, e preferistes a crença cega a conhecer os fenômenos naturais decorrentes da lei da vontade de Deus. E para isso vos ajudaram imaginações do cérebro humano.

Pois, quanto mais impossível e inapreensível for aquilo em que deveis crer, tanto mais cômodo será também acreditardes literalmente *às cegas,* porque em tais coisas nem é possível de forma diferente. Nisso *têm* de ser excluídos o saber e a convicção.

Unicamente as coisas impossíveis exigem crença cega sem reservas, pois cada possibilidade estimula imediatamente o pensar individual. Onde existe a Verdade, que sempre mostra a naturalidade e as consequências lógicas, aí se inicia automaticamente o pensar e a reflexão intuitiva. Cessa somente quando já não existe mais nada natural, onde, portanto, já não se encontra a Verdade. E *apenas* através da reflexão intuitiva pode uma coisa tornar-se convicção, a qual, unicamente, traz valor ao espírito humano!

Assim se fecha também, com tudo o mais, o ciclo que se iniciou com a noite sagrada em Belém! E esse fechamento do ciclo tem de excluir as inexatidões das tradições e levar a Verdade à vitória. As trevas, que a humanidade criou, serão dispersas pela Luz penetrante!

Todas as lendas a respeito da vida de Jesus que, com o tempo, foram tecidas têm de cair, para que ela finalmente saia límpida, de acordo com as leis de Deus, assim como nem poderia ter sido de forma diferente nesta Criação. Tendes até aqui, com vossos cultos autocriados, renegado de modo injurioso e crédulo a perfeição do Criador, vosso Deus.

Voluntária e conscientemente O apresentais imperfeito em Sua vontade! Já falei a tal respeito, e podeis torcer-vos e virar-vos como quiserdes, mas subterfúgio *algum* poderá proteger-vos, por terdes sido demasiadamente indolentes para pensar por vós mesmos. Não venerais a Deus, absolutamente, acreditando às cegas em coisas que não podem ser enquadradas nas leis primordiais da Criação! Pelo contrário, se acreditais na perfeição do Criador, tendes de saber que nada pode suceder aqui na Criação que não corresponda exatamente, em suas consequências, às leis inabaláveis de Deus. Somente assim podereis venerá-Lo verdadeiramente.

Quem pensa de forma diferente duvida da *perfeição* do Criador, seu Deus! Pois onde forem possíveis alterações ou melhoramentos, aí não existe nem existiu perfeição alguma!

14. A estrela de Belém

Desenvolvimento é outra coisa. Esse é previsto e desejado nesta Criação. Mas tem de resultar incondicionalmente *como consequência* da atuação de leis já vigentes. Tudo isso, no entanto, não pode provocar determinadas coisas como as que muitos fiéis, notadamente a respeito da vida de Cristo, consideram como absolutamente evidentes!

Despertai finalmente de vossos sonhos, tornai-vos *verdadeiros!* Seja-vos declarado mais uma vez que é impossível, segundo as leis da Criação, que possam nascer corpos humanos terrenos sem que antes tenha havido geração de matéria grosseira, assim como é impossível que um corpo de matéria grosseira seja levado para o reino de matéria fina depois de sua morte terrena e menos ainda para o reino enteal ou mesmo espiritual! E como Jesus tinha de nascer aqui na Terra, tal fato teve de ficar submetido também à lei de Deus de matéria grosseira da geração prévia.

Deus teria agido contra Suas próprias leis se, com referência a Cristo, tivesse acontecido conforme a tradição propala. Mas tal Lhe é impossível, porque Ele *é perfeito desde o início,* e com isso também Sua vontade, que está nas leis da Criação. Quem ainda ousa pensar diferentemente duvida dessa perfeição e, portanto, acaba duvidando também de Deus! Pois Deus sem perfeição não seria Deus. Aí não existe subterfúgio! A respeito dessa certeza tão simples não pode um espírito humano sofismar, mesmo que os fundamentos de tantas concepções genéricas atuais tenham de ficar abalados. Quanto a isso, só há sim ou não. Tudo ou nada. Uma ponte não é aqui possível construir, porque algo pela metade ou incompleto não pode existir na divindade! Tampouco naquilo que se ocupa com Deus!

Jesus foi gerado na *matéria grosseira,* do contrário um nascimento terreno não teria sido possível.

Apenas por alguns foi a estrela outrora reconhecida como o cumprimento das promessas. Assim, pela própria Maria e por José, que, comovido, escondeu o rosto.

Três reis descobriram o caminho para o estábulo e ofereceram presentes terrenos; contudo, logo a seguir deixaram desamparada a criança, cujo percurso na Terra deviam amparar com seus tesouros, com seu poder, para que nenhum sofrimento lhe adviesse durante o cumprimento de sua missão. Não reconheceram devidamente suas sublimes incumbências, não obstante terem sido elucidados para poder encontrar a criança.

Um estado de inquietação impelia Maria a deixar Nazaré, e José, vendo seu sofrimento silencioso, seu anseio, satisfez seu desejo, só para alegrá-la. Entregou os cuidados de sua carpintaria ao mais velho de seus ajudantes e viajou com Maria e a criança para um país longínquo. Com o decorrer dos dias de trabalho e com as preocupações diárias se foi apagando nos dois lentamente a lembrança da estrela radiante, principalmente pelo fato de Jesus não haver mostrado nada fora do comum em sua infância, e sim ter sido inteiramente normal como todas as crianças.

Só quando José, que sempre foi o melhor amigo paternal de Jesus, após seu regresso à cidade natal, veio a falecer, foi que viu, nos últimos momentos terrenos de seu trespasse, por cima de Jesus, que estava sozinho junto ao seu leito de morte, a Cruz e a Pomba. Trêmulas foram suas últimas palavras: "Então és tu mesmo!"

O próprio Jesus nada sabia disso, até que se sentiu impelido para João, a respeito de quem estava informado de que revelava sábios ensinamentos no Jordão e batizava.

Nesse ato grosso-material de um batismo, o começo da missão se radicou solidamente na matéria grosseira. A venda caiu. Jesus, a partir desse momento, tornou-se consciente de que devia trazer a Palavra do Pai à humanidade terrena.

Sua vida inteira se desenrolará assim diante de vós, conforme realmente foi, despida de todas as fantasias dos cérebros humanos! Com o fechamento do ciclo dos acontecimentos no Juízo, tudo se tornará notório a todos na vitória da Verdade, que não mais deverá ser obscurecida por longo tempo! Maria lutou dentro de si com dúvidas que se fortaleceram com os cuidados maternos pelo filho até a difícil caminhada para o Gólgota. De modo inteiramente humano e não sobrenatural. Somente lá lhe veio finalmente o reconhecimento da missão de Jesus e, com isso, a fé.

14. A estrela de Belém

Agora, porém, com a volta da estrela, devem por graça de Deus ser desfeitos todos os erros, e desfeitos também todos os enganos daqueles que, sem agir por obstinação nem má intenção, ainda assim dificultaram o caminho de Cristo naquele tempo e que agora, no fechamento do ciclo, chegaram ao reconhecimento e procuram reparar o que negligenciaram ou erraram.

Ante essa vontade de reparação, vem ao encontro deles a salvação com a estrela radiante, e libertados poderão eles, jubilosamente, agradecer Àquele que em sabedoria e bondade criou as leis, pelas quais as criaturas têm de julgar-se e também redimir-se.

A LUTA

De duas concepções do mundo, em rigorosa oposição uma à outra, não se podia falar até agora. A expressão luta é, portanto, inadequadamente escolhida para o que ocorre realmente entre os seres humanos de raciocínio e os que buscam com sinceridade a Verdade.

Tudo quanto aconteceu até agora consistiu em ataques unilaterais dos seres humanos de raciocínio; ataques esses que para os observadores serenos têm de parecer visivelmente infundados e muitas vezes ridículos. Contra todos aqueles que essencialmente procuram o desenvolvimento espiritual cada vez mais alto, mesmo conservando serena reserva, irrompem zombarias, hostilidades e até mesmo perseguição da pior forma. Há sempre alguns que experimentam com escárnio ou com violência fazer recuar os que se esforçam para cima, e tudo fazem para lançá-los na sonolência obtusa ou na hipocrisia das massas.

Muitos tiveram de tornar-se autênticos mártires, porque não somente a grande multidão, mas também o poder terreno estava do lado dos seres humanos de raciocínio. O que estes podem dar já se encontra nítido na palavra "raciocínio". Isto é: capacidade de compreensão estreitamente delimitada ao que é puramente terreno, portanto, à ínfima parte da verdadeira existência.

Que isto não pode de maneira alguma trazer algo de perfeito, aliás nada de bom, para uma humanidade cuja existência se passa principalmente em partes que os próprios seres humanos de raciocínio fecharam para si, é facilmente compreensível. Sobretudo quando se considera que exatamente a diminuta vida terrena deve tornar-se um momento decisivo para toda a existência, acarretando incisivas intervenções em outras partes que são para os seres humanos de raciocínio completamente incompreensíveis.

A responsabilidade dos seres humanos de raciocínio, já tão decaídos, cresce desse modo para dimensões enormes, contribuindo com forte pressão para comprimi-los cada vez mais depressa ao encontro do alvo escolhido, para que eles finalmente sejam obrigados a desfrutar daquilo que propagaram com presunção e tenacidade.

Como seres humanos de raciocínio, deve-se compreender aqueles que se submeteram incondicionalmente ao seu próprio raciocínio. Esses acreditaram, de maneira estranha, por milhares de anos, ter o direito incondicional de impor suas convicções restritas, pela lei e pela violência, àqueles que queriam viver de conformidade com outras convicções. Essa arrogância totalmente ilógica reside, por sua vez, apenas na restrita capacidade de compreensão dos seres humanos de raciocínio, a qual não consegue elevar-se mais alto. Exatamente a limitação lhes traz um assim chamado clímax de compreensão, fato pelo qual têm de surgir tais ilusões presunçosas, por acreditarem que se encontram realmente nas alturas máximas. De fato, para eles, assim o é, pois há ali um limite que não conseguem transpor.

Seus ataques contra os buscadores da Verdade mostram, contudo, nitidamente, através da incompreensível odiosidade tantas vezes manifestada e observada de perto, o brandir do chicote das trevas atrás deles. Raramente se encontra algo de intenção sincera nessas investidas hostis, que justifique, de algum modo, a maneira de tão abominável procedimento. Na maioria dos casos se trata de um desencadear de cólera cega, a que falta qualquer lógica verdadeira. Examine-se com toda a calma tais ataques. Raros são os artigos cujo conteúdo mostre a intenção de entrar *objetivamente* nas palavras ou nos escritos de um buscador da Verdade.

Totalmente surpreendente é a inconsistente mediocridade dos ataques, que se evidenciam sempre, justamente nisso, por uma *ausência absoluta de objetividade!* Constituem sempre, às claras ou às escondidas, insultos à *pessoa* do buscador da Verdade. *Age dessa forma só mesmo quem não tem nada a contrapor objetivamente*. Um buscador ou portador da Verdade não se evidencia *pessoalmente*, mas sim apresenta o que *diz*.

A palavra tem de ser submetida a exame, e não a *pessoa!* Mas é costume de tais seres humanos de raciocínio procurar primeiro focalizar a pessoa, para depois considerar se podem dar ouvidos às suas palavras. É que eles, dada a estreita limitação da capacidade de compreensão, *precisam* agarrar-se em exterioridades, a fim de não se confundirem. Eis a construção vazia que eles levantam e que é inaproveitável aos seres humanos; um grande estorvo para o progresso.

Se no íntimo dispusessem de um apoio seguro, então confrontariam simplesmente coisa contra coisa, deixando de lado as pessoas. Contudo, isso não conseguem fazer. Também evitam isso intencionalmente, porque pressentem ou sabem em parte que num torneio bem organizado logo cairiam da sela. Suas amiudadas alusões irônicas ao "pregador leigo" ou às "exposições de leigos" põem à mostra assim tanta presunção ridícula, que cada ser humano sensato logo intuirá: "Emprega-se um escudo aqui, a fim de esconder tenazmente um estado oco. Tapar o próprio vazio com um letreiro barato!"

Uma estratégia grosseira, que não pode manter-se por muito tempo. Ela visa assim, perante os olhos do próximo, colocar de antemão os buscadores da Verdade, que podem tornar-se incômodos, em plano "inferior", senão ridículo; ou, para que não sejam levados a sério, incluí-los na classe dos "trapalhões".

Com tal procedimento desejam evitar principalmente que alguém se ocupe seriamente com as palavras apresentadas. O motivo desse procedimento não decorre, porém, da preocupação de que os demais seres humanos possam ser impedidos, por doutrinas falsas, de sua ascensão interior, mas por um vago receio de perderem influência e assim serem obrigados a se aprofundar mais do que até então, tendo de modificar muita coisa que antes era considerada intocável, por ser cômoda.

Justamente essa frequente referência sobre "leigos", acompanhada de olhares de pouco-caso para aqueles que através de sua fortalecida e íntegra intuição se encontram muito mais perto da

Verdade, e que não erigiram muros através das rígidas formas do raciocínio, isso põe a descoberto uma fraqueza, cujos perigos não podem passar despercebidos a nenhum perscrutador. *Quem professa tais opiniões está desde logo excluído da possibilidade de ser um mestre e um guia não influenciado*, pois se encontra assim muito mais afastado de Deus e de Sua obra do que quaisquer outros.

O saber do desenvolvimento das religiões com todos os seus erros e falhas não leva os seres humanos para mais perto de Deus, o mesmo se dando com a interpretação intelectiva da Bíblia ou de outros escritos valiosos das diferentes religiões.

O raciocínio está e permanece ligado ao espaço e ao tempo, portanto ligado à Terra, ao passo que a divindade e, por conseguinte, também o reconhecimento de Deus e de Sua vontade está acima do espaço e do tempo e acima de tudo quanto é transitório, nunca podendo por essa razão ser compreendido pelo estreitamente delimitado raciocínio.

Por esse simples motivo, o raciocínio não é destinado para elucidar valores eternos. Ele se contradiria a si próprio. Assim, pois, quem nestes assuntos se vangloria de habilitações universitárias, querendo desprezar as pessoas que não se deixam influenciar, já comprova sua incapacidade e estreiteza. As pessoas que pensam intuirão logo a unilateralidade e se acautelarão com aquele que as põe de sobreaviso de tal maneira!

Somente convocados podem ser legítimos mestres. E convocados são aqueles que trazem em si a capacitação. Tais dons de capacitação não requerem, contudo, formação universitária, mas sim vibrações de uma apurada capacidade intuitiva que consiga elevar-se acima do espaço e do tempo, isto é, ultrapassar os limites da compreensão do raciocínio terreno.

Além disso, todo ser humano de interior liberto sempre dará valor a uma coisa ou a uma doutrina pelo *que* ela traz, e não por *quem* a traz. Esta última hipótese é, para aquele que examina, um testemunho de pobreza como não pode ser maior. Ouro é ouro, quer esteja nas mãos de um príncipe, quer nas de um mendigo.

Esse fato irrefutável, porém, procura-se omitir e alterar com tenacidade, justamente nas coisas mais preciosas do ser humano espiritual. Evidentemente com tão pouco resultado como no caso do ouro. Pois aqueles que realmente procuram com seriedade não se deixam influenciar por tais manobras de desvio, no sentido de examinar pessoalmente. Já os que se deixam influenciar por isso ainda não estão maduros para o recebimento da Verdade, ela não é para eles.

Contudo, não está distante a hora em que deve começar uma luta que até aqui faltava. A unilateralidade acabará, e virá um confronto rigoroso, destruindo todas as falsas presunções.

A MODERNA CIÊNCIA DO ESPÍRITO

MODERNA ciência do espírito! Quanto não se encontra reunido sob essa bandeira! Quanto não se encontra aglomerado e quantas lutas não se travam aí embaixo! Trata-se de uma arena de sérias pesquisas, pouca sabedoria, grandes planos, vaidade, estupidez e muitas vezes também de uma vazia fanfarronice e, mais ainda, de interesses comerciais sem escrúpulos. Não raro florescem dessa balbúrdia a inveja e o ódio sem limites, redundando por fim em pérfidas vinganças da mais baixa classe.

Em tais circunstâncias, não é de admirar, por conseguinte, que muitas pessoas se esquivem de todo esse pandemônio, como se fossem envenenar-se, caso entrassem em contato com isso. E nem se diga que não tenham razão, pois inúmeros adeptos da ciência do espírito nada mostram em sua conduta que atraia ou empolgue realmente; pelo contrário, tudo neles desperta nos outros a maior cautela.

É curioso que todo o domínio da denominada ciência do espírito, confundida muitas vezes pelos malévolos ou pelos ignorantes com as ciências *ocultas,* constitua ainda hoje uma espécie de *terra livre,* onde qualquer pessoa possa introduzir suas ideias e confusões, desimpedida e irrefreavelmente, sem incorrer em castigo.

Vale por isso. Contudo, as experiências já ensinaram muitas vezes que isso *não* é assim!

Inúmeros desbravadores nesse domínio, que tiveram a suficiente leviandade de ousar alguns passos por aí adentro, contando apenas com conhecimentos imaginários, tornaram-se vítimas indefesas de seu descuido. É apenas triste, neste caso, que todas essas vítimas tenham caído, sem que com isso pudesse ser proporcionado o mínimo lucro para a humanidade!

Cada um desses casos, propriamente, deveria ter sido uma prova de que o caminho tomado não é o certo, visto ocasionar só malefícios e até destruição, e nunca bênção alguma. No entanto, com uma teimosia toda especial, são mantidos esses caminhos errados e feitas sempre novas vítimas; ante cada grãozinho de pó, de qualquer evidência reconhecida na gigantesca Criação, levanta-se enorme gritaria e escrevem-se inúmeras dissertações, que devem espantar muitos pesquisadores sinceros, porque aí se torna nitidamente sensível um tatear incerto.

Todas as pesquisas empreendidas até agora, na realidade, podem ser chamadas de uma perigosa brincadeira com um fundo de boa intenção.

O setor da ciência do espírito, encarado como campo livre, nunca poderá ser percorrido impunemente, enquanto *previamente* não se souber levar em conta as leis *espirituais* em toda a sua amplitude. Toda e qualquer oposição consciente ou inconsciente, isto é, a "não observância" dessas leis, o que equivale a uma transgressão, terá de atingir, em seu efeito recíproco inevitável, os ousados, frívolos ou levianos que não as consideram exatamente ou que não conseguem considerá-las.

Querer percorrer o extraterreno com meios e possibilidades terrenas, outra coisa não é senão deixar uma criança, ainda não desenvolvida e não familiarizada com os perigos terrenos, numa selva virgem, onde apenas um adulto, correspondentemente equipado, em sua força plena e com toda a cautela, tenha probabilidades de passar incólume.

Não é diferente com relação aos modernos cientistas do espírito em seu atual modo de trabalhar, mesmo quando se tenham na conta de sérios e que só por causa da ciência se atrevem a tanto, a fim de ajudar os seres humanos a transpor uma fronteira em que desde há muito estacionam, batendo na porta.

Como crianças, esses pesquisadores se quedam ali, desamparados, tateando, ignorando os perigos que a qualquer momento podem sobrevir ou através deles irromper sobre outras pessoas, tão logo, com suas experiências incertas, cavem uma brecha ou abram uma porta na muralha de proteção natural que, para muitos, melhor seria se permanecesse fechada.

Tudo isso só pode ter a designação de leviandade, e não de ousadia, enquanto os que queiram avançar assim não saibam exatamente se têm o poder de dominar imediatamente, de modo total, todos os perigos que se apresentarem, não apenas em defesa própria, mas também alheia.

Da maneira mais irresponsável, agem os "pesquisadores" que se entregam a experiências. Sobre os crimes da hipnose, repetidas vezes já foram feitas referências.*

Os pesquisadores que empreendem experiências de outra espécie cometem, na maioria dos casos, o lamentável erro porque, nada sabendo a respeito — pois do contrário certamente não o fariam —, colocam outras pessoas muito sensíveis ou mediúnicas em sono magnético ou até hipnótico, a fim de com isso aproximá-las das influências corporeamente invisíveis do mundo do "Além", na esperança de poderem assim ouvir ou observar algo, o que não seria possível em estado de completa consciência diurna das respectivas pessoas em experiência.

No mínimo em noventa e cinco por cento dos casos expõem tais pessoas a grandes perigos, os quais elas não são capazes de enfrentar, sim, pois *toda sorte* de recurso artificial de aprofundamento constitui uma restrição da alma, forçando-a assim a entrar num estado de sensibilidade que vai além do que o permitiria seu desenvolvimento natural.

A consequência é que tal vítima dessa experimentação se encontra, de súbito, animicamente num campo em que ela está privada de sua proteção natural, devido aos meios artificiais usados, ou para o qual não possua uma proteção natural, que só pode surgir pelo *próprio* e sadio desenvolvimento interior.

Deve-se imaginar figuradamente tal pessoa, digna de lástima, como se fosse amarrada nua num poste e largada como chamariz numa região perigosa, a fim de atrair e até deixar agir sobre si a

---

* Dissertação – "O crime da hipnose".

vida e o atuar ainda desconhecidos, para poder dar um relato a respeito, ou para que diversos efeitos se tornem visíveis também a outros, mediante sua cooperação, colocando à disposição certos elementos terrenos de seu corpo.

Tal pessoa submetida à experiência consegue assim temporariamente, através da ligação que sua alma impelida tem de manter com o corpo terreno, transmitir tudo o que acontece aos espectadores, como se fosse pelo telefone.

Se com isso, porém, a sentinela, posta assim mediante recursos artificiais em área avançada, vier a sofrer qualquer ataque, não conseguirá defender-se por falta de proteção natural; ela está desamparada porque com a cooperação de outra pessoa havia sido colocada apenas artificialmente num campo ao qual ela ainda não pertence, ou absolutamente nem pertence, de acordo com seu próprio desenvolvimento. Tampouco o assim chamado pesquisador que a empurrou para lá, agindo por avidez de conhecimento, poderá socorrê-la, uma vez que ele próprio é estranho e inexperiente lá de onde vem o perigo, não podendo por isso fazer nada em prol de qualquer proteção.

Acontece, pois, que tais pesquisadores se tornam criminosos involuntariamente e sem que possam ser levados à justiça terrena. Isso não exclui, porém, que as leis espirituais exerçam seus efeitos recíprocos com toda a severidade, acorrentando o pesquisador à sua vítima.

Assim, muitas dessas pessoas que se prestam a experiências sofrem agressões no mundo de matéria fina que, com o tempo, muitas vezes também rápida ou imediatamente, atuam na matéria grosseira corporal, seguindo-se a isso doenças terrenas ou a morte, com o que, porém, os danos anímicos não ficam sanados.

No entanto, esses observadores que se denominam pesquisadores e que empurram suas vítimas para regiões desconhecidas permanecem durante essas perigosas experiências, na maioria dos casos, bem acobertados terrenamente, sob a proteção de seus corpos e da consciência diurna.

Raro é o caso de tomarem parte simultaneamente nos perigos a que as pessoas são submetidas nas experiências, e que tais perigos, portanto, se estendam imediatamente sobre eles. Mas com a morte terrena, com o trespasse para o mundo de matéria fina, *terão,* seja como for, de acompanhar suas vítimas, por causa das interligações, para onde quer que elas sejam arrastadas, só podendo, em conjunto com elas, lentamente elevar-se.

O empurrar artificial de uma alma para outro campo não deve ser entendido sempre como se tal alma abandonasse o corpo e flutuasse para outras regiões. *Na maior parte* dos casos ela permanece calmamente no corpo. Apenas fica sensibilizada pelo sono magnético ou hipnótico de maneira anômala, de modo a captar correntezas e influências muitíssimo mais finas do que seria possível em estado natural.

É evidente que nesse estado anormal não existe toda a força de que disporia se tivesse chegado até esse ponto por si própria, mediante desenvolvimento interior, e assim se manteria firme e segura nesse solo novo e bem mais sutil, contrapondo a todas essas influências uma força igual.

Devido a essa falta de força plena e sadia, decorre pela artificialidade uma desigualdade, que tem de acarretar perturbações. Consequência disso é a absoluta turvação de todas as intuições, ocasionando deformações da realidade.

A causa dos falsos relatos e dos inúmeros erros decorre sempre e permanentemente desses mesmos pesquisadores que empregam recursos nocivos. Provém daí, também, a falta de coerência e de lógica de muitas coisas já "pesquisadas" das regiões ocultas. Contêm inúmeros erros que até hoje não puderam ser reconhecidos como tais.

Por caminhos tão evidentemente errados, não será alcançado o mínimo sequer, que possa ter algo de útil ou benéfico para os seres humanos.

De proveito para os seres humanos só pode ser na realidade algo que os ajude *para cima* ou que, pelo menos, mostre um caminho para tanto. Mas tudo isso é de antemão e para sempre categoricamente impossível nessas experiências!

Usando recursos artificiais poderá, às vezes, um pesquisador conseguir afinal que uma pessoa de sensibilidade mais apurada ou mediúnica passe do corpo de matéria grosseira terrena para o mundo de matéria fina que se encontra mais próximo dela; nunca, porém, mais *alto* um milímetro *sequer* do que o nível a que, de qualquer forma, ela pertença por sua conformação interior. Pelo contrário, usando recursos artificiais não conseguirá soerguê-la a esse nível, mas sempre tão somente ao ambiente mais próximo de tudo quanto é terrenal.

Esse ambiente mais próximo do terrenal, porém, só pode conter do Além tudo aquilo que ainda esteja espessamente ligado à Terra, isto é, aquilo que devido à sua mediocridade, vícios e paixões permanece acorrentado a ela.

Naturalmente, também alguma coisa mais adiantada estará, uma vez ou outra, de modo transitório nesse ambiente. Mas sempre, não é de se esperar. Algo elevado não pode encontrar-se aí, simplesmente por causa das leis naturais. Seria mais fácil o mundo sair de seus eixos ou... seria preciso que houvesse numa pessoa uma base para ancoragem da Luz!

Não é admissível, porém, que isso se dê em uma pessoa que se submete à experiência ou em um pesquisador que assim tateia. Portanto, permanecem o perigo e a inutilidade de todas essas experiências.

É certo também que algo verdadeiramente elevado *não* pode aproximar-se de um médium, sem a presença de uma pessoa altamente desenvolvida, purificando tudo o que é mais grosseiro; menos ainda falar através do médium. Materializações de regiões *mais elevadas* não entram absolutamente em consideração, e muito menos ainda os passatempos engraçados e populares de batidas, movimentação de objetos e assim por diante. O abismo é para tanto grande demais, para poder ser transposto sem mais dificuldades.

Não obstante a presença de um médium, todas estas coisas só poderão ser efetuadas por aqueles do Além que ainda estejam bem estreitamente ligados à matéria. Se fosse possível de outro modo, isto é, que aquilo que é elevado pudesse colocar-se facilmente em contato com a humanidade, então não teria havido necessidade de Cristo tornar-se ser humano, pelo

16. A moderna ciência do espírito

contrário, poderia ter cumprido sua missão sem esse sacrifício.* Com certeza, os seres humanos de hoje não se encontram mais desenvolvidos animicamente do que no tempo em que Cristo viveu na Terra, de modo que não é de se supor que uma ligação com a Luz seja mais fácil de se realizar do que naquela época.

Contudo, os adeptos da ciência do espírito dizem que visam em primeiro lugar averiguar a vida no Além, isto é, a continuação da vida depois da morte terrena, e que, devido ao ceticismo atualmente dominante de um modo geral, é necessária a utilização de armas fortes e grosseiras, isto é, provas *terrenas palpáveis,* a fim de abrir uma brecha na resistência do adversário.

Tal argumentação, porém, não serve de desculpa para que almas humanas sejam sempre de novo expostas a riscos, assim tão levianamente!

Além disso, não há nenhuma necessidade premente, para que se queira convencer a todo custo os adversários malévolos! É notório que estes não são propensos a acreditar, mesmo que um anjo desça diretamente do céu para lhes anunciar a Verdade. Assim que o anjo fosse embora, estariam prontos a declarar que tudo não passara de uma ilusão coletiva, não tendo sido absolutamente um anjo; ou arranjariam qualquer outra desculpa. E se alguma coisa ou uma pessoa for trazida, que permaneça na matéria, isto é, não desaparecendo outra vez nem se tornando invisível, então haveria outros pretextos, justamente porque para os que não propendem a acreditar no mundo do Além isso seria, por sua vez, demasiado terrenal.

Não recuariam em classificar como fraude semelhante prova, de apontar tal ser humano como um lunático, um fantasista ou até mesmo como um impostor. Ou seria demasiadamente terrenal ou extraterreno ou as duas coisas juntas; sempre terão algo para reclamar ou duvidar. E não tendo mais a que recorrer, então lançam imundícies, passando a ataques mais fortes, não receando empregar violência.

---

* Dissertação – "O Salvador".

Para convencer, pois, *esses tais,* não é adequado recorrer a sacrifícios! E menos ainda para muitos dos assim chamados adeptos. Devido a uma singular espécie de arrogância e a uma crença na vida do Além, crença essa na maioria dos casos confusa e fantástica, julgam estes ter o direito de apresentar determinadas exigências para, por sua vez, "ver" ou "vivenciar" algo. Esperam de seus guias sinais do Além, como recompensa por seu bom comportamento.

Tornam-se até ridículas, muitas vezes, as expectativas evidentes que vivem expondo, bem como os sorrisos benevolentes com ares de sabedoria com que deixam transparecer a própria ignorância. É veneno querer dar ainda espetáculos a essas massas, pois, por se julgarem muito sapientes, apenas consideram tais experiências no máximo como horas de divertimento bem merecido, para o que os do Além devem concorrer como artistas de teatros de variedades.

Abandonemos, porém, as experiências de grande teor e examinemos as menores, como a movimentação de mesas. Longe estão de serem assim inócuas conforme se cuida, pelo contrário, constituem pela incrível facilidade de propagação um *perigo muito sério!*

Disso cada qual deve ser advertido! Os entendidos se afastariam com horror, se vissem com que leviandade se operam tais coisas. Quantos adeptos não procuram mostrar seu "saber" em diversos círculos, propondo experiências mediante movimentação de mesas, ou então introduzem em famílias, quer em meio de risadas, quer sob sussurros misteriosos, as experiências com letras e copos ou outros recursos; experiências essas mais parecidas com brincadeiras, em que, mediante o leve toque da mão por cima do copo, este se movimenta ou é atraído em direção às letras, formando palavras.

Com rapidez sinistra tudo isso se propagou à categoria de divertimentos sociais, onde são praticados sob risadas, escárnio e muitas vezes agradáveis arrepios.

Diariamente se reúnem então, em família, senhoras e moças em torno de uma mesa, ou mesmo isoladamente, diante de letras

16. A moderna ciência do espírito   113

desenhadas numa cartolina e que, sempre que possível, devem ser dispostas de modo apropriado, para que não faltem ostentações místicas, incitando à fantasia que, aliás, é aí absolutamente dispensável, pois tudo decorrerá mesmo sem isso, contanto que a respectiva pessoa tenha alguma propensão para tanto. E dessas há inúmeras!

Os modernos cientistas do espírito e os dirigentes dos círculos de ocultismo se alegram ante o fato de as palavras e frases se constituírem sem o influxo mental consciente ou inconsciente do praticante. Dessa maneira, ele tem de se convencer, aumentando assim o número de adeptos do "oculto".

Os escritos de orientação ocultista apontam para isso, os oradores intervêm a favor, meios auxiliares são fabricados e vendidos, facilitando assim todo esse abuso, e dessa forma se apresenta quase todo o mundo do ocultismo como *prestimosos servos das trevas*, convencidos todos sinceramente de serem sacerdotes da Luz!

Esses acontecimentos por si sós já comprovam a completa ignorância que reina nas práticas de tal classe de tendências ocultistas! Mostram que ninguém que a isso pertence é *realmente vidente!* Não deve servir de contraprova, se algum bom médium se desenvolveu uma vez ou outra de tais origens ou, pelo contrário, o que é mais certo, se um bom médium, no começo, foi atraído temporariamente para isso.

As poucas pessoas predestinadas a isso apresentam em seu próprio desenvolvimento natural uma proteção vigilante e cuidadosa de espécie inteiramente diferente e que se estende de degrau em degrau, proteção essa que os outros *não* têm. Tal proteção atua, contudo, só num desenvolvimento natural e próprio, *sem nenhuma ajuda artificial!* Porque somente em tudo quanto é natural é que repousa uma proteção como algo evidente.

Tão logo surja nisso a menor ajuda, seja ela pelos exercícios da própria pessoa ou advenha de outro lado, por sono magnético ou por hipnose, deixa assim de ser natural e desse modo já não se ajusta com as leis naturais, as únicas capacitadas a oferecer proteção. Se a isso ainda se juntar a ignorância existente agora por toda parte, então a fatalidade estará aí. A *vontade* por si só nunca substituirá a capacitação quando se trata de agir. E ninguém deve ultrapassar a própria capacitação.

Não quer isso absolutamente dizer que pelo fato de centenas de milhares de pessoas se dedicarem a essas brincadeiras perigosas, de vez em quando uma delas não escape impune e seja bem protegida. Do mesmo modo, muitas outras somente serão prejudicadas de uma forma ainda não visível terrenamente e que apenas depois de seu desenlace terão de reconhecer, de repente, que tolices de fato cometeram. Contudo, existem muitas que já sofrem danos terrenamente visíveis, mesmo que durante sua existência terrena nunca cheguem ao reconhecimento da verdadeira causa.

Por essa razão, tem que ser explicado, pois, o que ocorre durante essas brincadeiras no espiritual e na matéria fina. É do mesmo modo simples, como tudo na Criação, e absolutamente não tão complicado, mas muito mais grave do que muitos imaginam.

Da maneira como a Terra se apresenta atualmente, as *trevas* ganharam supremacia sobre toda a matéria, através da vontade da humanidade. As trevas se encontram em todas as coisas materiais tão à vontade, como que em terreno próprio e familiar, podendo devido a isso atuar plenamente na matéria. Encontram-se, portanto, em seu elemento, combatem num terreno que bem conhecem. Por esse motivo, na atualidade, levam vantagem sobre a Luz em tudo quanto é material, isto é, de matéria grosseira.

A consequência é que em toda a matéria a força das trevas se torna mais intensa que a da Luz. Pois bem, nesses divertimentos, como a movimentação de mesas, etc., a Luz, isto é, algo elevado, não entra em cogitação absolutamente. Na melhor suposição podemos falar de algo ruim, portanto, escuro, e de algo melhor, portanto, mais claro.

Servindo-se uma pessoa de uma mesa ou de um copo, ou em geral de qualquer objeto material, coloca-se num terreno de luta muito conhecido das trevas. Um terreno que as trevas consideram como seu. A referida pessoa, assim, cede de antemão a elas uma força contra a qual não pode opor nenhuma proteção eficiente.

16. A moderna ciência do espírito

Examinemos, então, uma reunião espírita ou qualquer divertimento social com a mesa e sigamos os fenômenos espirituais, ou melhor, os de matéria fina.

Quando uma ou mais pessoas se dispõem em torno de uma mesa com a intenção de comunicar-se com os do Além, quer através de pancadas, quer através da movimentação da mesa, o que é mais comum, ocasionadas pelos do Além, a fim de através desses sinais poder formar palavras, então esse contato material faz atrair principalmente as trevas, que passam a encarregar-se das mensagens.

Com grande habilidade, elas se utilizam de palavras não raro pomposas, procuram responder pela forma desejada os pensamentos das pessoas, fáceis de ler para elas, porém conduzem--nas logo por trilhas falsas em questões sérias, e procuram, se isso ocorrer frequentemente, colocá-las pouco a pouco sob sua influência crescente, e assim, vagarosa, contudo seguramente, arrastá-las para baixo. Com isso, bem astutamente, deixam os desencaminhados na crença de que estão subindo.

Caso, porém, logo de início ou também em qualquer outra ocasião apareça e se manifeste algum parente falecido ou amigo, chegando a expressar-se por intermédio da mesa, fato que se dá frequentemente, então o embuste ainda se torna mais facilmente realizável. As pessoas reconhecem que deve ser realmente um determinado amigo que se manifesta e, por isso, creem que é sempre ele, quando através da mesa cheguem quaisquer comunicações, mencionando-se como autor o nome daquele conhecido.

Mas tal não é o caso! Não apenas as trevas sempre atentas utilizam habilmente o nome, a fim de dar às mensagens enganadoras um aspecto o mais acreditável possível, adquirindo assim a confiança das pessoas indagadoras, mas vai até mesmo a ponto de um elemento escuro se imiscuir numa frase iniciada pelo amigo real, terminando-a intencionalmente de modo falso. Sucede então o fato pouco conhecido de haver *dois* implicados na transmissão de uma frase simples e ininterrupta. Primeiro, o autêntico amigo, talvez bem claro, portanto mais puro, e depois um mais escuro, malévolo, sem que o indagador perceba algo disso.

As consequências são fáceis de supor. O que confia é iludido e abalado em sua crença. O adversário se utiliza desse acontecimento para o fortalecimento de suas zombarias e de suas dúvidas, às vezes para fortes ataques contra a causa toda. Na realidade, porém, ambos estão sem razão, devendo tudo ser considerado como consequência da ignorância que predomina sobre todo esse campo.

O fenômeno, contudo, desenrola-se com toda a naturalidade: caso esteja na mesa um amigo mais claro e verdadeiro, manifestando-se a fim de satisfazer o desejo daquele que formula as perguntas, e se intromete um espírito escuro, terá o mais claro de retroceder, pois o mais escuro pode desenvolver uma força maior, servindo-se da matéria intermediária da mesa, porque atualmente toda a matéria é o campo das trevas propriamente dito.

Tal erro comete o ser humano que escolhe coisas materiais, criando assim de antemão um terreno desigual. O que é espesso, pesado, isto é, escuro, encontra-se mais próximo em densidade da matéria grosseira, do que aquilo que é luminoso, puro e mais leve, e assim, devido a essas ligações mais estreitas, desenvolve maior força.

Por outro lado, o que é mais claro, e que ainda pode manifestar-se através de coisas materiais, dispõe igualmente ainda de uma densidade até certo grau contígua, pois do contrário seria impossível uma ligação com a matéria para fins de qualquer comunicação. Isso pressupõe uma contiguidade com a matéria e concomitantemente uma possibilidade de conspurcação, logo que, através da matéria, se realize a ligação com as trevas.

Para não incorrer nesse perigo, só resta ao mais claro retirar-se depressa da matéria, isto é, da mesa ou de outros meios auxiliares, assim que um mais escuro se aproprie deles, para desligar o elo de mediação, que constituiria uma ponte sobre o natural abismo separador e protetor.

Não poderá ser evitado do lado do Além, então, que em tais casos a pessoa que se entregue a essas experiências, servindo--se da mesa, venha a sofrer influências baixas. Foi essa pessoa quem não quis outra coisa, por sua própria atuação, *pois o desconhecimento das leis não consegue dar proteção também aqui nesta conjuntura.*

Com esses acontecimentos, muitas coisas que até agora eram inexplicáveis ficarão esclarecidas para muitas pessoas, e várias contradições enigmáticas encontrarão sua solução, sendo de se esperar que muitos abandonem tais divertimentos perigosos!

Do mesmo modo minucioso, poderiam ser descritos também os perigos de todas as demais experiências, os quais são muito maiores e mais graves. Contudo, o assunto dessas coisas mais usuais e disseminadas está concluído por enquanto.

Somente outro perigo deve ainda ser mencionado. Por causa desse processo de perguntas e exigências de respostas e conselhos, as pessoas acabam se tornando muito indecisas e dependentes. O contrário daquilo que a existência terrena tem por finalidade.

O caminho é errado seja qual for a sua direção! Só traz danos, nenhuma vantagem. É um arrastar-se pelo chão com o perigo permanente de encontrar repetidamente vermes repugnantes, de desperdiçar suas forças e, por fim, ficar extenuado no caminho... por nada!

Com esse "querer pesquisar", ocasionam-se também grandes danos aos que se encontram no Além!

A muitos escuros é dada desse modo oportunidade, sim, são até levados à tentação de praticar o mal, aumentando com isso suas culpas, o que, em outras circunstâncias, não lhes seria tão fácil. Outros, porém, devido às constantes ligações de desejos e pensamentos, são impedidos em seus esforços para ascender.

Pelo exame minucioso desses métodos de pesquisa se patenteia quanto tudo isso é puerilmente teimoso, perpassado do mais grosseiro egoísmo e ao mesmo tempo tão tolo, que se chega a menear a cabeça e perguntar como é possível, aliás, que haja quem queira abrir para a humanidade em geral um território do qual ele próprio não conhece realmente um passo sequer em redor.

É errado também que a pesquisa toda se desenrole diante do público em geral. Com isso, cria-se pista livre para os fantasistas e impostores, e torna-se difícil a aquisição da confiança da humanidade.

Em nenhum outro campo já ocorreu isso. E em toda pesquisa, cujos sucessos hoje são plenamente reconhecidos, houve antes, na fase de investigações, numerosos malogros. Contudo, não se deixava o público coparticipar tanto! Sobreviria o cansaço e com ele o decorrente desinteresse. A consequência é que, ao encontrar finalmente a Verdade, a força principal de um entusiasmo transformador e eficaz teve de perder-se antes. A humanidade já não consegue entregar-se à alegria jubilosa que tudo arrasta em sua veemência convencedora.

Os reveses no reconhecimento de caminhos errados se tornam armas afiadas nas mãos de muitos inimigos, os quais podem com o tempo incutir em centenas de milhares de seres humanos uma desconfiança tal, que esses, dignos da maior lástima, ao se defrontarem com a Verdade, não mais desejarão examiná-la seriamente, receosos de nova ilusão! Taparão os ouvidos, que de outra forma teriam aberto, perdendo assim o último lapso de tempo que ainda lhes poderia dar oportunidade de escalar rumo à Luz.

Com isso as trevas obtêm uma nova vitória! Devem agradecer aos pesquisadores que lhes estenderam as mãos para isso e que de bom grado e orgulhosos atribuem a si o título de dirigentes das modernas ciências do espírito.

CAMINHOS ERRADOS

Os seres humanos, com poucas exceções, se encontram num erro ilimitado e, para eles, muito desastroso! Deus não necessita correr atrás deles nem pedir-lhes que creiam em Sua existência. E também Seus servos não são enviados para advertir continuamente, implorando para não O abandonarem em hipótese alguma. Seria ridículo até. Pensar assim e esperar tal coisa é um rebaixamento e aviltamento da divindade excelsa.

Essa concepção errônea causa grande dano. É alimentada pelo procedimento de muitos sacerdotes realmente sérios, que, em seu sincero amor a Deus e aos seres humanos, experimentam, sempre de novo, convencer e conquistar seres humanos materialistas para a igreja. Tudo isso contribui para aumentar desmedidamente a arrogância dos seres humanos, já tão cheios de si, dando a muitos, por fim, a ilusão de que devam ser implorados para querer o bem.

Isso contribui também para a esquisita atitude da maioria dos "fiéis" que assim, na maior parte das vezes, se apresentam como exemplos aterradores e não como modelos. Milhares e milhares sentem em seu íntimo certa satisfação, um sentimento de elevação, só porque creem em Deus, porque recitam suas orações com a seriedade que lhes é possível e não causam intencionalmente dano algum ao próximo.

Nesse íntimo "sentimento de elevação" sentem certa retribuição do bem, um agradecimento de Deus por sua obediência, uma espécie de ligação com Deus, em Quem também às vezes pensam com certo estremecimento sagrado, que causa ou deixa uma sensação de bem-aventurança, usufruída com felicidade.

Mas essa multidão de fiéis segue um caminho errado. Vivem felizes numa ilusão por eles próprios criada, alistando-se com isso inconscientemente no número dos tais fariseus que levavam suas pequenas oferendas com sentimentos de gratidão real, porém errados: "Agradeço-Te, Senhor, por não ser como aqueles". Claro é que não pronunciam tais palavras nem chegam a pensar assim realmente, mas o "eufórico sentimento" que experimentam no seu íntimo não significa mais do que aquela inconsciente oração de agradecimento, que Cristo já declarou como falsa.

Esse "sentimento de elevação" interior outra coisa não representa em tais casos senão a consequência de uma autossatisfação provocada pela oração ou por bons pensamentos forçados. Os que se denominam humildes encontram-se muitas vezes longe demais da humildade! Faz-se necessário, frequentemente, grande sacrifício para se falar com tais fiéis. Jamais, em tempo algum, por intermédio de tal atitude alcançarão eles o estado de bem-aventurança que já supõem possuir! Bom será que cuidem de não se perder totalmente em seu orgulho espiritual, que consideram humildade.

Muitos dos que até hoje ainda são descrentes absolutos acabarão entrando com mais facilidade no reino de Deus do que todas as multidões com sua vaidosa humildade, e que na verdade não se apresentam diante de Deus simplesmente pedindo, mas sim exigindo que as recompense por suas orações e palavras piedosas. Seus pedidos são exigências, sua maneira de ser, hipocrisia. Serão varridas de Seu semblante como debulho vazio. Receberão a recompensa, sim, porém muito diferente do que pensam. Já se saciaram suficientemente nesta Terra com a consciência de seu próprio valor.

A sensação de bem-estar desaparecerá logo no trespasse para o mundo de matéria fina, onde se põe em evidência a intuição íntima até aí mal pressentida, enquanto o sentimento até agora produzido de modo predominante apenas por pensamentos se desfaz em nada.

A assim chamada expectativa íntima, silenciosa e humilde, esperando algo melhor, nada mais é na realidade do que uma exigência, mesmo quando de maneira diferente é expressa em palavras, por mais belas que sejam.

Cada exigência é, no entanto, uma arrogância. Só Deus pode exigir! Também Cristo não veio pedindo até os seres humanos com sua Mensagem, mas sim advertindo e exigindo. Sim, deu esclarecimentos sobre a Verdade, mas não expôs sedutoras recompensas diante dos olhos de seus ouvintes para dessa maneira os compelir a se tornarem melhores. Com serena severidade, ordenou aos que verdadeiramente procuravam: Ide e agi de acordo!

Deus está diante da humanidade *exigindo,* não seduzindo e pedindo, não se queixando e lamentando. Calmamente abandonará às trevas todos os maus, bem como todos os indecisos, para não mais expor aos ataques aqueles que se esforçam em ascender, e para deixar que os outros vivenciem profundamente tudo quanto consideram certo, a fim de que possam chegar ao reconhecimento de seu erro!

O QUE SEPARA HOJE TANTOS SERES HUMANOS DA LUZ?

COMO uma noite profunda paira sobre esta Terra a escuridão de matéria fina! Já há muito tempo. Constringe a Terra num cerco tão denso e compacto, que cada intuição luminosa que tente subir assemelha-se a uma chama que por falta de oxigênio perde a força e, logo minguando, se extingue.

Terrível é esse estado da matéria fina que atualmente se manifesta com seus piores efeitos. A quem fosse permitido contemplar apenas por cinco segundos esses acontecimentos, o pavor lhe roubaria toda a esperança de salvação! —

E tudo isso foi ocasionado por culpa dos próprios seres humanos. Por culpa de sua propensão para o que é baixo. Tornou-se assim a humanidade sua própria e maior inimiga. E mesmo os poucos que de novo se esforçam com sinceridade para escalar as alturas correm o perigo de serem arrastados *juntamente* para as profundezas, onde se precipitam os outros com sinistra rapidez.

Dá-se como que um enlaçamento a que se segue forçosamente a absorção mortal. Absorção pelo pântano visguento e abafadiço, onde tudo submerge silenciosamente. Não é mais um lutar, e sim apenas um silencioso, mudo e sinistro estrangular.

E o ser humano não reconhece isso. A indolência espiritual deixa-o cego diante desse fenômeno desastroso.

No entanto, o pântano exala suas emanações contínuas e venenosas que acabam fatigando lentamente os que ainda têm forças e estão despertos, a fim de que terminem também submergindo adormecidos e sem forças.

18. O que separa hoje tantos seres humanos da Luz?

Eis como é atualmente na Terra. Com isso não estou apresentando uma imagem, mas sim *vida!* Como tudo quanto é matéria fina tem formas, criadas e vivificadas pelas intuições dos seres humanos, tal processo se desenrola de fato continuamente. E esse é o ambiente que aguarda os seres humanos quando tiverem de sair desta Terra, não podendo ser conduzidos para os páramos mais luminosos e mais belos.

No entanto, as trevas se concentram cada vez *mais*.

Aproxima-se, por isso, a época em que a Terra, por um espaço de tempo, terá de ser entregue ao domínio das trevas, sem imediato auxílio da Luz, porque a humanidade forçou isso com sua vontade. As consequências de sua vontade, na maioria, *tiveram* de provocar esse fim. — Trata-se do tempo que a João foi permitido ver outrora, em que Deus encobre Seu semblante. —

A noite se estende em redor. Contudo, no auge das dificuldades, quando tudo, até mesmo o que há de melhor, está ameaçado de submergir, irrompe simultaneamente a aurora! Mas a aurora traz primeiro as dores de uma grande purificação imprescindível, antes que possa começar a salvação dos que buscam com seriedade, pois *não* poderá ser estendida mão alguma aos que aspiram a coisas baixas! Têm de cair até as profundezas horríveis, onde unicamente poderão ter a esperança de despertar através de tormentos, os quais provocarão nojo de si próprios.

Os que até agora com zombarias podiam criar, aparentemente impunes, obstáculos para aqueles que se esforçam rumo às alturas se tornarão calados e mais pensativos, até que finalmente, mendigando e gemendo, suplicarão pela Verdade.

Então não lhes será assim tão fácil; serão passados incessantemente pelos moinhos das leis férreas da justiça divina, até que, através da *vivência,* venham a reconhecer seus erros. —

Durante minhas viagens pude verificar que com minha Palavra foi lançado um facho aceso entre os indolentes espíritos humanos, esclarecendo-lhes que nenhuma pessoa pode dizer que traz consigo algo de divino, ao passo que, exatamente agora, em muitos trabalhos se visa descobrir Deus *dentro* de si, para com isso finalmente tornar-se Deus!

Minha Palavra despertou, por isso, muitíssima inquietação; a humanidade reagiu, revoltando-se, porque só quer ouvir palavras entorpecentes e tranquilizadoras, que lhe pareçam *agradáveis!* Os que se revoltam dessa maneira nada mais são do que covardes, que preferem esconder-se de si mesmos, para somente ficarem na penumbra, onde possam sonhar, tão bela e tranquilamente, conforme seus desejos.

Não é qualquer um que suporta ser exposto à Luz da Verdade, a qual mostra sem misericórdia e de modo nítido os defeitos e as manchas das vestimentas.

Com risos, zombarias, ou mediante hostilidade, querem impedir o dia que se aproxima, que porá à mostra claramente os pés de barro da construção insustentável do ídolo "eu". Tais insensatos brincam apenas de festas de máscaras consigo mesmos, às quais se sucederá impreterivelmente a sombria quarta-feira de cinzas. Com suas concepções erradas querem apenas idolatrar-se e, dessa maneira, sentem-se terrenamente bem e sossegados. Consideram, por isso, de antemão como inimigo *aquele* que lhes perturbar essa calma indolente!

Toda essa revolta, no entanto, de nada lhes servirá *desta vez!*

O autoendeusamento, que se encontra na afirmativa de que existe algo de divino no ser humano, é um tatear sujo em direção à pureza e à sublimidade de vosso Deus, *com o que maculais* o que há de mais sagrado, e para Quem levantais os olhos em confiança bem-aventurada! —

Em vosso íntimo se encontra um altar que deve servir para a adoração de vosso Deus. Esse altar é a vossa capacidade intuitiva. Se ela for pura, estará em ligação com o espiritual e, portanto, com o Paraíso! Haverá então momentos em que podereis intuir plenamente a proximidade de vosso Deus, conforme muitas vezes se dá na mais profunda dor e na maior alegria!

Então intuireis Sua proximidade de idêntico modo como a vivenciam permanentemente no Paraíso os eternos espíritos primordiais, com os quais sois intimamente ligados em tais momentos. A vibração forte proveniente do alvoroço da alegria intensa, bem como a da dor profunda, afasta para longe,

18. O que separa hoje tantos seres humanos da Luz? 125

momentaneamente, tudo quanto é terreno e inferior, e com isso fica livre a pureza da intuição, formando imediatamente a ponte para a pureza de igual espécie que vivifica o Paraíso! Esta é a maior felicidade do espírito humano. Nela vivem permanentemente, no Paraíso, os eternos. Ela traz a maravilhosa certeza de estar em segurança. Sentem assim a plena consciência da proximidade de seu grandioso Deus, em Cuja força se encontram, mas também reconhecem naturalmente que alcançaram a altura culminante, e que nunca serão capazes de contemplar Deus.

Isso não os oprime porque, no reconhecimento de Sua inacessível grandeza, sentem jubilosa gratidão por Sua graça indescritível, que Ele sempre deixou atuar em relação à pretensiosa criatura.

E tal felicidade pode usufruir desde já o ser humano terreno. Está certo quando é dito que o ser humano terreno em momentos solenes sente a proximidade de seu Deus. Mas passará a ser ultraje querer inferir dessa maravilhosa ponte, que é ter consciência da proximidade divina, a afirmação de que os seres humanos possuem em seu íntimo uma centelha da divindade.

Junto com essa afirmação segue também a degradação do amor divino. Como se pode medir o amor de Deus com a escala de um amor humano? Mais ainda, colocá-lo até como valor *abaixo* desse amor humano? Reparai nos seres humanos que imaginam o amor divino como o mais sublime ideal, sofrendo silenciosamente e, além disso, perdoando tudo! Querem reconhecer algo de divino *nisso,* no fato de tolerar todas as impertinências de *criaturas* inferiores, como somente acontece com os piores fracalhões e os mais covardes seres humanos, que por isso são desprezados. Refleti sobre o ultraje monstruoso que nisso está ancorado!

Os seres humanos querem pecar sem receber punição, para finalmente com isso proporcionar uma alegria a seu Deus, permitindo que Ele lhes perdoe as culpas sem expiação própria! Tal dedução implica uma desmedida estreiteza, preguiça condenável ou o reconhecimento sem esperança da própria fraqueza em relação à boa vontade para a ascensão: uma coisa é tão reprovável quanto a outra.

18. O que separa hoje tantos seres humanos da Luz?

Imaginai o amor divino! Límpido como cristal, radiante, puro, imenso! Podeis imaginar então que esse amor possa ser tão degradantemente complacente, doentio e fraco, como os seres humanos tanto querem? Querem construir uma grandeza errada, onde *desejam* fraqueza, dão uma imagem errada, apenas para ainda se enganarem, para se tranquilizarem a respeito dos próprios erros, que os deixam colocar-se voluntariamente a serviço das trevas.

Onde se encontram então a limpidez e a força que incondicionalmente fazem parte da pureza cristalina do amor divino? O amor divino é inseparável da máxima severidade da justiça divina. É ela mesma até. Justiça é amor, e amor, por sua vez, reside somente na *justiça*. Unicamente nela é que reside também o perdão divino.

Está certo quando as igrejas dizem que Deus perdoa *tudo!* E que perdoa *realmente!* Muito ao contrário dos seres humanos que, mesmo quando alguém tiver expiado uma insignificante culpa, insistem em desconsiderá-lo continuamente; e com tal espécie de pensamento, sobrecarregam-se duplamente, por não agirem nisso segundo a vontade de Deus. Aqui falta justiça no amor dos seres humanos.

Os efeitos da vontade criadora divina purificam cada espírito humano de suas culpas, mediante as próprias vivências ou por meio de voluntária correção, tão logo ele se esforce para cima.

Saindo desses moinhos da matéria, de volta ao espiritual, então se encontrará puro no reino de seu Criador, ficando sem importância o *que* houver errado antes! Ele se encontrará tão puro como aquele que nunca errou. Antes, porém, terá de percorrer o caminho regido pela atuação das leis divinas e *nesse* fato é que se encontra a garantia do perdão divino, a Sua graça!

Não se ouve hoje tantas vezes a pergunta atônita: Como puderam ocorrer esses anos de tanta calamidade, com a vontade de Deus? Onde está nisso o amor, onde a justiça? Indaga a *humanidade,* indagam as *nações,* muitas vezes as famílias e o ser humano isoladamente! Não seria isso antes a prova de que, *portanto,* o amor de Deus é algo *bem diferente* do que tantos gostariam de pensar? Tentai, pois, considerar por uma vez *assim*, até o *fim*, o amor de Deus que tudo perdoa, conforme o ser humano se esforça tenazmente por apresentar! Sem expiação própria, tudo consentindo e por último ainda perdoando magnanimamente. Será um deplorável resultado! Cuida-se o ser humano tão valioso, que seu Deus deva sofrer com isso? Valendo mais, por conseguinte, do que o próprio Deus? Quanto existe nessa arrogância dos seres humanos. —

Refletindo serenamente, tereis de tropeçar em milhares de empecilhos e só *então* podereis chegar a uma conclusão se diminuirdes Deus e O tornardes imperfeito.

No entanto, Ele foi, é e será perfeito, pouco importando como os seres humanos aceitam esse fato.

Seu perdão repousa na *justiça*. Nem pode ser de outra forma. E é nessa justiça inalterável que repousa também esse grande e até agora tão mal compreendido amor!

Desabituai-vos de medir conforme critérios terrenos. A justiça de Deus e o amor de Deus se destinam ao *espírito* humano. A matéria nada tem a ver com isso. Ela é apenas *moldada* pelo espírito humano, não tendo vida sem o espírito.

Como vos atormentais tantas vezes por causa de ninharias puramente terrenas, que considerais como pecado e que não o são absolutamente!

Somente aquilo que o *espírito quer*, numa atuação, é determinante para as leis divinas na Criação. Mas essa vontade espiritual não é a atividade dos pensamentos, mas sim a mais íntima intuição, a vontade propriamente dita no ser humano, que, unicamente, pode colocar em movimento as leis do Além e que de fato as movimenta automaticamente.

O amor divino não se deixa rebaixar pelos seres humanos, pois nele repousam as leis férreas de Sua vontade na Criação, conduzida pelo amor. E essas leis atuam conforme o ser humano nelas se comporta. Podem ligá-lo até a proximidade de seu Deus ou constituir uma parede que nunca poderá ser destruída, a não ser pela adaptação final do ser humano, o que equivale a obedecer, no que unicamente poderá encontrar sua salvação, sua felicidade.

18. O que separa hoje tantos seres humanos da Luz?

É *uma* perfeição, a grande obra não apresenta nenhuma falha, nenhuma fenda. Qualquer tolo, qualquer insensato que queira diferentemente, arrebentará a cabeça com isso. — O amor divino só proporciona o que é de *proveito* ao espírito humano, e não o que lhe cause alegria na Terra e pareça agradável. Sua atuação vai muito *mais além,* porque domina toda a existência. —

Muitos seres humanos frequentemente pensam agora: já que se tem de esperar dissabores, catástrofes, para se obter uma grande purificação, então Deus deve ser justo e enviar antes pregadores de penitências. Pois o ser humano tem de ser advertido com antecedência. Onde está João, que anuncia o que está para vir?

São infelizes, fingindo grandeza com sua esterilidade de pensamentos! Somente a arrogância de um ilimitado vazio se esconde atrás de tais clamores. Pois iriam sem a mínima dúvida maltratá-lo e jogá-lo na prisão!

Abri, portanto, os olhos e os ouvidos! No entanto, passa-se *dançando* sobre todas as vicissitudes e calamidades do próximo, levianamente! Ninguém *quer* ver nem ouvir! —

Já há dois mil anos passou também um pregador de penitências; o Verbo feito carne seguiu-o logo após. Mas os seres humanos empenharam-se diligentemente em apagar o brilho límpido do Verbo, escurecendo-o, para que a força de atração de seu fulgor se fosse extinguindo pouco a pouco. —

E todos aqueles que quiserem libertar o Verbo do emaranhado de liames logo terão de sentir como os mensageiros das trevas se movimentam tenazmente para impedir todo e qualquer despertar jubiloso!

Hoje, porém, não se repete nenhum acontecimento como no tempo de Cristo! Então veio o Verbo! A humanidade tinha seu livre-arbítrio e decidiu-se naquele tempo principalmente pela recusa e pela rejeição! Dessa época em diante ficou subjugada às leis que automaticamente se conectaram com a livre decisão de então. Os seres humanos encontraram depois, no caminho que escolheram, todos os frutos de sua própria vontade.

18. O que separa hoje tantos seres humanos da Luz?

O ciclo se fechará brevemente. Acumula-se cada vez mais, represando-se como um paredão que breve ruirá sobre a humanidade, que em seu embotamento espiritual vive despreocupadamente. No fim, na época do cumprimento, não disporá mais a humanidade, logicamente, da livre escolha!

Terá de colher agora o que semeou outrora, como também nos posteriores caminhos errados.

Para que ajustem suas contas, encontram-se hoje novamente encarnados na Terra todos aqueles que no tempo de Cristo rejeitaram sua Palavra. Não têm mais o direito, hoje, a advertências prévias, nem a novas decisões. Nesses dois mil anos dispuseram de tempo suficiente para dissuadir-se! Também todo aquele que assimila uma interpretação errada de Deus e de Sua Criação e não se esforça por compreender com mais pureza, esse *absolutamente nada* assimilou. É até muito pior, uma vez que uma crença errada impede de compreender a Verdade.

Ai, portanto, daquele que *falseia* ou *altera* a Verdade, para assim obter prestígio, porque uma forma mais cômoda é também mais agradável aos seres humanos. Sobrecarrega-se não somente com a culpa da falsificação e de conduzir erroneamente, como também se torna responsável por aqueles que conseguiu atrair, proporcionando maior comodismo e facilidades. *Nenhum* auxílio lhe será prestado, quando chegar a hora de seu resgate. Despencará nas profundezas, de onde jamais poderá livrar-se, e com razão!

— Também isto pôde João prever e advertir em sua revelação.

E quando começar a grande purificação, não restará dessa vez aos seres humanos tempo de se revoltarem e muito menos de se oporem aos acontecimentos. As leis divinas, das quais os seres humanos gostam tanto de fazer uma imagem errada, agirão então inexoravelmente.

Será exatamente no momento em que se passarem os fatos mais terríveis que a Terra já presenciou, que a humanidade virá a aprender finalmente que o amor divino está muito longe da moleza e da fraqueza que ela tão ousadamente queria atribuir-lhe.

Mais da metade de todos os seres humanos contemporâneos nem pertence a esta Terra!

18. O que separa hoje tantos seres humanos da Luz?

Já desde milênios essa humanidade se encontra de tal modo submergida, vive *tão* fundo na escuridão, que com sua vontade impura lançou muitas pontes às esferas escuras situadas muito *abaixo* deste plano terrestre. Vivem nelas os decaídos profundamente, cujo peso de matéria fina nunca lhes deu possibilidade de subirem para este plano terrestre.

Isso representou uma *proteção* para todos os que vivem na Terra, bem como para aqueles trevosos. Estão separados pela lei natural de gravidade da matéria fina. Lá embaixo podem exacerbar suas paixões e suas baixezas, sem com isso provocar danos. Pelo contrário. Seus desenfreados modos de viver atingem lá somente os de igual espécie, identicamente como o modo de viver destes também os ataca. Com isso sofrem mutuamente, o que leva ao amadurecimento e não ao aumento da culpa. Pois pelo sofrimento pode o nojo de si próprio vir a ser despertado um dia, e com o nojo também o desejo de sair dessa região. Tal desejo faz nascer com o tempo o mais doloroso desespero, podendo acarretar consigo finalmente a mais ardente oração e com esta a vontade séria de melhorar.

Assim devia acontecer. No entanto, devido à vontade errada dos seres humanos, sucederam-se as coisas de modo diferente!

Os seres humanos lançaram, movidos por sua vontade *tenebrosa*, uma ponte até a região das trevas. Com isso estenderam as mãos aos que lá vivem, possibilitando assim, por meio da força de atração da igual espécie, que eles subissem para a Terra. Aqui encontraram naturalmente oportunidade para a nova encarnação, fato esse que para eles ainda não estava previsto, segundo o curso normal dos acontecimentos do mundo.

Pois, no plano terrestre, onde podem *conviver* com seres mais luminosos e melhores por intermédio da matéria grosseira, só conseguem motivar danos, sobrecarregando-se dessa forma com *novas* culpas. Não podem fazer isso em seus domínios inferiores, pois sua vileza só pode ser útil a seus semelhantes, porque nisso reconhecerão por fim a si próprios, aprendendo a enojar-se disso tudo, o que contribui para uma melhoria.

18. O que separa hoje tantos seres humanos da Luz?

Esse caminho normal de toda a evolução foi assim *perturbado* pelo ser humano, devido à má utilização de seu livre-arbítrio, com o que formou pontes de matéria fina até a região das trevas, de modo que pôde dar-se a invasão dos que estão afundados nesse domínio, como uma matilha, para o plano terrestre, do qual superlotaram logo, triunfantemente, a maior parte.

Como as almas luminosas têm de ceder lugar às trevas, onde quer que estas se instalem com firmeza, foi fácil, portanto, àquelas almas mais escuras, que de modo indevido atingiram o plano terrestre, encarnarem-se às vezes, também, onde somente uma alma luminosa teria entrado. A alma escura achou, assim, através de alguém do ambiente da futura mãe, um apoio que lhe possibilitou manter-se e expulsar o luminoso, mesmo que a mãe e o pai pertençam aos mais luminosos.

Explica-se, assim, também o enigma de poderem chegar muitas vezes ovelhas negras para pais bons. Isso, porém, *não* pode acontecer, se uma futura mãe estiver mais vigilante com referência a si própria, como também a seu ambiente mais próximo e suas relações sociais.

Portanto, nisso há de se reconhecer somente *amor*, quando os efeitos finais das leis, com plena justiça, finalmente varrerem os que *não* pertencem ao plano terrestre, arrojando-os àquele reino das trevas a que pertencem por sua espécie. Dessa forma, já não poderão estorvar a ascensão dos mais luminosos e tampouco acumular novas culpas sobre si próprios, mas sim, pelo contrário, talvez ainda amadurecer, no nojo de seu próprio vivenciar. —

Tempo virá, sem dúvida, em que os corações de *todos* os seres humanos serão tocados com punhos férreos, quando com terrível inexorabilidade será extirpada a arrogância espiritual de cada criatura humana. Então, cairá também toda dúvida que impede agora o espírito humano de dar-se conta de que nada de divino existe *dentro* dele, e sim muito alto, *acima* dele. E que só pode estar como *imagem* puríssima no altar de sua vida íntima, imagem essa que ele contempla em humilde oração. —

Não é apenas erro, mas sim culpa, sempre que um espírito humano declara querer ser também divino. Tal presunção

18. O que separa hoje tantos seres humanos da Luz?

acarretará sua queda, pois equivale à tentativa de arrancar o cetro da mão de seu Deus e de rebaixá-Lo ao mesmo degrau em que se encontra o ser humano, e cujo degrau ele nem sequer conseguiu preencher até agora, por querer vir a ser *mais*, voltando seu olhar para a altitude que nunca poderá atingir, nem mesmo reconhecer. Com isso, não se importou com a realidade, fez-se não somente inútil na Criação, como, pior ainda, tornou-se *nocivo!*

Por fim, sua própria disposição errada se encarregará de lhe demonstrar com sinistra nitidez que ele, em sua atual conjuntura tão baixa, não significa sequer a sombra de uma divindade. O acúmulo de todo o saber terreno, que foi juntado penosamente em milênios, se reduzirá a *nada* perante seus olhos apavorados; desamparado, vivenciará em si de que maneira os frutos de suas aspirações terrenas unilaterais se tornam inúteis, transformando-se às vezes até mesmo em maldição. *Então, poderá lembrar-se de sua própria divindade, se conseguir!* — —

De modo obrigatório retumbará em seus ouvidos: De joelhos, criatura, diante de teu Deus e Senhor! Não tentes injuriosamente arvorar-te a ti própria a Deus! — —

A obstinação do preguiçoso espírito humano não prosseguirá. —

Só então poderá a humanidade pensar também em ascensão. E será então o tempo em que ruirá tudo o que não estiver em solo firme. As existências fictícias, os falsos profetas e respectivos círculos que os rodeiam se desmantelarão por si mesmos! Com isso também se tornarão evidentes os caminhos errados de até agora.

E muitos, satisfeitos consigo mesmos, reconhecerão, atônitos, que se encontram rente a um abismo e, guiados erradamente, estão deslizando rapidamente para baixo, quando supunham com presumido orgulho estarem se elevando e se aproximando da Luz! Que abriam portas de proteção, sem dispor de força suficiente para a defesa. Que atraíam perigos sobre si, que num curso normal seriam transpostos por eles. Feliz daquele que então encontrar o caminho certo para a volta!

ERA UMA VEZ...!

São apenas três palavras, no entanto parecem uma fórmula mágica, pois trazem consigo a propriedade de despertar imediatamente em cada ser humano uma intuição especial. Raramente se trata de uma intuição sempre igual. É semelhante ao efeito da música. Tal como sucede com a música, essas três palavras encontram seu caminho imediatamente para o espírito do ser humano, seu verdadeiro "eu". Naturalmente, apenas com aqueles que não mantêm o espírito inteiramente enclausurado, e que ainda não perderam sua verdadeira natureza humana aqui na Terra.

Cada *ser humano,* porém, ante essas palavras, mesmo que não queira, lembra-se imediatamente de vivências passadas. Elas surgem vivas diante dele, e com a imagem sobrevém também uma intuição correspondente.

Ternura saudosa para uns, felicidade melancólica, ou também silenciosos desejos irrealizáveis. Para outros, no entanto, orgulho, cólera, horror ou ódio. O ser humano sempre pensa em algo que outrora vivenciou, que lhe produziu uma impressão fora do comum, mas que ele presumia desde muito já extinta em seu íntimo.

Entretanto, nele nada se apagou, nada ficou perdido daquilo que ele realmente *vivenciou* outrora. Tudo isso pode chamar ainda de coisa sua, realmente adquirida e, por conseguinte, imperecível. Mas somente aquilo que foi vivenciado! Outra coisa não poderá surgir com tais palavras.

Preste o ser humano atenção, com cuidado e com o sentido alerta, exatamente sobre isso, e logo reconhecerá o que está realmente vivo dentro dele e o que pode ser denominado morto, como forma sem alma de recordações inúteis.

Só tem finalidade e proveito para o ser humano, o que não devemos tomar aqui na acepção do corpo material, aquilo que durante sua existência terrena atuou com bastante profundidade, imprimindo na *alma* um cunho particular, indelével e permanente. Somente tais impressões têm influência sobre a formação da alma humana, e assim, prosseguindo, influem também sobre a evolução do espírito em seu desenvolvimento permanente.

Na realidade, portanto, só *aquilo* que foi vivenciado e com isso tornado propriedade é que deixa uma impressão tão profunda. Tudo o mais passa sem efeito ou, no máximo, contribui como meio auxiliar para preparar acontecimentos aptos a causar grandes impressões.

Feliz daquele que pode denominar tantas e tão fortes vivências como sendo suas, quer tenham sido de alegria ou de dor suas origens, pois essas impressões serão um dia o que de mais valioso uma alma humana levará consigo em seu caminho para o Além. —

Os trabalhos puramente terrenos produzidos pelo raciocínio, conforme é usual hoje, servem só, *quando bem aplicados,* para facilitar a existência *corporal* terrena. Este é, pensando nitidamente, o verdadeiro alvo de *cada* atuação do raciocínio! Não há nunca, em última análise, outro resultado. Em *toda* a sabedoria escolar, não importando qual seja o campo, assim como em todos os trabalhos, tanto na esfera do Estado, ou na família, em cada pessoa individualmente ou nas nações, bem como, finalmente, na humanidade inteira.

Infelizmente, *tudo* acabou submetendo-se incondicionalmente apenas ao raciocínio e, com isso, está acorrentado pesadamente às restrições terrenas da faculdade de compreensão, o que logicamente teve de ocasionar e ocasionará ainda consequências nefastas em todo o atuar e em todos os acontecimentos.

Existe apenas *uma* exceção quanto a isso na Terra inteira. Tal exceção não nos é oferecida pela igreja, como tantos hão de pensar e como também devia ser, e sim pela *arte!* Nesta, o raciocínio exerce função estritamente *secundária*. Onde quer, porém, que o raciocínio alcance supremacia, a arte logo é degradada a *ofício*, descendo imediatamente e de modo incontestável a níveis baixíssimos. Trata-se de uma consequência, que, devido à sua simples naturalidade, nem pode ser diferente. Nem uma única exceção pode ser aí comprovada.

A mesma conclusão deve ser tirada também com tudo o mais! E isso então não dá o que pensar aos seres humanos? Tem de ser como se lhes caísse uma venda dos olhos. Para aquele que pensa e estabelece comparações, fica bem claro que em tudo o mais que é dominado pelo raciocínio, ele só poderá receber um sucedâneo, coisa de pouco valor! Ante essa constatação, o ser humano devia reconhecer a que lugar, por natureza, pertence o raciocínio, se deva surgir algo certo e valioso!

Até agora, da atuação do espírito vivo, da intuição, nasceu unicamente a arte. Unicamente ela teve uma origem e um desenvolvimento natural, isto é, normal e sadio. Mas o espírito não se *manifesta* no raciocínio, e sim nas *intuições, mostrando-se* somente naquilo que de um modo geral se denomina *"coração"*. Exatamente do que os atuais seres humanos de raciocínio, desmedidamente orgulhosos de si mesmos, escarnecem e ridicularizam prazerosamente. Zombam assim do que há de mais valioso no ser humano, sim, exatamente daquilo que faz do ser humano realmente um ser humano!

O espírito nada tem a ver com o raciocínio. Se o ser humano quiser melhorar finalmente em tudo, tem de observar as palavras de Cristo: *Por suas obras os reconhecereis!* É chegado o tempo em que isso acontecerá.

Somente obras do *espírito* contêm, por sua origem, a *vida;* portanto, continuidade e durabilidade. Tudo o mais, uma vez passado seu tempo de florescência, terá de ruir por si mesmo. Ao chegar a hora da frutificação, ficará patente o vazio!

Olhai a História! Somente a obra do espírito, isto é, a arte, sobreviveu aos povos, que desmoronaram pela atuação de seu raciocínio frio e sem vida. Sua sabedoria, tão altamente apregoada, não pôde salvá-los absolutamente. Egípcios, gregos, romanos seguiram esse caminho, mais tarde também espanhóis, franceses e agora os alemães, — *contudo as obras da verdadeira arte sobreviveram a todos eles!* Também nunca virão a perecer! No entanto, ninguém notou a regularidade severa com que ocorrem essas repetições. Nenhum ser humano pensou em investigar a verdadeira raiz desse grave mal.

Em lugar de procurá-la, e dar fim de uma vez a essa decadência, que se vem repetindo sempre de novo, o ser humano se rendeu cegamente, submetendo-se com lamentações e rancor a essa "fatalidade".

Agora, por fim, é atingida a humanidade toda! Já deixamos para trás muita miséria, temos ainda miséria maior à nossa frente. E um profundo sofrimento perpassa as densas filas dos que em parte já estão sendo atingidos.

Pensai nos povos todos que tiveram de soçobrar logo depois de atingida a florescência, isto é, no ponto mais alto de seu raciocínio. Os frutos decorrentes dessa florescência foram *por toda parte os mesmos!* Imoralidade, indecência e gula em múltiplos aspectos, acarretando inevitavelmente a decadência e a ruína.

A absoluta igual espécie é de chamar a atenção de qualquer pessoa! E também cada um que pense tem de encontrar em tais fenômenos uma bem determinada espécie e uma consequência advinda de leis implacáveis.

Esses povos, um atrás do outro, tiveram de acabar reconhecendo que sua grandeza, seu poder e magnificência foram apenas aparentes e mantidos só pela violência e pela pressão, e não devido a uma base sadia e firme dentro de si.

Abri, portanto, vossos olhos em vez de desanimar! Olhai ao redor de vós, aprendei com a experiência do passado, comparai tudo isso com as mensagens que já há milênios vos têm chegado da esfera divina, e então *tereis* de descobrir a raiz do mal corroedor, que constitui o estorvo exclusivo para a ascensão da humanidade inteira.

Somente depois que o mal tiver sido extirpado totalmente é que será aberto o caminho para a geral ascensão, não antes. E esse caminho então será estável, porque poderá trazer em si algo de vivo do espírito, o que até agora era impossível. — Antes de entrarmos mais de perto nessas considerações, desejo esclarecer o que é o espírito, como o único realmente vivo dentro do ser humano. O espírito não é esperteza nem raciocínio! Tampouco é sabedoria adquirida. Por isso, chama-se erradamente de "rico de espírito" a uma pessoa que estudou muito, leu, observou e sabe conversar bem a respeito disso. Ou que então brilhe através de boas ideias e de perspicácia do raciocínio.

O espírito é algo bem diferente. Trata-se de uma *constituição* autônoma, oriunda do mundo de sua espécie igual, que é diferente da parte a que pertence a Terra e, com isso, o corpo. O mundo espiritual encontra-se mais alto, constitui a parte superior e mais leve da Criação. Essa parte espiritual no ser humano, devido à sua constituição, traz em si a incumbência de voltar ao espiritual, tão logo se tenham desligado dela todos os envoltórios materiais. O impulso para isso se manifesta num bem determinado grau de amadurecimento, conduzindo então o espírito para cima, para sua igual espécie, elevado para aí por meio de sua força de atração.[*]

O espírito nada tem a ver com o raciocínio terreno, e sim apenas com a característica que se costuma denominar "coração". Rico de espírito tem, pois, a mesma significação que "dotado de coração", e não, dotado de raciocínio.

A fim de mais facilmente verificar tal diferença, o ser humano sirva-se então da frase: "Era uma vez!" Muitos dos pesquisadores encontrarão já através dela uma explicação. Caso se observarem atentamente, poderão reconhecer tudo o que até agora na vida terrena foi útil à sua *alma,* ou o que serviu exclusivamente para facilitar-lhes a manutenção e o seu trabalho no âmbito terreno. O que, portanto, não só possui valores terrenos, mas também do Além, e o que só serve para finalidades terrenas, permanecendo, porém, sem valor para o Além. O primeiro poderá levar consigo para o Além, o outro, no entanto, terá de deixar para trás, no

---

[*] Dissertação – "Eu sou a ressurreição e a vida; ninguém chega ao Pai, a não ser por mim!"

falecimento, como algo válido somente aqui, já que mais adiante de nada poderá servir-lhe. O que deixa para trás vem a ser apenas instrumento para os acontecimentos terrenos, meio auxiliar para a *época terrena,* nada mais.

Se um instrumento não é utilizado somente como tal, mas sim ajustado muito acima de sua capacidade, lógico é que não terá serventia para essa altura, por encontrar-se em lugar errado, acarretando com isso também falhas de várias espécies que, com o tempo, resultarão em consequências nefastas.

A esses instrumentos pertence, como o mais elevado, o *raciocínio terreno* que, como produto do cérebro humano, tem de trazer restrição em si, à qual tudo quanto é de matéria grosseira corporal está sempre sujeito, por sua própria constituição. E o produto não pode ser diferente da origem. Permanece sempre ligado à espécie de origem. Do mesmo modo as obras que surgirem através do produto.

Disso resulta, naturalmente, para o raciocínio, a mais restrita capacidade de compreensão, somente terrena, estreitamente ligada ao espaço e ao tempo. Já que ele descende da matéria grosseira, por si morta, a qual não tem vida *própria,* logo, também ele não possui força viva. Essa circunstância se manifesta, logicamente, em todos os atos do raciocínio, o qual, por isso, permanece impossibilitado de transmitir algo vivo às suas obras.

Nesses acontecimentos naturais imutáveis se encontra a chave para as ocorrências sombrias durante a existência do ser humano nesta pequena Terra.

Temos de aprender finalmente a distinguir entre o espírito e o raciocínio, entre o núcleo vivo do ser humano e o seu instrumento! Se esse instrumento for colocado *acima* do núcleo vivo, como tem acontecido até agora, sucederá algo insano que há de trazer já de origem o germe da morte, e assim aquilo que é vivo, o mais sublime, o mais precioso, será sufocado, atado e separado de sua indispensável atividade, até que, inacabado, se erga livremente dos destroços do inevitável desmoronamento da construção morta.

Façamo-nos, porém, em vez de "Era uma vez" a pergunta: "Como era antigamente?" Quão diferente é o efeito. Logo se nota a grande diferença. A primeira frase fala para a intuição, que está em ligação com o espírito. Já a segunda se dirige ao raciocínio. Imagens muito diferentes surgem com isso. São de antemão limitadas, frias, sem calor de vida, porque outra coisa o raciocínio não tem para dar.

A maior culpa da humanidade, porém, desde o início, foi ter colocado esse raciocínio, que somente pode formar coisas incompletas e sem vida, sobre um alto pedestal, adorando-o literalmente e dançando ao seu redor. Foi-lhe dado um lugar que deveria ser reservado *somente para o espírito*.

Tal empreendimento é contrário a tudo quanto é determinação do Criador e, portanto, contra a natureza, já que tais determinações se encontram ancoradas no funcionamento da natureza. Por conseguinte, nada pode conduzir a uma finalidade certa, ao contrário, tudo tem de ruir no ponto em que a colheita deva começar. É impossível de outro modo, mas sim um acontecimento natural previsto.

Somente com a *pura técnica,* em cada indústria, é diferente. Essa atingiu um alto nível através do raciocínio e progredirá ainda muito mais no futuro! O fato, no entanto, serve como prova da veracidade de minhas declarações. A técnica é e sempre permanecerá, em *todas* as coisas, puramente terrena, morta. Já que o raciocínio, pois, também pertence a tudo o que é terrenal, consegue, no que diz respeito à técnica, desenvolver-se admiravelmente, obtendo coisas realmente grandes. Nisso ele se encontra no lugar certo, em sua verdadeira incumbência!

Contudo, lá onde for necessário entrar em consideração também o que é "vivo", isto é, essencialmente *humano,* não bastará o raciocínio em sua espécie e por isso *terá* de falhar enquanto não for guiado aí pelo espírito! Pois só o espírito é vida. Êxito numa bem determinada espécie só pode ser trazido sempre pela atividade da igual espécie. Por essa razão, o raciocínio terreno jamais poderá atuar no espírito! Eis o motivo de constituir uma grave contravenção da humanidade colocar o raciocínio acima da vida.

Assim, o ser humano *inverteu* sua missão em face das determinações criadoras, isto é, absolutamente naturais, colocando-as, a bem dizer, de cabeça para baixo, ao conferir ao raciocínio, que vem em segunda posição, somente terrenal, o lugar mais alto, que pertence ao espírito vivo. Com isso torna-se, por sua vez, bem natural, que, em vez de através do espírito poder ver de cima para baixo, seja obrigado a procurar de baixo para cima, e com muita dificuldade, no que o raciocínio colocado acima, com sua restrita faculdade de compreensão, impede qualquer visão mais ampla.

Se quiser despertar, então o ser humano é obrigado, antes de tudo, a "inverter as luzes". O que agora está em cima, o raciocínio, que seja colocado no lugar que lhe foi destinado naturalmente, e o espírito que volte ao ponto mais elevado. Essa inversão necessária não é mais tão fácil para o ser humano de hoje. —

A atuação inversa de outrora dos seres humanos, que se colocaram tão incisivamente contra a vontade do Criador, por conseguinte contra as leis da natureza, foi o *"pecado original"* propriamente dito, cujas consequências nefastas nada deixam a desejar, pois ele então se transformou no "pecado hereditário", porque a elevação do raciocínio a dominador único acarretou também com o tempo a natural consequência do fortalecimento unilateral do cérebro, em decorrência da atividade e cultivo tão unilaterais, de modo que cresceu somente a parte que tem de executar o trabalho do raciocínio, tendo de definhar a outra. Eis por que essa parte atrofiada por negligência só consegue hoje em dia agir como um inexato cérebro de sonhos, que ainda por cima está sob a poderosa influência do assim chamado cérebro diurno, que põe em atividade o raciocínio.

A parte do cérebro que deve constituir a ponte para o espírito, ou melhor, a ponte do espírito para tudo o que é terreno, ficou, portanto, paralisada com isso, uma ligação rompida, ou bastante afrouxada, com o que o ser humano se privou de toda a ação do espírito e com isso também da possibilidade de tornar seu raciocínio "animado", espiritualizado e vivificado.

Ambas as partes do cérebro teriam que ter sido desenvolvidas bem *uniformemente,* para uma atividade comum e harmônica, como tudo no corpo. O espírito guiando e o raciocínio executando aqui na Terra. Torna-se assim evidente que toda a atividade do corpo, e até mesmo este, nunca pode ser o que devia ser. Esse acontecimento se manifesta naturalmente através de tudo! Porque com isso falta o essencial para todas as coisas terrenas!

É um fato bem compreensível que concomitantemente com esse impedimento também o afastamento e o alheamento do divino tinham de ocorrer. Não havia mais caminho para tanto.

Disso resultou, por sua vez, a desvantagem que já desde milênios toda criança que nasce traz para a Terra o cérebro anterior do raciocínio tão grande, por causa da hereditariedade cada vez mais progressiva, que de antemão toda criança, devido a essa circunstância, será outra vez facilmente subjugada pelo raciocínio, tão logo esse cérebro entre em plena atividade. O abismo entre as duas partes do cérebro tornou-se agora tão grande, a relação das possibilidades de trabalho tão desigual, que uma melhora junto a maioria dos seres humanos não pode ser conseguida sem uma catástrofe.

O atual ser humano de raciocínio não é mais um ser humano *normal,* pois falta-lhe todo o desenvolvimento da parte principal de seu cérebro, pertencente ao ser humano completo; isso devido à atrofia processada durante milênios. Todo ser humano de raciocínio, sem exceção, tem somente um cérebro *aleijado* como normal! Por conseguinte, dominam a Terra, há milênios, *aleijados de cérebro,* que consideram os seres humanos normais como inimigos, e procuram subjugá-los. Consideram-se em seu atrofiamento bastante capacitados e não sabem que o ser humano normal pode realizar *dez vezes mais* e produzir obras que possuam *durabilidade,* e que sejam mais perfeitas do que os empreendimentos atuais! O caminho para obter tal capacitação está aberto a cada pesquisador verdadeiramente sério!

Um ser humano de raciocínio, no entanto, já não está em condições tão fáceis de compreender o que pertence à atividade dessa parte atrofiada de seu cérebro. Simplesmente não é *capaz* de compreender, mesmo se quiser, e somente devido à sua estreiteza voluntária é que zomba de tudo o que não está ao seu alcance e que nunca mais poderá compreender, em consequência de seu cérebro em verdade anômalo e *retrógrado*.

Nisso repousa exatamente a parte mais terrível da maldição dessa deformação antinatural. A cooperação harmoniosa, incondicionalmente necessária para um ser humano normal, das duas partes do cérebro humano é coisa definitivamente fora de hipótese para o atual ser humano de raciocínio, chamado materialista. —

Ser materialista não é acaso um elogio, mas sim a legitimação de um cérebro atrofiado.

Domina, portanto, até agora nesta Terra o cérebro *antinatural,* cuja atuação, por fim, evidentemente, tem de trazer a ruína inevitável de tudo, pois seja o que for que trouxer, já contém em si desde o início, logicamente, a desarmonia e a enfermidade, devido ao atrofiamento.

Nisso nada mais há para modificar, mas sim tem de ser aguardado calmamente o desmoronamento em processo natural. *Só então raiará o dia da ressurreição para o espírito, e também uma nova vida!* Será liquidado para sempre, com isso, o escravo do raciocínio que, desde milênios, tem a palavra! Nunca mais poderá erguer-se, porque a prova e a vivência própria finalmente o forçarão a submeter-se voluntariamente, como doente e pobre de espírito, *àquilo* que era incapaz de compreender. Nunca mais lhe será dada a oportunidade de levantar-se contra o espírito, quer com escárnio, quer com aparente direito, usando violência, como também foi praticado em relação ao Filho de Deus, que teve de lutar contra isso.

Naquele tempo muitas desgraças ainda poderiam ter sido evitadas. Mas agora não mais, porque nesse intervalo tornou-se impossível reatar a debilitada ligação entre as duas partes do cérebro.

Haverá muitos seres humanos de raciocínio que mais uma vez quererão zombar das explicações desta dissertação, sem que possam, como sempre, apresentar apenas *uma contraprova realmente objetiva,* a não ser palavras ocas. No entanto, todo pesquisador e pensador sério terá de encarar esse fervor cego apenas como nova prova daquilo que aqui esclareci. Aquelas pessoas simplesmente não *conseguem*, mesmo que se esforcem para tanto. Consideremo-las, por isso, de hoje em diante, como doentes que breve necessitarão de auxílios e... esperemos calmamente.

Não há necessidade de luta nem de violência para forçar o progresso indispensável, pois o fim virá por si mesmo. É que também nisso age, de modo inexorável e pontual, o processo natural das leis inamovíveis, com todos os efeitos da reciprocidade. — —

Uma "nova geração" deve surgir então, de acordo com tantas predições. Essa não será constituída, porém, somente de novos nascimentos, tidos como dotados de um "novo sentido", conforme já foi observado na Califórnia e também na Austrália, mas sim principalmente de *pessoas já existentes* na Terra, que em tempo próximo se tornarão "videntes" devido a muitos acontecimentos que estão para vir. Dotadas ficarão elas do mesmo "sentido" dos atuais recém-nascidos, pois tal sentido nada mais é do que a capacidade de estar no mundo com o espírito aberto e livre, o qual não se deixa mais subjugar pelas restrições do raciocínio. *Assim, o pecado hereditário se extinguirá!*

Tudo isso, porém, nada tem a ver com as características denominadas até agora "capacidades ocultas". *Será então pura e simplesmente o ser humano normal, como deve ser!* O "tornar-se vidente" não tem relação alguma com a "clarividência", porém, significa a *"compreensão"*, o reconhecimento.

Os seres humanos ficarão assim em condições de ver tudo sem serem influenciados, o que nada mais significa do que formar um juízo próprio. Eles verão o ser humano de raciocínio assim como é realmente, em sua tão perigosa restrição, tanto para ele como para seu ambiente, e da qual concomitantemente se originam a arrogância de dominar e a teimosia, que, aliás, fazem parte disso.

Verão, também, como desde milênios, na mais severa consequência, a humanidade inteira sofreu sob esse jugo, uma vez dessa, outra vez de outra forma, e como esse cancro, qual inimigo hereditário, sempre se dirigiu contra o desenvolvimento do *espírito* humano livre, a principal finalidade da existência do ser humano! Nada lhes escapará, nem mesmo a amarga certeza de que as vicissitudes, *todos* os sofrimentos, cada uma das quedas, tinham de originar-se desse mal, e que a melhora nunca pôde estabelecer-se, porque de antemão cada reconhecimento estava excluído, devido à restrição da faculdade de compreensão.

Com *o* despertar, porém, terão cessado toda a influência e todo o poder desses seres humanos de raciocínio. Para *todos* os tempos, pois então começará uma nova e melhor época para a humanidade, em que o antigo não mais poderá manter-se.

Com isso, virá a indispensável vitória do espírito sobre o raciocínio que falhou, vitória desejada já hoje por centenas de milhares! Muitas das massas até agora mal orientadas ainda reconhecerão dessa forma que até então tinham interpretado de modo inteiramente errado a expressão "raciocínio". A maioria, sem examinar, considerou-o simplesmente um ídolo, só porque também os demais o apresentavam assim e porque todos os seus adeptos sempre sabiam apresentar-se pela violência e pela lei como dominadores absolutos e infalíveis. Muitos, devido a isso, nem se dão ao trabalho de descobrir a verdadeira insignificância e as falhas que aí se ocultam.

Contudo, existem outros também que desde decênios vêm lutando contra esse inimigo com tenaz energia e convicção, de modo escondido e em parte abertamente, expostos, às vezes, também aos mais pesados sofrimentos. *Lutam, porém, sem conhecer o próprio inimigo!* E isso dificultou, logicamente, o sucesso. Tornou-o de antemão impossível. A espada dos lutadores não era suficientemente afiada, porque se ia gastando constantemente ao bater em fatos secundários. Com esses fatos secundários, porém, davam sempre golpes a esmo, desperdiçando as próprias forças e ocasionando apenas desuniões entre si.

Há na realidade apenas *um* inimigo da humanidade, ao longo de todo o tempo: *o domínio, até agora irrestrito, do raciocínio!* *Isso* foi o grande *pecado original,* a mais grave culpa do ser humano, que acarretou todos os males. *Isso* se tornou o *pecado hereditário,* e *isso também é o anticristo* que, segundo o que foi anunciado, levantará a cabeça. Em termos mais claros, o domínio do raciocínio é seu instrumento, pelo qual os seres humanos lhe estão submissos. Submissos a ele, o inimigo de Deus, o próprio anticristo... Lúcifer!*

Encontramo-nos no meio dessa época! Ele habita hoje em *cada* ser humano, pronto a destruí-lo, pois causa com sua atividade o imediato afastamento de Deus, como consequência natural. Ele intercepta o espírito, tão logo possa reinar.

Eis por que deve o ser humano manter-se em constante vigilância. —

Não deve, pois, por isso, menosprezar seu raciocínio, mas sim transformá-lo em *instrumento,* como ele é, e não torná-lo uma vontade prepotente. Não torná-lo senhor!

O ser humano da geração vindoura contemplará os tempos de até agora apenas com asco, horror e com vergonha. Semelhante ao que se dá conosco, quando entramos numa antiga câmara de tortura. Aí também vemos os maus frutos do frio domínio do raciocínio. Pois é certamente indiscutível que uma pessoa com *um pouco só de coração* e consequente atividade espiritual jamais poderia ter inventado tal horror! Hoje, com certeza, isto não é diferente, apenas algo disfarçado, e as misérias das massas são frutos tão podres, quanto as antigas torturas individuais.

Quando o ser humano, então, vier a volver o olhar para trás, não terminará de menear a cabeça. E perguntará a si mesmo como foi possível suportar em silêncio tais erros durante milênios. A resposta é, evidentemente, muito simples: pela violência. Para onde se olhe, logo se torna visível isso. Excluindo os tempos da remota Antiguidade, basta que entremos nas já citadas câmaras de tortura que ainda hoje podem ser vistas por toda parte e cuja utilização não dista tanto assim da época presente.

Sentimos arrepios, quando contemplamos esses antigos instrumentos. Quanta brutalidade fria há nisso, quanta bestialidade!

---

* Dissertação – "O anticristo".

Certamente, nenhuma pessoa da época atual terá dúvidas quanto aos pesados crimes que tais práticas constituíram. Cometeram-se com isso, nos criminosos, crimes ainda maiores. Mas também muitos inocentes foram arrancados de suas famílias e da liberdade, e atirados brutalmente naquelas masmorras. Quantas lamentações, quantos gritos de dor faziam-se ouvir pelos que ficavam ali inteiramente sujeitos a seus algozes. Seres humanos tiveram de sofrer coisas diante das quais, em pensamento, só se pode sentir aversão e pavor.

Cada um perguntará a si próprio, automaticamente, se de fato foi possível ter acontecido tudo isso com esses indefesos, e ainda por cima com a aparência de todo o direito. Um direito que outrora só se arrogaram pela violência. E novamente, através de dores físicas, extraíam confissões de culpa das pessoas suspeitas para que, dessa forma, sem percalços, pudessem ser assassinadas. Mesmo que tais confissões de culpa só fossem obtidas à força e prestadas apenas para fugir a impiedosos maus-tratos corporais, eram suficientes aos juízes que precisavam de tais confissões para cumprir a "palavra" da lei. Presumiriam realmente esses indivíduos restritos que com isso se limpariam também perante a vontade divina e que poderiam livrar-se das inexoráveis e atuantes leis básicas da reciprocidade?

Ou todos esses seres humanos eram a escória dos mais endurecidos criminosos, arrogando-se o direito de submeter os outros a julgamento, ou fica demonstrado através disso, nitidamente, a estreiteza doentia do raciocínio terreno. Um meio-termo não pode haver.

Segundo as leis divinas da Criação, todo dignitário, todo juiz, indiferentemente do cargo que ocupe aqui na Terra, nunca devia ficar, em sua *atuação,* sob a proteção desse cargo, mas sim ser responsável *pessoalmente,* e *sem proteção,* como qualquer pessoa, por tudo quanto fizer em seu cargo. E não só espiritual, como também materialmente. Assim cada qual tomaria as coisas muito mais a sério e com mais cuidado. Certamente não mais se repetiriam tão facilmente os assim chamados "erros", cujas consequências são sempre irreparáveis. Sem falar dos sofrimentos físicos e anímicos das pessoas atingidas e de seus parentes.

No entanto, examinemos mais de perto o capítulo pertencente também a este assunto dos processos das assim chamadas "bruxas"!

Quem por acaso chegou alguma vez a examinar os autos de tais processos há de ter enrubescido de vergonha, desejando nunca ter feito parte desta humanidade. Bastava outrora um ser humano possuir conhecimentos sobre plantas terapêuticas, mediante experiência prática ou adquirida por tradição, e com isso prestar ajuda a pessoas doentes que o procurassem, era sem mais demora arrastado a torturas de que por fim só se livraria pela morte na fogueira, a não ser que seu corpo sucumbisse antes às crueldades.

Até a beleza corporal, principalmente a castidade, que se opusesse à vontade alheia, servia de pretexto.

E as atrocidades medonhas da Inquisição! Relativamente poucos são os anos que nos separam desse "outrora"!

Da mesma forma que hoje reconhecemos essas injustiças, também as reconhecia o povo de tais épocas. Pois este não estava ainda tão estreitado pelo "raciocínio", nele ainda repontava uma vez ou outra o sentimento, o espírito.

Não se reconhece hoje uma total estreiteza nisso tudo? Uma estupidez irresponsável?

Fala-se sobre isso com superioridade e encolher de ombros; no entanto, no fundo nada se alterou nisso. Ainda se conserva intata a presunção estreita com referência a tudo o que não é compreendido! Só que em lugar dessas torturas se recorre atualmente ao sarcasmo público para tudo o que, devido à própria estreiteza, não se compreende.

Que cada qual bata no peito e pense seriamente sobre isso, sem restrições. Toda pessoa que possui a capacidade de saber o que para os demais fica inacessível, que talvez possa ver, com os olhos de matéria fina, o que se passa no mundo dessa mesma matéria, como um fenômeno natural, que muito em breve não provocará mais dúvidas nem ataques brutais, será de antemão considerada como impostora pelos heróis do raciocínio, isto é, por seres humanos não completamente normais, e talvez também pela Justiça.

E ai daquele que não saiba o que fazer com isso e que com a maior inocência fala dessas coisas que viu e ouviu. Terá de temer como os primeiros cristãos no tempo de Nero, cujos auxiliares sempre estavam prontos para cometer assassínios.

Caso essa pessoa ainda possua outras capacidades, incompatíveis com a compreensão *jamais* acessível dos seres humanos explicitamente de raciocínio, será implacavelmente perseguida, caluniada e posta à margem, se não submeter-se à vontade de qualquer um; se possível será tornada "inócua", conforme a expressão tão habilmente escolhida. Ninguém sentirá remorsos por causa disso. Tal ser humano ainda hoje é considerado caça livre de muitos indivíduos interiormente bem pouco limpos. Quanto mais restrito um ser humano, maior também a ilusão de perspicácia e o pendor para a arrogância.

Não se aprendeu nada com esses acontecimentos dos velhos tempos, com suas torturas e fogueiras, e os tão ridículos autos de processo! Pois ainda hoje qualquer pessoa pode impunemente macular e ofender algo que seja fora do comum e não compreendido. Nisso não é diferente de outrora.

Pior ainda do que com a Justiça, foram as inquisições criadas pela igreja. Aqui os gritos dos martirizados eram sobrepujados por orações beatas. Era um escárnio em relação à vontade divina na Criação! As autoridades eclesiásticas daqueles tempos demonstravam com isso que não tinham a mínima noção da verdadeira doutrina de Cristo, nem da divindade e de sua vontade criadora, cujas leis repousam inabalavelmente na Criação e aí atuam identicamente desde o começo até o fim dos tempos.

Deus outorgou ao espírito humano, em sua constituição, o livre-arbítrio da decisão. Somente *nisso* é que ele pode amadurecer assim *como deve,* lapidar-se e desenvolver-se plenamente. Só aí encontra a possibilidade para tanto. Se, no entanto, esse livre-arbítrio for impedido, então isso é um obstáculo, quando não um retorno violento.

Contudo, as igrejas cristãs, bem como muitas religiões, combatiam outrora essa determinação divina, opondo-se a ela com as maiores crueldades. Queriam, por meio de torturas, e por fim matando, obrigar as pessoas a seguir por caminhos e fazer confissões que eram contra suas convicções, isto é, contra *sua vontade*. Com isso pecavam contra o mandamento divino. E não somente isso, impediam também as pessoas na evolução de seu espírito, arremessando-as centenas de anos para trás.

Se apenas uma centelha de verdadeira intuição, portanto do espírito, se houvesse manifestado nisso, então tal coisa jamais deveria e poderia ter acontecido! Somente a frieza do raciocínio ocasionou esse proceder desumano.

É comprovado pela História de que forma agiram até mesmo muitos papas, mandando utilizar o punhal e o veneno para a realização de seus desejos puramente terrenos, seus objetivos. *Isso* só podia dar-se sob a supremacia do raciocínio que em sua marcha triunfal *tudo* subjugou, sem deter-se em coisa alguma. —

E acima de tudo isso pairava e paira, num proceder inamovível, a vontade férrea de nosso Criador. Quando passa para o Além, cada pessoa fica despida do poder e da proteção terrena. Seu nome, sua situação, tudo ficou para trás. Apenas uma pobre alma humana traspassa para o Além, a fim de lá receber e usufruir o que semeou. Não é possível sequer *uma* exceção! Seu caminho a conduz através de toda a engrenagem da reciprocidade incondicional da justiça divina. Lá não existe nenhuma igreja, nenhum Estado, mas sim apenas almas humanas individuais, que têm de prestar contas, pessoalmente, de todos os erros que cometeram!

Quem age contra a vontade de Deus, isto é, quem peca na Criação, fica submetido às consequências de tal transgressão. Não importa quem seja e sob que pretexto tenha agido. Quer seja um ser humano individualmente, sob a cobertura da igreja, da Justiça... crime contra o corpo ou contra a alma é e ficará sendo crime! Isso não pode ser alterado de forma alguma, nem mesmo por uma *aparência* de direito, que absolutamente nem sempre é o Direito, pois é evidente que as leis também foram estabelecidas apenas pelos seres humanos de raciocínio e, por conseguinte, têm de conter restrição terrena.

Veja-se, por exemplo, o Direito de muitos países, principalmente da América Central e do Sul. A pessoa que hoje governa e que por isso recebe todas as honrarias pode já amanhã ir parar num cárcere como criminosa ou ser executada, caso seu adversário consiga apoderar-se do governo por um golpe de força. Caso malogre, em lugar de ser *ele* reconhecido como regente, passará a ser considerado como criminoso e perseguido. E todas as autoridades constituídas servem de bom grado, tanto a um como a outro. Até mesmo um viajante dando voltas ao mundo tem muitas vezes de mudar de consciência, como quem muda de roupa, quando passa de um país para outro, para poder dar-se bem em todas as partes. O que num país é tido como crime no outro muitas vezes é permitido e até mesmo bem-visto.

Isso naturalmente só é possível nas conquistas do raciocínio terreno, mas nunca quando esse raciocínio tiver de restringir-se à sua função natural de instrumento do espírito vivo, pois quem ouvir o espírito jamais violará as leis de Deus. E onde estas constituírem os fundamentos, não poderão ocorrer defeitos nem falhas, e sim tão só unidade, que traz consigo felicidade e paz. As manifestações do espírito em todas as partes somente podem ser, em suas linhas gerais, sempre as mesmas. Jamais se oporão umas às outras.

Onde quer que o raciocínio venha a constituir as bases exclusivas, faltando o espiritual, também a ciência do Direito, da Medicina e da Política se restringirão a ofícios imperfeitos. Simplesmente não é possível de outro modo. Partindo-se sempre nesse caso, é claro, do verdadeiro conceito de "espírito". —

O saber é um produto; o espírito, porém, vida, cujos valor e força só podem ser medidos segundo suas conexões com a origem do espiritual. Quanto mais íntima for essa conexão, tanto mais valorosa e poderosa há de ser a parte que se desprendeu da origem. Quanto mais frouxa, porém, for essa mesma conexão, tanto mais distante, estranha, isolada e fraca tem de ser também a parte saída da origem, isto é, o respectivo ser humano.

19. Era uma vez...!

Tudo isso é tão simples e evidente, que não se pode compreender como os seres humanos de raciocínio, que erraram o caminho, possam passar e tornar a passar diante disso como cegos. Pois o que a raiz traz recebem o tronco, a flor e o fruto! Mas mesmo aqui se mostra essa desesperançada autorrestrição na compreensão. Penosamente construíram um muro à sua frente e agora não podem mais olhar por cima e muito menos através dele.

A todos os espiritualmente vivos, no entanto, eles se assemelham, muitas vezes, a pobres tolos doentes, com seu sorriso zombeteiro e presunçoso, com seus ares de superioridade, olhando com desprezo para outros ainda não tão escravizados; tolos, aos quais, apesar de toda a compaixão, deve-se deixar com sua quimera, porque seu limite de compreensão deixa passar sem impressões mesmo os fatos comprovantes do contrário. Qualquer esforço para melhorar alguma coisa nisso apenas se igualará às tentativas vãs de envolver um corpo doente com um manto novo e bem vistoso, a fim de proporcionar, ao mesmo tempo, restabelecimento da saúde.

Já agora o materialismo está além do ponto culminante e em breve terá de desmoronar, falhando por toda parte. Não sem arrastar consigo muita coisa boa. Seus adeptos já chegaram ao fim de suas possibilidades; dentro em breve estarão confusos em sua própria obra e em si próprios, sem perceber o abismo que se abriu diante deles. Sem demora se tornarão qual um rebanho sem pastor, não confiando uns nos outros, cada qual rumando por seu próprio caminho e, não obstante isso, prosseguindo a olhar orgulhosos por cima dos outros. Irrefletidamente, seguindo apenas o hábito anterior.

E tombarão finalmente às cegas no abismo, com todos os sinais de aparência exterior de sua insignificância. Consideram ainda como espírito aquilo que apenas é produto de seus próprios cérebros. Como, porém, pode a matéria morta gerar o espírito vivo? Em muitas coisas se mostram orgulhosos por seu pensar exato, e deixam, sem o mínimo escrúpulo, nos assuntos essenciais, lacunas da maior irresponsabilidade.

Cada novo passo, cada tentativa de melhora trará sempre em si toda a aridez das obras do raciocínio e, por conseguinte, o germe da decadência irreprimível.

Tudo quanto assim digo não é nenhuma profecia, nenhuma predição sem base, e sim a consequência inalterável da vontade vivificadora da Criação, cujas leis já expus em minhas numerosas dissertações precedentes. Todos os que me acompanham em espírito, nestes caminhos bem acentuados, têm de reconhecer e dar-se conta do fim indispensável. E todos os indícios disso já estão aí.

As pessoas se lastimam e gritam alto, veem com asco de que maneira as excrescências do materialismo se exibem em formas quase inacreditáveis. Imploram e rogam pela libertação do sofrimento, pela melhora, pela cura desse declínio ilimitado. Os poucos que ainda puderam salvar qualquer sentimento de vida de suas almas, dessa tempestade de acontecimentos incríveis, que não se sufocaram espiritualmente na decadência geral que traz com orgulho ilusório na testa o nome de "progresso", sentem-se como expulsos, retardatários, e como tais são considerados e ridicularizados por seus acompanhantes sem alma da época moderna.

Uma coroa de louros a todos quantos tiveram a coragem de não se juntar às massas! Que altivamente se detiveram rente à rampa íngreme que levava para baixo!

É um *sonâmbulo* aquele que por isso ainda se considera hoje um infeliz! *Abri os olhos!* Pois não vedes que tudo o que vos oprime já é o começo do repentino fim do materialismo que atualmente só domina de maneira aparente? A construção inteira já está para ruir, sem a participação dos que nela sofreram e ainda estão sofrendo. A humanidade do raciocínio tem agora de colher aquilo que durante milênios gerou, alimentou, criou e adulou.

Na contagem humana um longo período, para os moinhos automáticos de Deus na Criação um breve lapso de tempo. Para onde olhardes, só dareis com o falhar. Recua e se levanta ameaçadoramente em onda, como uma pesada muralha, para em breve desfazer-se, despencando e soterrando fundo seus adoradores. Trata-se da lei inexorável da reciprocidade, que há de mostrar-se terrível nesse resgate, porque durante milênios, apesar de múltiplas experiências, não houve a mínima alteração para algo mais elevado, e sim, pelo contrário, foi alargado ainda mais o mesmo caminho errado.

Desalentados, o tempo é chegado! Levantai a fronte que tantas vezes tivestes de baixar sob o peso da vergonha, quando a injustiça e a estupidez vos infligiram tão profundo sofrimento. Encarai hoje calmamente o adversário, que assim quis subjugar-vos!

As vestes pomposas de até agora já estão bem estraçalhadas. Através de todos os seus buracos já se vê finalmente a figura em sua forma verdadeira. Inseguro, mas nem por isso menos arrogante, torna-se visível o fatigado produto do cérebro humano, o raciocínio, que se deixou elevar a espírito... sem compreender!

Tirai sossegadamente a venda e olhai mais nitidamente em redor de vós. Um olhar de relance por alguns bons jornais geralmente basta para dar uma visão clara de toda uma série de coisas. Vê-se um esforço obstinado para se agarrarem ainda a todas as velhas aparências. Procura-se com arrogância, e não raro com sarcasmos grosseiros, encobrir toda essa incompreensão que cada vez se exterioriza mais nitidamente. Muitas vezes, com expressões absurdas, uma pessoa quer julgar algo que, na realidade, ela não possui terminantemente nenhum vislumbre de compreensão.

Até mesmo pessoas com qualidades assaz boas debandam desanimadas para caminhos pouco limpos, somente para não terem de confessar que muitas coisas ultrapassam a capacidade de compreensão de seu próprio raciocínio, sobre o qual se apoiavam exclusivamente até bem pouco tempo. Não percebem quanto é ridículo seu procedimento, não veem os pontos fracos que dessa maneira só ajudam a aumentar. Confusos, ofuscados, em breve enfrentarão a verdade, olhando entristecidos para sua vida estragada, reconhecendo assim envergonhados que não passa de estupidez o que era tido como sabedoria.

Até que ponto já se chegou hoje? *Trunfo é o atleta!* Acaso um investigador sério, que levou decênios lutando para afinal descobrir um soro que salva anualmente centenas de milhares de pessoas, protegendo-as, adultos e crianças, contra os perigos de doenças fatais, acaso já se viu tal pessoa poder ter festejados tamanhos triunfos, como um boxeador que vence por processo inteiramente material e bruto seu semelhante? Acaso uma única *alma* humana lucrará com isso? Só terrenal, completamente terrenal, isto é, *inferior* em toda a obra da Criação! Correspondendo inteiramente ao bezerro de ouro do trabalho do raciocínio. Como triunfo desse príncipe fictício de barro, tão preso à Terra, sobre a restrita humanidade. — —

E ninguém vê esse resvalar tempestuoso para as profundezas horríveis!

Quem sente isso intuitivamente mantém-se por enquanto em silêncio, com a consciência envergonhada de que seria ridicularizado se falasse. Trata-se já de uma confusão doida, em que desponta o reconhecimento da incapacidade. E com o pressentir *do* reconhecimento, tudo se revolta mais ainda, seja por teimosia, seja por vaidade e, não por último, pelo temor e o pavor do que há de sobrevir. Não *querem* por nenhum preço já agora pensar no fim desse grande erro! Agarram-se tenazmente na orgulhosa construção dos milênios passados, que tanto se assemelha à construção da torre de Babel e acabará identicamente!

O materialismo, até agora não vencido, traz em si o pressentimento da morte, que mês após mês se torna mais evidente! —

Contudo, em inúmeras almas humanas, por toda parte, na Terra inteira, isso já se faz sentir! Sobre o brilho da Verdade resta apenas uma tênue camada de velhas e erradas concepções que o primeiro golpe de vento purificador soprará para longe, de modo a assim libertar o núcleo, cujo luzir se ligará a tantos outros, desenvolvendo sua auréola radiante que se elevará como uma chama de agradecimento em direção ao reino da luminosa alegria, aos pés do Criador.

Será a época do tão almejado reino do Milênio, que está diante de nós como grande estrela da esperança em radiante promessa!

Ficará assim remido finalmente o grande *pecado* da humanidade inteira *contra o espírito,* que o deixou preso à Terra por meio do raciocínio! Somente *esse* será então o caminho certo para a volta ao natural, o caminho da vontade do Criador, que quer que as obras dos seres humanos sejam grandes e perfluídas por intuições vivas! E a vitória do espírito será também simultaneamente a vitória do mais puro amor!

ERROS

PROCURANDO, muitos seres humanos erguem os olhos em direção à Luz e à Verdade. Seu desejo é grande, porém falta-lhes muitas vezes uma vontade séria! Mais da metade de todos os que buscam não são sinceros. Trazem em si uma opinião própria já formada. Se tiverem de modificar apenas uma fração dessa opinião, preferem então recusar tudo quanto lhes é novo, mesmo que ali se encontre a Verdade.

Milhares de pessoas têm de afundar por tcrcm atado a liberdade de movimentação com as emaranhadas convicções errôneas, liberdade essa de que necessitam para a salvação através do impulso para cima.

Existe sempre uma parte que pensa ter compreendido tudo o que é certo. Não cogitam, depois do que leram e ouviram, fazer também um exame severo *em relação a si* mesmas!

Naturalmente, *não* me dirijo a essas pessoas!

Tampouco me dirijo a igrejas e partidos, nem a ordens, seitas e sociedades, mas exclusivamente e com toda a simplicidade ao próprio *ser humano*. Longe de mim querer derrubar o que existe, pois eu estou construindo, completando questões até agora insolúveis que cada um tem de trazer dentro de si, logo que reflita um pouco.

Somente uma condição básica é indispensável para cada ouvinte: a busca séria pela Verdade. Deve examinar *as palavras* dentro de si e deixar que se tornem vivas, mas não atentar na pessoa do orador. De outra maneira, não terá proveito. Para todos aqueles que *não* aspiram a isso, qualquer sacrifício de tempo é de antemão inútil.

É incrível com que ingenuidade a grande maioria dos seres humanos persiste tenazmente em ignorar de onde vêm, quem são e para onde vão!

O nascimento e a morte, os polos inseparáveis de toda a existência na Terra, não deveriam constituir nenhum mistério para os seres humanos.

Desequilíbrio reside nas concepções que procuram esclarecer o núcleo essencial do ser humano. Isso advém da megalomania doentia dos habitantes da Terra, que se vangloriam atrevidamente de que seu núcleo essencial seja *divino!*

Observai os seres humanos! Acaso podeis encontrar neles algo que seja divino? Tal afirmação tola teria de ser denominada de blasfêmia, porque implica uma degradação da divindade.

O ser humano não traz em si sequer um grãozinho de pó do divino!

Essa concepção é meramente uma presunção doentia que tem como origem apenas a consciência de uma incapacidade de compreensão. Onde está o ser humano que possa dizer sinceramente que tal crença também se lhe tornou convicção? Quem olhar para dentro de si com seriedade terá de negar isso. Sente perfeitamente que a hipótese de trazer em si algo de divino é apenas um anseio, um desejo, mas não uma certeza! Fala-se acertadamente que o ser humano traz em si uma centelha de Deus! Essa *centelha* de Deus, porém, é *espírito!* Não é uma parte da divindade.

A expressão centelha é uma designação bem acertada. Uma centelha se desenvolve e salta sem levar ou portar em si algo da constituição do gerador. O mesmo se dá neste caso. Uma *centelha* de Deus não é propriamente divina.

Onde tais erros já se encontram com relação à *origem* da existência, aí *tem* de advir um falhar em todo o desenvolvimento! Se eu tiver construído sobre bases erradas, acabará um dia a construção inteira oscilando e vindo abaixo.

A origem constitui, pois, *apoio* para toda a existência e o desenvolvimento de cada um. Quem, porém, como é usual, procura ir para além das origens, tenta agarrar coisas para ele inatingíveis, perdendo assim naturalmente todo e qualquer apoio.

Se eu, por exemplo, me agarro a um galho de árvore, que tem semelhança em sua constituição material com meu corpo terreno, esse galho passa a ser um ponto de apoio, podendo então impulsionar-me para cima.

Se, porém, estender as mãos acima do galho, não encontrarei no ar, que é de constituição diferente, nenhum ponto de apoio e... por consequência, não poderei subir! Isso é claro.

O mesmo se dá com a estrutura *interior* do ser humano, que se chama alma, e seu núcleo, o espírito.

Se esse espírito quiser ter o necessário apoio de sua origem, de que necessita, não deverá logicamente procurá-lo no divino. Isso não seria natural, pois o divino se encontra muito mais alto, é de constituição totalmente diferente!

E não obstante isso, ele procura, em sua vaidade, ligar-se a esse ponto, o qual jamais conseguirá alcançar, interrompendo assim os acontecimentos naturais. Seu desejo errado se interpõe como um *obstáculo* entre ele e o afluxo indispensável das energias provenientes da origem. Ele próprio se separa disso.

Por isso, fora com tais erros! Somente assim poderá o espírito humano desenvolver todas as suas energias, que ainda hoje omite descuidadamente, vindo então a ser o que de fato pode e deve ser, isto é, *senhor na Criação!* Mas, bem compreendido, apenas na Criação, não *acima* dela.

Somente o *divino* se encontra acima de toda a Criação. —

O próprio Deus, a origem de toda a existência e da vida, é divino, conforme a palavra já está dizendo! O ser humano foi criado por *Seu Espírito*.

O Espírito é a *vontade* de Deus. Originou-se, pois, dessa *vontade* a *primeira* Criação. Mantenhamo-nos, portanto, nesta simples realidade; dela advirá a possibilidade de melhores compreensões.

Tome-se, para comparação, a vontade própria. Trata-se de um ato e não de uma parte do ser humano, pois do contrário cada ser humano teria de desmanchar-se com o tempo em seus múltiplos atos de vontade. Nada acabaria restando dele.

20. Erros

Não é diferente em relação a Deus! Sua vontade criou o Paraíso! Sua vontade, porém, é o Espírito, que se designa por "Espírito Santo". O Paraíso, por sua vez, foi apenas *obra* do Espírito, e não uma parte dele próprio. Com isso se constituiu uma graduação para *baixo*. O Espírito Santo criador, isto é, a vontade viva de Deus, não foi absorvido por sua Criação. Tampouco lhe cedeu uma parte de si mesmo, pelo contrário, permaneceu inteiramente *fora* da Criação. Isso a Bíblia esclarece nitidamente com as palavras: "O *Espírito* de Deus pairava *sobre* as águas", não o próprio Deus em pessoa! Isto, pois, é muitíssimo diferente. Por conseguinte, o ser humano também não contém dentro de si nada do próprio Espírito Santo, mas sim somente do *espírito*, que é uma obra, um ato do Espírito Santo.

Em vez de preocupar-se com esse fato, o ser humano já quer aqui com toda a força formar uma lacuna! Pensai somente na conhecida concepção a respeito da *primeira* Criação, o Paraíso! Devia ter sido incondicionalmente aqui na Terra! O insignificante raciocínio humano tratou de concentrar com isso em seu círculo limitado, restrito ao espaço e ao tempo, os acontecimentos de milhões de anos indispensáveis e se situou como ponto central e eixo de todos os fenômenos universais. A consequência foi que ele, dessa maneira, acabou perdendo automaticamente o caminho para o verdadeiro ponto de partida da vida.

Em vez desse caminho nítido, que já não podia mais abranger com a vista, tinha de ser encontrado, em suas concepções religiosas, um substitutivo, se ele próprio não quisesse designar-se como o autor primitivo de toda a existência e da vida e, assim, *como Deus!* A expressão "crença" deu-lhe até agora esse substitutivo! E a humanidade inteira passou desde então a padecer dessa palavra "crença"! Sim, mais ainda, a palavra desconhecida, que devia completar tudo o que se havia perdido, tornou-se para a humanidade o obstáculo que motivou o completo desmoronar!

Com a crença, somente o *indolente* se conforma. É também à crença que podem apegar-se os *escarnecedores*. E a palavra "crença", interpretada *erradamente*, é a barreira que se encontra hoje no caminho, obstruindo o progresso da humanidade.

A crença não deve ser o manto que oculte magnanimamente toda indolência de pensar, que, como uma doença do sono, cômoda e paralisante, desça sobre o espírito do ser humano! A crença tem de transformar-se, na realidade, em *convicção*. Convicção, porém, exige vida, análise aguçadíssima!

Onde quer que permaneça *uma* lacuna, onde quer que se apresente *um* problema não solucionado, lá será impossível a convicção. Nenhum ser humano pode, portanto, ter uma verdadeira crença, enquanto nele houver ainda alguma pergunta não esclarecida.

Já a expressão "crença cega" dá a reconhecer o que há nisso de doentio!

A crença tem de ser *viva,* conforme Cristo já exigiu outrora, do contrário não tem finalidade. Vivacidade, porém, significa movimentar-se, ponderar e também analisar! Longe está de significar a aceitação apática de pensamentos alheios. Crer às cegas quer dizer, explicitamente, não compreender. Aquilo que o ser humano, porém, não compreende não pode trazer-lhe proveito espiritual, pois na incompreensão aquilo não pode tornar-se vivo dentro dele.

Mas o que não for vivenciado completamente dentro de si nunca se lhe tornará algo próprio! E somente o que lhe é próprio o eleva.

Ninguém pode, por fim, percorrer um caminho, ir adiante, se ele apresentar grandes fendas. O ser humano terá de deter-se, espiritualmente, onde não puder seguir conscientemente. Tal fato é irrefutável e por isso mesmo fácil de ser compreendido. Quem, portanto, quiser progredir espiritualmente, que desperte!

No sono nunca poderá tomar o caminho rumo à Luz da Verdade! Tampouco com uma venda ou com um véu diante dos olhos.

O Criador quer que Seus seres humanos estejam de olhos abertos na Criação. Estar vendo, porém, significa sabendo! E com o saber, a crença cega não se coaduna. Nisso só há indolência e preguiça de pensar, nenhuma grandeza!

A prerrogativa da capacidade de pensar leva o ser humano também ao dever de *analisar!*

20. *Erros*

Visando furtar-se a isso tudo, o ser humano, por comodidade, tratou de diminuir tanto o grande Criador, que chegou a atribuir-Lhe atos arbitrários como prova de Sua onipotência. Quem quiser pensar apenas um pouco tem de encontrar nisso outra vez um grande erro. Um ato arbitrário implica a possibilidade de alterações nas leis vigentes da natureza. Onde, porém, seja possível tal coisa, lá falta perfeição. Pois onde há perfeição, não pode haver alteração. Assim está sendo apresentada erradamente de tal maneira a onipotência de Deus, por uma grande parte da humanidade, que para aqueles que pensam mais profundamente teria de valer como uma prova de imperfeição. E nisso reside a raiz de muitos males.

Dai a Deus a honra da perfeição! Nisso encontrareis a chave para os problemas não solucionados de toda a existência. —

Levar até aí os buscadores sérios há de ser meu empenho. Um novo alento deve perpassar os círculos de todos os que buscam a Verdade. Acabarão reconhecendo com júbilo que em todos os acontecimentos do mundo não há nenhum segredo, nenhuma lacuna. E então... verão diante de si bem nítido o caminho para a ascensão. Precisam apenas seguir por ele. —

O misticismo não tem absolutamente nenhuma justificativa em toda a Criação! Nem sequer sobra lugar para ele, pois tudo deve apresentar-se claro e sem lacunas diante do espírito humano, até sua origem. Unicamente aquilo que estiver *acima* dessa origem terá de permanecer para cada espírito humano como o mais sagrado mistério. Por isso, o que é divino nunca será compreendido por ele. Nem sequer mediante a melhor boa vontade e o maior saber. Nessa impossibilidade de compreender tudo relativo ao divino reside para o ser humano, porém, o acontecimento *mais natural* que se possa pensar, pois, como se sabe, nada consegue ultrapassar a composição de sua própria origem. Nem mesmo o espírito do ser humano! Em composições diferentes reside sempre um limite. E o divino é de constituição totalmente diferente do espiritual, do qual promana o ser humano.[*]

---

[*] A tal respeito em futuras dissertações serão dadas mais amplas especificações.

O animal, por exemplo, mesmo no mais pleno desenvolvimento anímico, jamais poderá tornar-se ser humano. Em hipótese alguma poderá florescer de sua entealidade o espiritual, que gera o espírito humano. Na composição de tudo quanto é enteal, falta a espécie básica espiritual. Por sua vez, porém, o ser humano, que promana da parte espiritual da Criação, jamais poderá tornar-se divino, porque o espiritual nada tem da espécie do divino. O espírito humano pode, sim, desenvolver-se até o mais alto grau de perfeição, mas apesar disso terá de permanecer sempre *espiritual*. Não pode atingir o divino, acima dele. A constituição diferente forma também aqui, naturalmente, o limite jamais transponível para cima. A matéria não desempenha aqui nenhum papel, por não ter vida própria, mas servir apenas de invólucro impulsionado e moldado pelo espiritual e pelo enteal.

O grandioso domínio do espírito se estende por toda a Criação. O ser humano pode, deve e tem, por conseguinte, de compreendê-la e reconhecê-la plenamente! E através de seu saber nela dominará. Dominar, no entanto, mesmo no sentido mais severo, significa, verificando bem, somente servir! —

Em nenhum lugar de toda a Criação, até o mais elevado espiritual, nada se desvia dos acontecimentos naturais! Essa condição por si só já torna tudo mais familiar para qualquer pessoa. O medo doentio e velado de querer esconder-se diante de tantas coisas ainda desconhecidas ruirá aí por si mesmo. Com a *naturalidade,* uma corrente de ar fresco ventilará melhor o pesado âmbito de sombrias concepções de cérebros que gostam de pôr-se em evidência. Suas imagens fantásticas e doentias, que atemorizam os fracos e provocam o sarcasmo dos fortes, tornam-se ridículas e pueris diante do olhar cada vez mais nítido, que termina abrangendo de modo refrescante e jubiloso a admirável naturalidade de todos os acontecimentos, que sempre se processam somente em linhas retas e simples, de fácil reconhecimento.

Uniformemente se vai processando tudo, com a mais severa ordem e regularidade. E isto facilita, a cada um que procura, a visão ampla e livre, até o ponto de sua verdadeira origem!

20. Erros

Ele não precisará para isso empreender pesquisas trabalhosas ou quaisquer fantasias. O principal é conservar-se afastado de todos aqueles que, na confusa mania de segredos, querem fazer aparentar mais os escassos conhecimentos parciais.

Tudo se apresenta *tão* simples ante os seres humanos, que estes, muitas vezes, não chegam ao reconhecimento só por causa dessa simplicidade, por suporem de antemão que a obra grandiosa da Criação teria de ser muito mais difícil e complicada.

Nisso é que tropeçam milhares com a melhor boa vontade, levantam o olhar para cima procurando, e não pressentem que basta que olhem simplesmente *para a frente* e ao redor, sem esforço. Verão, assim, que já devido à sua existência terrena se encontram no verdadeiro caminho, necessitando apenas que caminhem com calma para a frente! Sem pressa e sem esforço, mas com os olhos *abertos* e os sentidos livres e desembaraçados! O ser humano tem de aprender finalmente que a verdadeira grandeza só se encontra nos acontecimentos mais simples e naturais. Que a grandeza condiciona essa simplicidade.

Assim é na Criação, assim é nele próprio, que a ela pertence como uma parte!

Unicamente o pensar e o intuir *simples* podem dar-lhe clareza! E tão simples como as crianças ainda os possuem! Refletindo com calma, reconhecerá que na faculdade de conceituação a simplicidade equivale à clareza, bem como à naturalidade! Nem é de se pensar na possibilidade de uma sem as outras. É um trítono expressando *um só* conceito! Todo aquele que o tomar como pedra fundamental de suas buscas romperá depressa as névoas das confusões. Tudo quanto for articulado artificialmente tem de cair por terra.

O ser humano reconhece que em parte alguma os fenômenos naturais podem ser excluídos e que em nenhum lugar estão interrompidos! E nisso se revela também a grandeza de *Deus!* A inabalável força vital da vontade criadora autônoma! Pois as leis da natureza são as leis férreas de Deus, permanentemente visíveis aos olhos de todos os seres humanos, falando-lhes com insistência, testemunhando a grandeza do Criador; são de regularidade inabalável, sem exceção! Sem exceção! Pois a semente da aveia só pode produzir aveia; por sua vez, a do trigo, igualmente apenas trigo, e assim por diante.

Assim é também naquela primeira Criação que, como obra própria do Criador, mais se aproxima de Sua perfeição. Nela se encontram de tal maneira ancoradas as leis básicas que, levadas pela força vital da vontade, acabaram determinando a formação da Criação seguinte por processos naturalíssimos, até finalmente para baixo, para estes corpos celestes. Apenas se tornando mais grosseiros, à medida que a Criação, na evolução, se distancia da perfeição da origem. —

Detenhamo-nos primeiro na contemplação da Criação.

Imaginai que toda vida aí consiste apenas em duas espécies, pouco importando em que parte ela se encontre. Uma espécie é autoconsciente e a outra, inconsciente. É do máximo valor prestar atenção a essas diferenças! Isso está estreitamente ligado à "origem do ser humano". As diferenças estimulam também o desenvolvimento e a luta aparente. O inconsciente constitui a base de todo o consciente, porém, na composição, é de igual espécie. Tornar-se consciente é o progresso e o desenvolvimento do inconsciente, o qual, devido à coexistência com o consciente, recebe continuamente o estímulo para tornar-se igualmente consciente.

A primeira Criação, depois de gradativamente desenvolver-se para baixo, teve três grandes divisões fundamentais: como supremo e mais elevado é o *espiritual,* ao qual se liga o enteal, mais denso e por isso também mais pesado. Finalmente vem ainda, como o mais baixo, o grande reino da matéria que, por sua maior densidade, é o mais pesado e que pouco a pouco foi descendo, desligando-se da Criação primordial! Por esse motivo ficou como o supremo apenas o espiritual primordial, por corporificar, em sua espécie pura, o que há de mais leve e mais luminoso. Trata-se do tão citado Paraíso, a coroa da Criação inteira.

Com o descer do que se foi gradativamente espessando, tocamos já na lei da gravidade, que não somente está ancorada na matéria, mas atua também em toda a Criação, começando no assim chamado Paraíso e baixando até nós.

A lei da gravidade é de uma importância tão relevante, que cada pessoa devia fixá-la na mente, pois é a alavanca principal em toda a evolução e todo o processo de desenvolvimento do espírito humano.

Já disse que essa gravidade não se refere somente às condições terrenas, como também age uniformemente naquelas partes da Criação que o ser humano terreno não mais pode ver e que, por isso, chama simplesmente de Além.

Para melhor compreensão, devo dividir ainda a *matéria* em dois setores. Em *matéria fina* e em *matéria grosseira*. Matéria fina é aquela matéria que não se torna visível aos olhos terrenos, devido à sua espécie diferente. E, contudo, ainda é matéria.

Não se deve confundir o assim chamado "Além" com o almejado Paraíso, que é só espiritual. Espiritual não deve acaso ser compreendido como "mental", mas sim o espiritual é uma *condição,* como também o é a entealidade e o material. Dá-se, pois, assim simplesmente o nome de Além a essa matéria fina, por encontrar-se além da capacidade visual terrena. Já a matéria grosseira é o Aquém, tudo quanto é terreno, que aos nossos olhos de matéria grosseira se torna visível devido à igual espécie.

O ser humano devia perder o hábito de considerar as coisas invisíveis como sendo também incompreensíveis e antinaturais. *Tudo* é natural, mesmo o assim chamado Além, bem como o Paraíso, que tão distante ainda se encontra do Além.

Assim como nosso corpo de matéria grosseira aqui é sensível ao ambiente de *igual* espécie, que por isso ele pode ver, escutar e palpar, o mesmo se passa nas partes da Criação cujas condições são diferentes das nossas. O ser humano de matéria fina no assim chamado Além sente, ouve e vê apenas seu ambiente de igual espécie de *matéria fina,* e o ser humano espiritual mais elevado só pode, por sua vez, sentir seu ambiente *espiritual.*

Assim acontece, pois, que alguns habitantes da Terra uma vez ou outra já podem, com seu corpo de matéria fina, que trazem em si, ver e ouvir a matéria fina, antes mesmo que se dê a separação do corpo terreno de matéria grosseira por ocasião do falecimento. Nisso não se trata absolutamente de algo antinatural.

Ao lado da lei da gravidade se encontra coparticipando ainda a não menos valiosa lei da igual espécie.

Já me referi de passagem que uma dada espécie só pode reconhecer outra igual. Os provérbios "cada qual com seu igual" e "tal pai, tal filho" parecem extraídos da lei primordial. Vibra através de toda a Criação ao lado da lei da gravidade.

Uma terceira lei primordial se encontra na Criação, ao lado dessas já mencionadas: a lei da reciprocidade. Atua de tal maneira que o ser humano tem de colher infalivelmente o que outrora semeou. Não poderá colher trigo quando semeia centeio, nem trevos quando dissemina cardos. O mesmo se dá no mundo de matéria fina. Não poderá colher bondade se intuiu ódio, tampouco alegria onde alimentou inveja dentro de si!

Essas três leis básicas constituem marcos da vontade divina! São elas, somente, que de forma automática proporcionam recompensa ou castigo para um espírito humano, com inexorável justiça! Agem de modo tão incorruptível em maravilhosíssimas e finíssimas gradações, que nos acontecimentos gigantescos do Universo é impossível supor-se a mínima injustiça.

O efeito dessas leis simples leva cada espírito humano exatamente àquele lugar ao qual pertence por sua disposição íntima. Um erro aí é impossível, porque a efetivação dessas leis só pode ser posta em movimento pelo estado *interior* do ser humano, mas em qualquer caso será também infalivelmente movimentada! A efetivação condiciona, portanto, como alavanca para a atuação, a força espiritual das *intuições* que se encontram *nos* seres humanos! Tudo o mais permanece para isso sem efeito. Por esse motivo, unicamente a *vontade* verdadeira, a *intuição* do ser humano, é decisiva para o que se desenvolve para ele no mundo invisível, onde deverá ingressar depois de sua morte terrena.

Aí nada adiantam fingimentos nem autoilusões. Terá de colher impreterivelmente aquilo que houver semeado com sua *vontade!* Será mesmo a intensidade maior ou menor dessa vontade que movimentará, com mais ou com menos força, as correntezas de igual espécie de outros mundos, seja ódio, inveja ou amor. Fenômeno este inteiramente natural, da maior simplicidade e, no entanto, de efeito férreo, da mais absoluta justiça!

Quem procurar seriamente aprofundar o pensamento nesses fenômenos do Além reconhecerá quão inexorável justiça reside nessa ação automática, vendo já nisso a grandeza inapreensível de Deus. Ele não precisa interferir, uma vez que deu à Criação Sua vontade, como leis, isto é, de modo perfeito.

Quem, em sua escalada, atingir de novo o reino do espírito estará purificado, pois teve antes de passar pelos moinhos automáticos da vontade divina. Não há outro caminho que leve à proximidade de Deus. E o modo *pelo qual* esses moinhos atuam no espírito humano depende de sua vida íntima anterior, de sua própria *vontade*. Podem soerguê-lo beneficamente às alturas luminosas ou também atirá-lo dolorosamente para baixo, na noite do horror, sim, até mesmo arrastá-lo à aniquilação total. —

Considere-se pensar que o espírito humano, por ocasião do nascimento terreno, isto é, ao atingir a maturidade para ser encarnado, já traz um invólucro de matéria fina ou corpo, de que já havia precisado em sua passagem pela matéria fina. Fica também com ele durante a permanência na Terra, como elo com o corpo terreno. A lei da gravidade exerce sua atuação principal sempre na parte mais espessa e mais grosseira. Portanto, no corpo físico durante a vida terrena. Uma vez largado este com a morte, o corpo de matéria fina ficará novamente livre, estando submetido nesse momento, sem proteção, a essa lei da gravidade, como a parte mais pesada de agora em diante.

Quando é dito que o espírito dá forma ao seu corpo, isto é verdade em relação ao corpo de matéria fina. A constituição interior do ser humano, seus desejos e sua vontade legítima formam a base para isso.

A vontade encerra a força de moldar a matéria fina. A ânsia pelas coisas inferiores ou pelos prazeres terrenos vai tornando espesso e, por conseguinte, pesado e escuro o corpo de matéria fina, porque é na matéria grosseira que se encontra a satisfação desses desejos. O ser humano se ata por esse meio ao que é grosseiro, ao terreno. Seus desejos arrastam consigo o corpo de matéria fina, isto é, este se vai tornando tão espesso, que se aproxima o mais possível da constituição terrena, onde se encontra exclusivamente a perspectiva de poder tomar parte nos prazeres ou nas paixões terrenas, logo após a perda do corpo terreno de matéria grosseira. Quem se empenha nesse sentido tem de afundar, devido à lei da gravidade.

No entanto, algo bem diferente se dá com os seres humanos cujo sentido se encontra voltado especialmente para as coisas elevadas e nobres. Aqui, a vontade torna automaticamente o corpo de matéria fina mais leve e assim também mais luminoso, de maneira a poder aproximar-se de tudo o que constitui o alvo do desejo sério desses seres humanos! Portanto, da pureza das alturas luminosas.

Empregando outras palavras: o corpo de matéria fina no ser humano terreno será concomitantemente equipado de acordo com o respectivo alvo do espírito humano, de maneira a poder ir ao encontro desse alvo, seja ele qual for, depois da morte do corpo terreno. Aqui o espírito realmente molda o corpo, pois sua vontade, sendo espiritual, traz em si a força para utilizar a matéria fina. Jamais poderá esquivar-se desse fenômeno natural. Ocorre em cada vontade, não importa se lhe seja agradável ou desagradável. E tais formas lhe permanecem aderidas, enquanto as alimentar com sua vontade e intuição. Beneficiam-no ou retêm--no, conforme a espécie, que está submetida à lei da gravidade.

Contudo, modificada sua vontade e intuição, surgem com isso de imediato novas formas, ao passo que as que predominavam até então já não recebem nutrição, por causa da mudança da vontade, e têm de definhar e desagregar-se. Desse modo, o ser humano modifica também seu destino.

Tão logo se desfaça a ancoragem na Terra pela morte do corpo terreno, afundará o corpo de matéria fina assim solto, ou flutuará como rolha, ascendendo na matéria fina que é chamada Além. Será retido pela lei da gravidade exatamente naquele lugar cuja gravidade for análoga à dele, pois então não poderá prosseguir nem para cima nem para baixo. Aí encontrará naturalmente todos os de igual espécie ou todos os semelhantes, pois espécies iguais condicionam a mesma gravidade, assim como logicamente a mesma gravidade condiciona espécies iguais. Portanto, conforme ele próprio foi, terá de sofrer ou poderá alegrar-se com os semelhantes, até modificar-se de novo interiormente, e com ele seu corpo de matéria fina que, pela ação do peso modificado, tem de conduzi-lo para cima ou para baixo.

Dessa forma, o ser humano nem poderá lastimar-se, nem precisará agradecer, pois se vier a ser elevado em direção à Luz, deve isso à sua própria constituição, que acarreta o soerguimento obrigatório, e se vier a cair nas trevas foi, por sua vez, forçado por seu estado.

Contudo, cada ser humano tem razão de sobra para louvar o Criador por causa da perfeição que reside nos efeitos dessas três leis. Desse modo, o espírito humano se torna incondicionalmente senhor absoluto de seu próprio destino! Já que sua autêntica vontade, isto é, sua condição interior verdadeira determina sua ascensão ou sua queda.

Se procurardes formar uma noção acertada de seus efeitos, isoladamente ou em cooperação simultânea, vereis que nelas se encontram distribuídas com absoluta exatidão para cada ser humano recompensa e castigo, graça ou também condenação, de acordo com ele mesmo. É o acontecimento mais simples, e mostra a corda de salvação decorrente da séria vontade de um ser humano, que nunca pode arrebentar nem falhar. É a grandeza de tal simplicidade que obriga com veemência quem a reconhece a prostrar-se de joelhos diante da incomensurável excelsitude do Criador!

Em todos os acontecimentos e em todas as minhas explicações, deparamos sempre de novo, clara e nitidamente, com o efeito dessas leis simples, cujo maravilhoso funcionamento entrelaçado ainda devo descrever mais particularmente.

Tão logo o ser humano conheça esse funcionamento, ficará de posse da escada para o reino luminoso do espírito, para o Paraíso. Mas, então, distinguirá também o caminho que desce para as trevas!

Não precisará sequer deslocar-se, pois será soerguido pelas engrenagens automáticas para as alturas, ou arrastado para as profundezas, conforme se ajustar a tal engrenagem mediante sua vida *interior*.

Dependerá sempre de *sua* decisão, quanto ao caminho pelo qual queira deixar-se levar.

O ser humano não deve deixar-se desorientar nisso pelos zombadores.

Dúvidas e zombarias, considerando bem, não são outra coisa senão desejos explícitos. Todo cético exprime, de modo inteiramente inconsciente, o que deseja, exteriorizando assim seu íntimo ao olhar indagador. Pois também na negação, na defesa, encontram-se facilmente reconhecíveis desejos profundamente escondidos. É de entristecer ou de irritar quanta negligência e quanta pobreza às vezes se manifestam aí, porque justamente com isso os seres humanos se rebaixam intimamente, não raro mais do que qualquer animal bronco. Devia-se ter compaixão dessa gente, sem contudo ser indulgente, pois indulgência significaria cultivar a indolência para uma análise séria. Quem procura seriamente tem de tornar-se econômico com a indulgência, do contrário acabará prejudicando a si mesmo, sem com isso ajudar outras pessoas.

Jubilosamente, porém, se encontrará com o crescente reconhecimento diante dos milagres de tal Criação, para deixar-se elevar conscientemente às alturas luminosas, as quais poderá chamar de pátria!

A PALAVRA HUMANA

A vós, seres humanos, foi presenteada pelo Criador, como uma grande graça para vosso amadurecimento na matéria grosseira, a capacidade de formar palavras! Jamais reconhecestes o verdadeiro valor dessa elevada dádiva, porque não vos esforçastes nesse sentido, e levianamente vos utilizastes dela. Assim, tendes de sofrer agora amargas consequências de vossa atuação errada.

Tal sofrimento já vos aflige, e ainda ignorais as *causas* que trazem como consequência esse sofrimento.

Ninguém deve brincar com as dádivas do Todo-Poderoso sem prejudicar a si mesmo, assim é determinado pela lei que se encontra atuando na Criação e que jamais se deixa confundir.

E se pensardes que essa possibilidade de falar, isto é, vossa capacidade de formar palavras, as quais ancoram através do falar vossa vontade à matéria grosseira, constitui uma dádiva extraordinária de vosso Criador, então sabereis também que daí vos decorrem obrigações que resultam numa gigantesca responsabilidade; sim, pois com o idioma e através dele deveis atuar na Criação!

As palavras que formais, as frases, moldam vosso destino exterior sobre a Terra. São como sementeiras num jardim que cultivais em redor de vós, pois cada palavra humana pertence ao mais vivo que *vós* podeis fazer em vosso favor nesta Criação.

Hoje vos ofereço para refletirdes esta advertência: Há em cada palavra dispositivos desencadeantes, porque todas elas estão ancoradas fortemente nas leis primordiais da Criação!

Cada palavra que o ser humano formou originou-se sob a pressão de leis mais altas e, segundo sua utilização, tem de atuar formando numa bem determinada espécie!

A *utilização* se encontra na mão do ser humano segundo sua livre vontade; já os efeitos, porém, ele não consegue dominar, pois são dirigidos com rigorosa justiça de acordo com a sagrada lei, por uma força até então desconhecida dele.

Por isso, agora, na última prestação de contas, um grande sofrimento cairá sobre cada ser humano que tiver abusado dos efeitos misteriosos da palavra!

Onde está, porém, *aquele* ser humano que aí ainda *não* tenha pecado! Todo o gênero humano terreno está profundamente preso a essa culpa desde milênios. Que desgraças já foram lançadas sobre a Terra com a utilização errada dessa dádiva de poder falar!

Com a tagarelice destruidora e leviana, todos os seres humanos semearam veneno. A semente brotou direito, chegou à floração total e dá agora os frutos que tendes de colher, quer queirais ou não, pois todos são consequências de *vosso* atuar que agora vos serão jogados no colo!

Que esse veneno *tenha* de produzir os mais repugnantes frutos é fato que não surpreenderá quem conheça as leis da Criação, leis que não se regem segundo as opiniões humanas, mas sim prosseguem calma e inexoravelmente seus grandes percursos, sem desvios, desde o começo dos tempos até toda a eternidade, sem alteração.

Olhai à vossa volta, seres humanos, de modo claro e despreocupado: *tendes* de reconhecer sem mais nada as divinas leis automáticas da mais sagrada vontade, já que tendes diante de vós os frutos de vossa semeadura! Para onde quer que olhardes, lá está hoje no auge o falatório altissonante, comandando tudo. Essa sementeira *tinha* que dar depressa tal floração, para mostrar agora no amadurecimento seu verdadeiro núcleo, ruindo a seguir por ser inutilizável.

Tinha de amadurecer sob a aumentada pressão da Luz; tem de crescer com rapidez como numa estufa, para, em sua vacuidade, perdendo todo e qualquer apoio, cair soterrando tudo embaixo de si, tudo quanto por confiança leviana e esperança egoística imaginou estar abrigado sob sua proteção.

A época da colheita já se iniciou! Eis que recaem todas as consequências do falar errado sobre cada um, individualmente, como também sobre a coletividade que fomentou tal falatório.

O amadurecimento para a colheita traz também consigo, *naturalmente,* mostrando a rigorosa consequência lógica dos efeitos das leis divinas, que agora, no fim, os maiores tagarelas têm de obter a mais forte influência e o maior poder, como pontos culminantes e frutos da constante utilização errada da palavra, cuja misteriosa atuação a tola humanidade não mais pôde conhecer, porque desde muito se fechou para esse saber.

Ela não deu ouvidos à voz de Jesus, Filho de Deus, que já outrora advertindo falou:

"Vossa fala seja sim ou não, pois tudo o que transcende disso é do mal!"

Reside nessas palavras algo mais do que pensais, pois encerram ascensão ou decadência para a humanidade!

Com vosso pendor para o falar demasiado e inútil, escolhestes a *decadência,* que já vos atingiu. Ela vos mostra antes do soçobro geral por ocasião do Juízo, bem nitidamente, para facilitar o reconhecimento salvador, todos os frutos que com a utilização errada da palavra arrastastes para vós.

O poder da reciprocidade ergue agora os mestres de vossos próprios pecados ao ápice, pairando a ameaça de serdes esmagados por isso, para que no reconhecimento finalmente vos liberteis disso ou nisso pereçais.

Isso *é* justiça e ao mesmo tempo auxílio, como só a vontade de Deus em Sua perfeição pode oferecer-vos!

Olhai ao vosso redor! *Tendes* de reconhecer, se apenas quiserdes. E aqueles que ainda hesitam nisso, deles será tirado à força, pelos frutos de sua vontade, o véu que mantêm diante dos olhos, mediante maiores sofrimentos do que até agora, a fim de que a Terra seja purificada do peso de vossa grande culpa!

A humanidade inteira atuou nesse sentido e não apenas alguns isoladamente. São as flores de todo o atuar errado dos séculos passados, que hoje têm de amadurecer nestes últimos frutos para o Juízo, a fim de perecer com esse amadurecimento.

O tagarelar leviano, insensato, irrefletido e sempre falso, que vibra contra as leis primordiais da Criação, teve de aumentar até a doença *generalizada* como hoje se apresenta e, em tremores febris, como na tempestade, tem agora de jogar os frutos... eles cairão no colo da humanidade.

Nenhum povo que geme e sofre por isso pode ser lastimado, porque são os frutos de sua *própria* vontade que têm de ser saboreados, mesmo que sejam podres, amargos e ocasionem a perdição de muitas pessoas, pois de uma seara venenosa também somente se pode colher veneno. Já disse: Se semeardes cardos não pode disso surgir trigo!

Assim, nunca poderá resultar algo edificante através de discursos agitadores, zombarias e prejuízos de vosso próximo, pois cada espécie e maneira só pode fazer nascer a *mesma coisa,* só pode atrair também a espécie igual! Não deveis esquecer *nunca* esta lei da Criação! Ela se processa *automaticamente,* e contra isso jamais conseguirá algo a vontade inteira dos seres humanos! Jamais, escutastes bem? Gravai isso em vós, para que sempre atenteis nisso em vosso pensar, falar e atuar, pois daí nasce tudo, e forma-se vosso destino! Portanto, nunca espereis outra coisa como fruto, senão a mesma espécie da sementeira!

Afinal, isso não é assim tão difícil, e, no entanto, nisso errais sempre de novo! A injúria só pode trazer novamente injúria, o ódio só o ódio, o assassínio só o assassínio. Já, porém, a nobreza, a paz, a luz e a alegria só podem por sua vez originar-se de *nobres* maneiras de pensar, e nunca de outro modo.

A libertação e a salvação não se encontram na gritaria isolada ou coletiva. Um povo que se deixa levar por tagarelas acabará infalivelmente e com razão caindo na má fama, na desgraça e na morte, na miséria e na calamidade; será atirado violentamente na sujeira.

E se a frutificação e a colheita até agora não se mostravam muitas vezes durante *uma* só existência terrena, e sim só em outras mais tardias, então agora é diferente, pois o cumprimento da

21. A palavra humana

sagrada vontade de Deus força o *imediato* resgate de todos os acontecimentos na Terra e com isso também o desfecho de todos os destinos dos seres humanos e dos povos! Prestação final de contas! Vigiai, portanto, vossa palavra! Prestai cuidadosamente atenção ao vosso falar, pois também a palavra humana é ação que pode criar formas, aliás, somente no plano da parte fina da matéria grosseira, e as quais, efetivando-se, penetram em tudo o que é terreno.

Não imagineis, contudo, que promessas se cumpram ou se realizem segundo o texto das palavras, quando quem fala não traz em sua alma as *mais puras* intenções, mas sim as palavras formam *aquilo* que simultaneamente com elas vibra no *íntimo de quem as fala*. Assim, a mesma palavra pode acarretar dualidade de efeitos e ai de onde ela não vibrar verdadeiramente e em plena pureza.

Retiro o véu de vossa ignorância de até agora, a fim de que, cientes das consequências más, possais vivenciá-las e delas extrair proveitos para o futuro.

Como auxílio, digo-vos ainda:

Atentai à vossa palavra! Que vossa fala seja simples e verdadeira! Contém em si, pela sagrada vontade de Deus, a capacidade de formar, construindo ou também destruindo, segundo a espécie das palavras e de quem fala.

Não desperdiceis essas elevadas dádivas que Deus, cheio de graça, vos outorgou, mas procurai reconhecê-las direito em seu valor total. A força do falar acarretou-vos até agora maldição, através daquelas pessoas que, como asseclas de Lúcifer, abusaram dela na pior consequência do raciocínio torcido e unilateralmente cultivado!

Acautelai-vos, portanto, com pessoas que falam muito, pois a decomposição as acompanha. *Vós,* porém, deveis tornar-vos *construtores* nesta Criação e não tagarelas!

Atentai à vossa palavra! Não faleis apenas por falar. Falai somente quando, onde e como for necessário! Deve haver nas palavras humanas um reflexo do Verbo de Deus, que é vida e que permanecerá eternamente vida.

21. A palavra humana

Sabeis que a Criação inteira vibra no Verbo do Senhor! Isso não vos dá o que pensar? A Criação vibra nele, como vós também, visto que sois parte da Criação, pois ela se originou dele e é sustentada através desse Verbo.

Já foi claramente revelado aos seres humanos que: "No princípio era o Verbo! E o Verbo estava com Deus! E *Deus* era o Verbo!"

Nisso repousa para vós todo o saber, se apenas o haurísseis. Mas ao lerdes passais por cima e não atentais nisso. Essa sentença vos diz nitidamente:

O Verbo veio *de* Deus. Foi e é uma parte Dele.

Um pequeno reflexo do poder do Verbo *vivo* de Deus, que tudo contém em si, que abrange tudo o que está fora de Deus, um pequeno reflexo disso reside também na *palavra humana!*

Em verdade, a palavra humana consegue emitir seu efeito somente até os planos da parte fina da matéria grosseira, mas isso basta para formar *aqui sobre a Terra,* pelo efeito retroativo, o destino dos seres humanos e também dos povos!

Pensai nisso! Quem muito fala permanece apenas no solo do raciocínio torcido e unilateralmente cultivado! Uma coisa acompanha sempre a outra. Nisso o reconhecereis! E trata-se de palavras dos baixios terrenos, que nunca são capazes de construir. No entanto, a palavra *deve* construir segundo a lei divina. Onde ela não obedece a esse mandamento, aí só poderá produzir o contrário.

Portanto, atentai sempre à vossa palavra! E *sustentai* vossa palavra! Para isso ainda vos será ensinado o caminho certo, na construção do reino de Deus aqui na Terra.

Primeiro, tendes de aprender a reconhecer a força das palavras, que até agora só desvalorizastes de modo leviano e tolo.

Pensai somente uma vez na mais sagrada palavra que vos foi dada, na palavra: DEUS!

Falais muito em Deus, *demais mesmo,* como se nisso pudesse ressoar ainda *aquela* veneração, que deixa reconhecer que também *sentis intuitivamente* certo: aquela veneração que só vos permite *sussurrar* a sublime palavra em dedicada

21. A palavra humana

devoção, para protegê-la cuidadosamente de qualquer espécie de profanação.

Mas que fizestes, seres humanos, do mais sagrado de todos os conceitos dessa palavra! Em vez de preparar com humildade e alegria vosso espírito para essa mais sublime expressão, de modo que ele gratamente se abra para uma indizível força de irradiação da inenteal sublimidade luminosa da verdadeira existência, que vos outorga o dom de respirar bem como a todas as criaturas, ousais arrastar para os baixios de vosso mesquinho pensar essa palavra, utilizando-a irresponsavelmente como uma palavra cotidiana, a qual, assim, só teve de formar em vossos ouvidos um som vazio, não conseguindo por isso encontrar entrada em vosso *espírito*.

É, portanto, evidente que essa mais sublime de todas as palavras se efetive aí de modo diferente do que naqueles que a sussurram com legítima veneração e reconhecimento.

Atentai, portanto, a *todas* as palavras, pois encerram alegria ou sofrimento para vós, constroem ou destroem, trazem clareza, mas também podem confundir, conforme a maneira *como* são proferidas e aplicadas.

Quero proporcionar-vos mais tarde também reconhecimento a *tal respeito*, para que possais *agradecer* mediante *cada* palavra que o Criador ainda vos permite proferir! Então devereis ser felizes terrenamente também, e a paz reinará aqui nesta Terra, até agora tão inquieta.

A MULHER DA CRIAÇÃO POSTERIOR

TOCA-SE com estas palavras o lugar mais doentio da Criação posterior. *Aquele* ponto que necessita da maior transformação, da depuração mais radical.

Se o homem da Criação posterior se tornou escravo de seu próprio raciocínio, mais ainda pecou a mulher.

Aparelhada com a maior delicadeza de intuições, devia sem o mínimo esforço elevar-se à limpidez das alturas luminosas e formar a ponte para a humanidade inteira rumo ao Paraíso. *A mulher!* Ondas de Luz deviam traspassá-la. Toda sua conformação física, de matéria grosseira, está aparelhada para isso. A mulher necessita apenas querer com sinceridade, e todos os descendentes de suas entranhas *terão* de ser fortemente protegidos e rodeados pela força da Luz, já antes de seu nascimento! Nem seria possível de outra forma, porque cada mulher, em sua riqueza de intuição, pode quase sozinha condicionar a espécie do espírito da prole! Por isso ela, em *primeiro* lugar, permanece responsável por todos os descendentes!

É também, além disso, ricamente presenteada com ilimitadas possibilidades de influência sobre o povo todo, sim, sobre toda a Criação posterior. O ponto de partida de seu poderio mais forte é a casa, o lar! Somente aí é que reside sua força, seu ilimitado poder, e não na vida pública! No lar e na família se torna rainha, devido às suas capacidades. Do lar silencioso e íntimo se estende sua incisiva influência sobre todo o povo do presente e do futuro, abrangendo tudo.

Nada existe onde sua influência não se faça sentir incondicionalmente desde que ela permaneça *lá*, onde as capacidades *femininas* nela inerentes desabrochem em toda a plenitude. Contudo, somente quando a mulher é realmente *feminina* é que cumpre a missão que lhe foi estipulada pelo Criador. Então se torna completamente aquilo que pode e deve ser. E somente a verdadeira feminilidade educa silenciosamente o homem que quiser conquistar os céus, apoiado nessa serena atuação que contém poder inimaginável. E este então, movido por íntima naturalidade, procurará proteger de bom grado e alegremente a verdadeira feminilidade, tão logo ela se mostre *verdadeira*.

No entanto, o mundo feminino de hoje calca sob os pés seu poder verdadeiro e sua elevada missão, passa cegamente por isso, destrói criminosamente todas as coisas sagradas que traz em si e, em lugar de atuar de modo construtivo, age destruindo, como o pior veneno na Criação posterior. Empurra o marido e também os filhos, consigo, para as profundezas.

Reparai na mulher de hoje! Deixai, pois, cair sobre ela um raio de luz com toda a inexorabilidade e objetividade, que constituem sempre as condições complementares da pureza.

Dificilmente reconhecereis ainda os elevados valores da verdadeira feminilidade, nos quais pode desenvolver-se aquela força pura que só é outorgada à sensibilidade mais fina da feminilidade, para que seja utilizada apenas *beneficamente*.

Um homem jamais poderá desenvolver aquela maneira eficaz de atuar. O tecer sereno daquela força invisível que o Criador deixa perfluir o Universo atinge *primeiro* e plenamente *a mulher,* com sua intuição mais delicada. O homem a recebe apenas parcialmente e a transforma em ações.

E da mesma forma que a força viva do Criador permanece invisível a todos os seres humanos, enquanto, no entanto, sustém o Universo todo, nutrindo-o, movendo-o e impelindo-o, *assim* deve ser o tecer da verdadeira feminilidade; *para isso* ela foi criada, *essa* é sua elevada, pura e maravilhosa finalidade!

A expressão "mulher fraca" é ridícula, porque animicamente a mulher é mais forte do que o homem. Não em si, propriamente, mas por causa de sua ligação mais estreita com a força da Criação, que lhe propicia a mais delicada capacidade intuitiva.

No entanto, é exatamente isso que a mulher hoje procura esconder; faz tudo para embrutecê-la ou suprimi-la totalmente. Devido à vaidade ilimitada e à estupidez, ela renuncia aos dotes mais belos e valiosos que lhe foram atribuídos. Torna-se assim uma criatura expulsa da Luz, para a qual permanecerá fechado o caminho de regresso.

Em que se transformaram, pois, essas imitações de uma feminilidade régia! Com horror deve-se desviar delas. Onde é que se nota na mulher de hoje ainda o verdadeiro pudor, que representa a intuição mais delicada da *nobre* feminilidade! Está tão grotescamente desfigurado, que terá de ser entregue ao ridículo.

A mulher de hoje se envergonha, sim, de usar um vestido comprido, se a moda exigir um curto, mas não se envergonha de em festas despir cerca de três quartos de seu corpo, expondo-o aos olhares de todos. Aliás, não apenas aos olhares, e sim também às mãos, infalivelmente, durante a dança! E inescrupulosamente também se despiria ainda mais, se a moda exigisse, e até mesmo, provavelmente, tiraria tudo, segundo as experiências atuais!

Isso não é afirmação excessiva. Disso tivemos até agora coisas bem degradantes. Não foi, infelizmente, uma expressão errada, pelo contrário, bem verdadeira, quando se disse: "A mulher começa a se *vestir* para ir dormir!"

Delicadas intuições estipulam, além do mais, o sentido da beleza! Indubitavelmente. Se atualmente ainda se quiser julgar daí as delicadezas das intuições femininas, as coisas vão mal. O tipo dos vestidos divulga com bastante frequência e alarde exatamente o contrário, e essas pernas seminuas de uma mulher ou até mesmo de uma mãe dificilmente se coadunam com a dignidade feminina. O corte de cabelo à moda de homem e o moderno esporte feminino não desfiguram menos a verdadeira feminilidade! A vaidade é a inevitável acompanhante das futilidades da moda, que realmente nada deixa a desejar em perigos para o corpo e para a alma, e assim também, em grande parte, para a simples felicidade da família. Quantas mulheres há que preferem muitas vezes lisonjas grosseiras e aliás injuriosas de um indivíduo à toa, ao atuar fiel do esposo!

22. A mulher da Criação posterior

Assim, muito, muitíssimo mais, poderia ser apresentado como testemunho visível de que a mulher de hoje está perdida para sua *verdadeira* missão nesta Criação posterior! E com isso também todos os elevados valores que lhe foram confiados e sobre os quais ela agora tem de prestar contas. Maldição recaia sobre essas criaturas ocas! Não são acaso vítimas das circunstâncias, pelo contrário, forçaram tais circunstâncias.

As grandes preleções a respeito do progresso em nada alteram o fato de que os propagadores desse tal progresso, juntamente com os seus fiéis seguidores, afundam cada vez mais e mais. Todos eles já enterraram seus verdadeiros valores. A maior parte do mundo feminino já não merece mais usar o nome honrado de mulher! Elas nunca poderão tornar-se homens, de modo que acabam ficando na Criação posterior apenas como parasitas, que devem ser extirpados, segundo as leis indesviáveis da natureza.

A mulher da Criação posterior, entre todas as criaturas, é a que menos se encontra no lugar em que devia estar! Tornou-se, em sua espécie, a figura mais triste de todas as criaturas! *Teve,* sim, de apodrecer na alma, por estar sacrificando levianamente suas mais nobres intuições, sua força mais pura, à vaidade exterior e ridícula, e com isso zomba, sorridente, da determinação de seu Criador. Com tal superficialidade, a salvação lhe será negada, pois palavras as mulheres iriam rejeitar ou nem mais poderiam entender e assimilar.

Assim, em primeiro lugar terá de surgir dos horrores a nova e verdadeira mulher, mulher que deverá tornar-se a medianeira e, com isso, também a base para uma nova vida e uma atuação humana desejada por Deus na Criação posterior, mulher que se tornou livre do veneno e da podridão.

SUBMISSÃO

"**S**EJA feita a Tua vontade!" Pessoas que creem em Deus pronunciam essas palavras com submissão! Vibra sempre, porém, certa melancolia em suas vozes ou transparece nos pensamentos, nas intuições. Tais palavras são empregadas quase que exclusivamente onde um *sofrimento inevitável* se alojou. Lá onde o ser humano reconhece que nada mais pode fazer contra.

Então, se ele crê, fala numa inativa submissão: *"Seja feita a Tua vontade!"*

Não é, porém, humildade que o faz falar assim, mas essas palavras devem proporcionar-lhe tranquilidade diante de uma questão em que ele não tinha poder.

Essa é a origem da submissão que o ser humano em tal caso exprime. Fosse-lhe concedido, contudo, a menor possibilidade de uma alteração nisso, ele não perguntaria qual a vontade de Deus, e seu devotamento resignado mudaria logo para a seguinte forma: Seja feita a *minha* vontade!

Assim é o ser humano! — — —

"Senhor, faze comigo como quiseres!" e idênticas cantigas se ouvem muitas vezes durante os enterros. Intimamente, porém, cada ser humano enlutado traz a inabalável vontade: "Se me fosse dado mudar isto, imediatamente o faria!"

A submissão humana *nunca* é legítima. No âmago da alma humana se encontra ancorado o contrário disso. Uma revolta contra o destino que a atinge, e é exatamente essa revolta que a faz sofrer, que a "oprime" e curva.

23. Submissão

O que há de doentio nisso é a utilização errada do sentido destas palavras: "Seja feita a Tua vontade!" Elas não pertencem ao lugar em que os seres humanos e as igrejas as utilizam.

A vontade de Deus reside nas leis da Criação! Portanto, sempre que o ser humano diz: "Seja feita a Tua vontade!", isso equivale à afirmativa: "Quero prezar e seguir Tuas leis na Criação!" Prezar quer dizer *considerar;* levar em consideração estipula, porém, viver em conformidade! Só assim pode o ser humano prezar a vontade de Deus!

No entanto, se ele a considera, se ele quer viver de acordo com ela, então, em primeiro lugar, tem de *conhecê-la* também!

Mas é exatamente nesse ponto que a humanidade terrena pecou da pior maneira! O ser humano até agora jamais se importou com as leis de Deus da Criação! Isto é, não se importou com a sagrada vontade de Deus. E, no entanto, repete sempre de novo: "Seja feita a Tua vontade!"

Estais vendo quão irrefletidamente se apresenta o ser humano terreno perante Deus! Quão insensatamente procura utilizar as elevadas palavras de Cristo! Gemendo, não raro torcendo-se em sofrimento e sentindo-se derrotado, mas nunca em jubiloso juramento!

"Seja feita a Tua vontade" quer dizer na realidade: "Quero agir em conformidade" ou "Quero a Tua vontade!" Analogamente também pode ser dito: "Quero obedecer a Tua vontade!"

Mas quem obedece *faz* também alguma coisa. Aquele que obedece não fica inativo; a própria palavra já diz isso. Quem obedece *executa alguma coisa.*

Contudo, da maneira como o ser humano de *hoje* diz: "Seja feita a Tua vontade!", então "ele próprio não quer fazer nada", pois no íntimo diz: *"Age Tu* que eu fico quieto!"

Com isso, sente-se engrandecido, pensa haver-se dominado, "integrando-se" na vontade de Deus. O ser humano cuida-se até mesmo superior a todos, julga ter realizado um incrível progresso.

Todos esses seres humanos são, porém, imprestáveis fracalhões, são vadios, visionários, fantasistas e fanáticos, e não, membros úteis na Criação! Fazem parte daqueles que por ocasião do

Juízo terão de ser rejeitados, pois não querem ser *trabalhadores* na vinha do Senhor! A humildade de que se vangloriam nada mais é do que indolência. São servos preguiçosos!

Vida exige o Senhor, a qual reside na *movimentação!* — Submissão! Essa palavra nem devia existir para os que creem em Deus! Colocai em seu lugar "vontade alegre"! Deus não quer submissão apática dos seres humanos, e sim atuação jubilosa!

Observai direito os assim chamados "submissos a Deus". Trata-se de hipócritas, que trazem em si uma grande mentira!

Que adianta volver para o alto um olhar cheio de submissão, quando esse olhar ao mesmo tempo inspeciona o ambiente de modo astucioso, cobiçoso, presunçoso, arrogante e malicioso! Tal atitude apenas os torna *duplamente* culpados.

Os submissos trazem a mentira em si, pois a submissão jamais é compatível com o "espírito"! Logo, também é incompatível com o espírito humano! Tudo quanto é "espírito" não pode tornar viva dentro de si a capacidade da verdadeira submissão! Sempre que isso for procurado, redundará em coisa artificial, portanto em autoilusão, ou até em hipocrisia consciente! Mas nunca pode ser sentido intuitivamente com legitimidade, porque o espírito humano, sendo espiritual, não consegue isso. A pressão sob a qual se encontra o espírito humano não deixa chegar à consciência a capacidade de uma submissão, pois ele é forte demais para isso. Por conseguinte, o ser humano não pode colocá-la em prática.

A submissão é uma capacidade que se encontra somente no enteal! Manifesta-se legitimamente apenas nos animais. O *animal* é submisso ao seu dono! O espírito, no entanto, não conhece esse significado! Por isso, a submissão permanece *sempre* antinatural para os seres humanos.

A submissão era inculcada nos escravos com esforço e rigor, porque na compra e venda, como propriedade pessoal, eram igualados aos animais. Mas a submissão nos escravos nunca pôde tornar-se realmente legítima. Tratava-se de embotamento, fidelidade ou amor, que se ocultavam sob submissão e a evidenciavam; nunca, porém, autêntica submissão. A escravidão não é natural entre os seres humanos.

23. Submissão

A submissão do enteal encontra sua gradação no espiritual através da fidelidade consciente e voluntária! O que, portanto, no enteal significa submissão é no espiritual a fidelidade!

Submissão não cabe ao ser humano, porque ele é espírito! Prestai apenas mais atenção ao próprio idioma, ele expressa com suas palavras o certo, traz em si o verdadeiro sentido. Dá-vos a imagem certa.

"Entrega-te!" ordena, por exemplo, o vencedor ao vencido. Essas palavras têm o sentido: "Entrega-te à minha vontade, portanto incondicionalmente, para que eu possa dispor de ti, de acordo com meu critério, e também de tua vida e de tua morte!"

Mas o vencedor age assim erradamente, porque o ser humano, mesmo vitorioso, tem de observar rigorosamente as leis de Deus. Em cada omissão ele se torna culpado perante o Senhor. O efeito recíproco o atingirá na certa! Tal se dá, tanto em casos individuais, como para povos inteiros!

E agora é chegado o tempo em que tudo, tudo quanto aconteceu até aqui no mundo, tem de ser remido! Do que foi injusto, e que *hoje* acontece na Terra, *não ficará uma só palavra sem ser expiada!*

Essa expiação não está reservada para um futuro remoto, mas sim já no *presente!*

A solução *rápida de todos* os efeitos recíprocos não está por acaso em oposição às leis da Criação, pelo contrário, encontra-se corretamente nessas mesmas leis.

O funcionamento do conjunto de engrenagens é acelerado presentemente mediante a irradiação intensificada da Luz, forçando os efeitos finais, ao aumentar previamente tudo para a frutificação e superamadurecimento, a fim de que o errado nisso se desintegre e, fenecendo, se julgue, enquanto o que é bom se torna livre da pressão do errado de até agora, podendo fortalecer-se.

Em tempo próximo, essa irradiação se intensificará tanto, que em muitos casos um efeito recíproco surgirá *logo, imediatamente!*

Trata-se do poder que em breve atemorizará os seres humanos terrenos, e que no futuro terão de temer! Mas só terão de temer, com razão, *aqueles* que tiverem agido *errado*. Se eles se julgarem certos aí, ou pretenderem fazer os outros acreditarem nisso, isso não os salvará do golpe do efeito recíproco que atua nas *leis de Deus!*

Mesmo que os seres humanos tenham inventado outras leis sobre a Terra, sob cuja proteção muitos agem de modo errado e injusto, na ilusão de estarem aí no direito, isso não lhes tira um grãozinho de pó de sua culpa.

As leis de Deus, isto é, a vontade de Deus, não se importam com as concepções desses seres humanos terrenos, que eles puseram como base nas leis terrenas, mesmo que o mundo inteiro agora as considere como certas. Tudo quanto não estiver de acordo com as leis de Deus receberá, agora, o golpe da espada! Julgando no resgate!

Todos aqueles que *inocentemente* perante as leis de Deus sofreram sob os seres humanos poderão alegrar-se, pois agora receberão justiça, enquanto seus antagonistas ou juízes serão entregues à justiça de Deus.

Alegrai-vos, pois essa justiça de Deus está próxima! Já está agindo em todos os países da Terra! Observai as confusões! São as consequências da vontade de Deus que *se aproxima!* É o início da purificação!

Por esse motivo, já *agora* se está exaurindo tudo quanto é errado entre os seres humanos, quer seja na economia, no Estado, na política, nas igrejas, nas seitas, nos povos, nas famílias ou nas pessoas individualmente! Tudo, tudo agora será arrastado para a frente da Luz, *para que se mostre* e *ao mesmo tempo se julgue!* Inclusive o que até agora pôde manter-se escondido *tem* de mostrar-se tal qual é *realmente,* tem de manifestar-se e, por fim, ficar desesperado de si próprio e dos outros, desintegrar-se e pulverizar-se.

Assim, já fervilha tudo hoje sob a pressão da Luz em todos os países e por toda parte. Cada miséria aumenta até chegar ao desespero, ficando finalmente apenas a desesperança, com a consciência de que os que queriam salvar tinham *apenas palavras vazias* ao lado de desejos egoísticos, mas não estavam capacitados a trazer nenhum auxílio! Guerreiros espirituais passam tonitruantes por cima de todas as cabeças, vibrando golpes agudos onde uma cabeça não queira curvar-se.

Só então se constituirá terreno adequado para implorar o auxílio de *Deus!* Depois de crimes, incêndios, fome, epidemias e mortes, depois do reconhecimento da própria incapacidade.

Começará então a grande obra construtiva.

Livres devem tornar-se então os alquebrados, livres da pressão das trevas! Mas também deverão ficar livres *dentro de si mesmos!* Mas, unicamente *sozinho* cada um poderá tornar-se livre dentro de si mesmo. Para tanto, ele tem de *saber* o que significa a liberdade, o que ela *é.*

Livre só é o ser humano que vive nas leis de Deus! Assim, e não diferentemente, ele se encontra sem pressões nem restrições nesta Criação. Tudo o auxilia então, em vez de obstruir-lhe o caminho. Tudo o "serve", porque ele de tudo se utiliza de modo certo.

Na realidade, as leis de Deus na Criação são tudo quanto necessita cada ser humano para uma vida sadia e alegre na Criação. Equivalem à nutrição para seu bem-estar! Somente quem conhece a vontade de Deus e vive de acordo com ela é verdadeiramente livre! Qualquer outro tem de atar-se nos muitos fios das leis desta Criação, uma vez que ele mesmo se enredou neles.

A Criação originou-se da vontade de Deus, em Suas leis. Atuando conjuntamente, descem cada vez mais profundamente esses fios das leis e forçam por toda parte movimentação para o desenvolvimento, ramificam-se necessariamente nesse desenvolvimento, cada vez mais, enquanto ao redor dos fios, na movimentação progressiva, formam-se continuamente novas Criações! Desse modo, as leis dão simultaneamente apoio, possibilidade de existência e progressiva ampliação à Criação.

Nada existe sem essa vontade de Deus, a qual, unicamente, gera o movimento. Tudo na Criação se orienta por ela.

Unicamente o espírito humano *não* se ajustou nesses fios! Emaranhou-os, e com isso a si mesmo, porque queria seguir novos caminhos segundo *sua* vontade, desdenhando os já prontos e existentes.

A intensificação da Luz ocasiona agora uma alteração. Os fios de todas as leis divinas da Criação carregam-se de forças aumentadas, de maneira que se esticam poderosamente. Devido a essa enorme tensão, eles voltam rapidamente para sua posição original. Assim, desenreda-se todo o emaranhado e todos os nós de maneira súbita e irresistível, que simplesmente destrói tudo o que não seja mais capaz de ajustar-se à posição certa na Criação!

Seja lá o que for, plantas ou animais, montanhas, rios, países, estados ou seres humanos, ruirá tudo aquilo que não puder mostrar-se no último momento como legítimo e de acordo com a vontade de Deus!

INDOLÊNCIA DO ESPÍRITO

TORNANDO-SE audíveis na Terra, batem agora através do Universo as badaladas das doze horas no relógio do mundo! Amedrontada, a Criação retém seu fôlego; atemorizadas, encolhem-se todas as criaturas, pois a voz de *Deus* soa para baixo e exige! Exige prestação de contas de vós que recebestes a permissão de viver nesta Criação!

Administrastes mal o feudo que Deus em Seu amor vos deu. Serão excluídos todos os servos que só pensaram *em si* e nunca em seu Senhor! E todos quantos procuraram tornar-se senhores. —

Vós, seres humanos, estais receosos diante de minhas palavras, porque não considerais a severidade como divina! No entanto, isso é somente *vossa* culpa, porque até hoje considerastes tudo o que é divino, tudo o que veio de Deus, como sendo amor condescendente, perdoando tudo, uma vez que assim fostes instruídos pelas igrejas!

Essas falsas doutrinas eram, porém, apenas considerações do raciocínio que encerravam em si, como alvo, a pesca em massa de almas humanas terrenas. Para cada pesca se faz necessária uma isca que atue atraindo o que se tem em vista. A escolha acertada de uma isca é essencial para qualquer pesca.

Visto que eram visadas as *almas humanas,* organizou-se habilmente um plano, de acordo com as fraquezas *delas*. O chamariz tinha de corresponder à fraqueza principal! E essa fraqueza principal das almas era o comodismo, a indolência de seu espírito!

A igreja sabia muito bem que o sucesso para ela seria grande, se soubesse desde logo ir largamente ao encontro *dessa* fraqueza e não exigisse que dela abdicassem!

24. Indolência do espírito

Com esse reconhecimento certo, ela aplainou para os seres humanos terrenos um caminho largo e cômodo, que supostamente devia conduzir até à Luz, e apresentou-o sedutoramente a esses seres humanos terrenos, que preferiram outorgar um décimo do fruto de seu trabalho, cair de joelhos, murmurar orações cem vezes do que gastar *um só momento* num esforço *espiritual!*

A igreja dispensou-os, por isso, do trabalho espiritual, perdoando-lhes todos os pecados, se os seres humanos fossem obedientes nas coisas terrenas e exteriores, e executassem o que *a igreja* exigia deles terrenamente!

Seja, pois, em visitas às igrejas, em confissões, na quantidade das orações, nos tributos, presentes ou legados, não importa, a *igreja* se satisfez com isso. Deixou os fiéis na ilusão de que, para cada coisa que outorgassem à *igreja,* lhes ficava reservado também um lugar no reino do céu.

Como se a igreja dispusesse desses lugares para distribuir!

As realizações e a obediência de todos os fiéis os ligam, porém, apenas *com sua igreja,* não com seu Deus! A igreja ou seus servos não podem retirar nenhum grãozinho de pó da culpa de uma alma humana, ou sequer perdoar-lhe! Tampouco canonizar uma alma, intervindo com isso nas perfeitas e eternas leis primordiais de Deus, que são inalteráveis!

Como podem os *seres humanos* ousar opinar e também decidir sobre coisas que repousam na onipotência, na justiça e na onisciência de Deus! Como podem os seres humanos terrenos querer que seus semelhantes acreditem em tais coisas! E não menos criminoso é aceitar credulamente de seres humanos terrenos tais atrevimentos, que tão nitidamente encerram o aviltamento da grandeza de Deus!

Tal coisa incrível apenas pode tornar-se possível entre os irrefletidos rebanhos humanos que, mediante semelhante conduta, dão prova expressa da maior indolência espiritual, pois o mais simples raciocínio fará imediatamente qualquer um reconhecer, sem a mínima dificuldade, que tais atrevimentos não podem ser explicados nem sequer com a arrogância humana ou mania de grandeza, mas sim que nisso residem graves blasfêmias contra Deus!

24. Indolência do espírito

Nefasto terá de tornar-se o efeito da reciprocidade! O tempo da paciência de Deus já passou. Uma ira sagrada cai sobre as fileiras desses criminosos, que procuram assim enganar a humanidade terrena, a fim de aumentar e conservar seu prestígio, enquanto sentem perfeitamente que se trata de coisas que nunca poderão ter direito de arrogar a si!

Como podem atrever-se a dispor sobre o reino de Deus na eternidade? O raio da ira divina fará ressuscitá-los do inconcebível sono espiritual, da noite para o dia, e... os *julgará!* — — —

Que dá um ser humano a seu Deus com sua obediência à igreja! Com isso, não disporá de um único impulso intuitivo *natural,* capaz de ajudá-lo a ascender.

Eu vos digo, os seres humanos na realidade somente podem servir a Deus justamente com *aquilo* que pelas igrejas *não* chegou à vida: com seu *próprio* pensar, com sua análise *independente!* Cada qual tem de transpor *sozinho* os moinhos, a engrenagem das leis divinas na Criação. E por isso é necessário que *cada qual por si* aprenda em tempo certo o tipo dos moinhos e seu andamento.

Foi isso exatamente o que muitas igrejas ocultaram com pertinácia, para que os fiéis não pudessem chegar à indispensável reflexão *própria* e à intuição. Com isso, despojaram os seres humanos daquele bastão, único capaz de guiá-los sem perigo e dirigi-los à Luz, e procuraram, em vez disso, incutir à força em cada ser humano uma interpretação, cuja observância só podia trazer proveitos à *igreja.* Proveitos, influência e poder!

Só com a *movimentação do próprio espírito* podem as almas humanas servir ao seu Criador! E com isso em primeiro lugar e simultaneamente a si mesmas. Somente um espírito humano que se encontre lúcido e vigilante nesta Criação, consciente de suas leis, inserindo-se nelas com os pensamentos e as ações, *este* é agradável a Deus, pois com isso está cumprindo a razão de ser de sua existência, conforme cabe a cada espírito humano nesta Criação!

Isso nunca se encontra, contudo, nas práticas que as igrejas exigem dos fiéis! Pois a elas faltam naturalidade, livre convicção, saber, que são as *condições essenciais* do verdadeiro servir a Deus! Faltam a vivacidade e a alegria, que propiciam ajuda a todas as criaturas, deixando suas almas jubilar na felicidade consciente de poderem coparticipar da beleza desta Criação, como uma parte dela, e *com isso* agradecendo ao Criador e venerando-O!

Em vez de alegres e livres adoradores de Deus, a igreja criou escravos da igreja! *Infiltrou-se* no livre olhar da humanidade, voltado para cima. Obscurecendo com isso a verdadeira Luz. Apenas atou e amordaçou os espíritos humanos, em lugar de despertá-los e libertá-los. Manteve nefastamente os espíritos no sono, oprimindo-os, impedindo-lhes o anseio de saber e o próprio saber, com preceitos que contrariam e se opõem à vontade de Deus! Tudo isso para conservar o *próprio* poder.

Conforme já outrora não recuavam diante de suplícios, de torturas, diante do assassínio de múltiplas maneiras, assim não se atemorizam hoje de caluniar os semelhantes, de falar mal deles, de minar seu prestígio, de atiçar contra eles, de espalhar por seu caminho todos os empecilhos possíveis, sempre que não queiram enfileirar-se obedientemente na multidão dos escravos das igrejas! Manobram com os meios mais sórdidos, só para *sua* influência, *seu* poder terreno.

Exatamente isso virá agora em primeiro lugar a oscilar e ruir no efeito da reciprocidade, pois é o contrário daquilo que *Deus* quer! Evidencia-se assim como se encontram distantes de servir a *Deus* humildemente! —

Multidões intermináveis se deixaram atrair pela sedução da permissiva indolência do espírito para o regaço entorpecente das igrejas! A ilusão nefasta da absolvição barata dos pecados foi acreditada, e, com as massas espiritualmente indolentes, multiplicou-se a influência terrena, com o objetivo final de um poder terreno! Os seres humanos não viram que com essa concepção errada e doutrina errada toda a sagrada justiça de Deus Todo-Poderoso foi obscurecida e conspurcada; viram só o simulado, largo e cômodo caminho para a Luz, que na realidade nem existe! Conduz, através das arbitrárias ilusões de absolvição, para as trevas e para o aniquilamento!

24. Indolência do espírito

A prepotência, hostil a Deus, de todas as igrejas separa seus fiéis de Deus, em vez de conduzi-los até Ele. As doutrinas eram erradas! Mas isso os *próprios* seres humanos teriam de reconhecer facilmente, uma vez que elas contrariam nitidamente a mais simples intuição de justiça! Eis por que os fiéis das igrejas são *tão culpados* quanto as próprias igrejas!

As igrejas anunciam, com as palavras de Cristo, segundo o Evangelho de João:

"Quando, porém, vier aquele que é o Espírito da Verdade, ele vos guiará em toda a Verdade. E quando vier, castigará o mundo por causa dos pecados e por causa da justiça! E trará o Juízo. Eu, porém, voltarei ao Pai e daí em diante não me vereis mais. Saí do Pai e vim ao mundo. Torno a deixar o mundo e regresso para junto do Pai!"

Tais palavras são lidas sem compreensão nas igrejas, porque pelo Filho de Deus já foi claramente dito que virá *outro* que não ele, para anunciar a Verdade e para trazer o Juízo. O Espírito da Verdade, que é a Cruz viva! E, no entanto, também nesse ponto a igreja ensina errado e contra essas palavras claras.

Apesar de que também Paulo escreveu outrora aos coríntios: "*Nosso* saber é imperfeito. Quando, porém, vier o que é perfeito, então cessará o que é imperfeito!"

Nisso, o apóstolo mostra que a vinda daquele que anunciará a Verdade perfeita deve ainda ser esperada e a promessa do Filho de Deus a tal respeito não deve ser relacionada com a conhecida efusão da força do Espírito Santo que então já se dera, quando Paulo escreveu essas palavras.

Ele atesta com isso, que os apóstolos *não* consideraram essa efusão de força como o cumprimento da missão do Consolador, do Espírito da Verdade, conforme atualmente, no Pentecostes, de modo estranho, muitas igrejas e fiéis procuram interpretar, porque tais coisas não cabem de modo diferente em sua organização de crença, mas sim formariam uma lacuna que teria de causar perigosos abalos a essa construção errada.

Contudo, nada lhes adianta, pois é chegado o tempo do reconhecimento de tudo isso, e tudo quanto é errado desmoronará!

24. Indolência do espírito

Até agora não pôde haver ainda nenhum verdadeiro Pentecostes para a humanidade, não pôde chegar-lhe o reconhecimento no despertar espiritual, em virtude de se ter entregado a tantas interpretações erradas, nas quais principalmente as igrejas têm grande participação!

Nada lhes será diminuído da grande culpa! —

E agora vos encontrais, seres humanos, surpresos diante da Palavra nova, e muitos de vós nem mais estão capacitados a reconhecer que ela vem das alturas luminosas, porque ela é tão diferente do que tínheis imaginado! É que vive ainda em vós, em parte, o tenaz embotamento em que vos envolveram igrejas e escolas, para que permanecêsseis obedientes adeptos e não desejásseis o estado de alerta do próprio espírito!

O que *Deus* exige, isso foi até agora indiferente aos seres humanos terrenos! Digo-vos, porém, ainda uma vez: o largo e cômodo caminho, que as igrejas até agora se esforçaram por mostrar enganosamente em prol da própria vantagem, *é errado!* Com as arbitrárias ilusões de absolvição aí prometidas, ele não leva à Luz!

O SER HUMANO TERRENO DIANTE DE SEU DEUS

Seres humanos, como vos mostrastes até agora perante o vosso Deus! Procurastes hipocritamente enganá-Lo, assim como também quisestes enganar a vós próprios com a falsa religiosidade que sempre se apresentou apenas em vossos lábios, mas na qual o espírito nunca tomou parte. *Vós* instituístes regras e práticas em vossos templos, em vossas igrejas, sem indagar se essa maneira era agradável a *Deus*. Bastava que apenas fosse de *vosso* agrado, então, com isso, estava realizado, para vós, o culto a Deus!

Não vedes, pois, quanta presunção existia em tudo isso. *Vós* quisestes determinar o modo. Quanto a isso, nunca perguntastes pela vontade de *Deus*. O que *vós* designastes grandioso devia, como tal, ser também considerado por Deus. Quisestes impor a Deus *vossas* concepções como sendo de direito em todas as coisas, não importando com o que vos ocupastes.

Tudo quanto *vós* considerásseis certo devia Deus recompensar como certo, e tudo quanto *vós* considerásseis errado devia Deus castigar.

Jamais quisestes pesquisar seriamente o que *Deus* reconhece como certo e o que, diante de *Seus* olhos, é errado. Não vos preocupastes com as leis divinas, nem com a inflexível vontade sagrada de Deus, que existe desde toda a eternidade e que nunca mudou, nem mudará jamais!

Nessa vontade de Deus tereis de destroçar-vos e juntamente convosco toda a obra humana errada, que criou leis para servir aos *vossos desejos terrenos*. E vós mesmos, seres humanos, vos encontrais diante de Deus como servos intrigantes, preguiçosos, jamais tendo dado atenção à *Sua* vontade, no egoísmo, na presunção e no ridículo querer saber tudo.

Servos fostes e sois ainda, servos que se tinham na conta de senhores e que por orgulho e preguiça espiritual procuraram combater e derrubar tudo quanto não podiam compreender, se não estivesse em concordância com a obtenção das baixas finalidades terrenas, as quais queriam que fossem consideradas como o mais elevado.

Desditosos, vós que pudestes pecar tanto! Tudo devia servir somente a *vós, até as leis!* Somente o que vos serviu, não importa de que forma, somente o que vos ajudou na satisfação de vossos desejos terrenos, unicamente *isso* reconhecestes como certo, e somente de tais coisas ainda quisestes saber.

Quando, porém, é exigido de vós que vós próprios sirvais com zelo e fidelidade a vosso Senhor, a Quem deveis a existência, ficais completamente espantados, pois estais convencidos de que Ele, sim, é que deve servir-vos com Sua força, Sua grandiosidade e Seu grande amor!

Dado o alto conceito que tendes de vós, isso nem poderia *ser diferente!* Pensastes, pois, que seria suficiente, com relação ao culto a Deus, se reconhecêsseis Deus e em pensamento Lhe pedísseis auxílio para a satisfação de todos os desejos que trazeis em vós. Que Ele, portanto, expresso com palavras claras, *vos sirva* com a onipotência que Lhe é própria, tornando bela vossa vida! Algo diferente não vos chega à mente.

Pedir, no melhor dos casos, foi vosso culto a Deus!

Ponderai com todo o rigor; jamais foi diferente.

Não sentis vergonha e ira ao mesmo tempo, acerca de vós mesmos, se vos examinardes a esse respeito?

A maioria dos seres humanos pensa que a existência terrena não tem outro objetivo, a não ser aquisições terrenas! Quando muito, também, a finalidade de ter uma família e filhos! Quem não *pensa* assim, pelo menos *age* assim! Mas que pode adiantar sob tais hipóteses uma reprodução, conforme denominais, quando na realidade não significa nenhuma reprodução, mas apenas dá a possibilidade de encarnação a outros espíritos humanos, para que estes progressivamente se aperfeiçoem e se desfaçam de antigos erros. Com vossa atuação aumentais a vossa dívida, pois assim impedis a ascensão de todos os espíritos que educais como vossos filhos para a mesma finalidade oca!

De que vale a construção de um reino terrestre, se não visa a glória de Deus, se não age no sentido de Deus, que ainda ignorais por completo e tampouco até agora quisestes aprender a conhecer, visto colocardes *vosso* sentido acima de tudo o mais. Quereis apenas *vos* satisfazer, e esperais ainda que Deus abençoe vossa obra malfeita! Mas servir e cumprir vossas obrigações para com Deus, não tendes a mínima vontade de fazer.

Destruída será agora a atividade presunçosa da humanidade terrena, que em sua ilusão ousa envolver o nome de Deus em tudo quanto é errado, conspurcando assim o que há de mais sagrado!

Sereis derrubados do trono de vossa sutileza intelectiva, para que ao menos alguns poucos dentre vós ainda obtenham a capacidade de receber, com pura humildade, a verdadeira sabedoria proveniente das alturas divinas, a qual unicamente pode tornar-vos seres humanos, pois espontaneamente nunca amadureceríeis para tanto.

Conspurcais o que não vos agrada e logo tomais pedras na mão para eliminar as coisas incômodas que querem impedir-vos de continuar a homenageardes a vós mesmos.

Preferis aclamar os asseclas luciferianos que lisonjeiam vossa vaidade e atiçam vossa presunção para, em seguida, mais seguramente, separar-vos da Luz e conservar-vos na indolência espiritual, que tem de conduzir ao sono da morte de vossa própria existência!

Digo-vos, porém, que agora sereis despertados da embriaguez, do torpor abafadiço que já vos envolve ferreamente. Tereis de despertar mesmo *contra* vossa vontade, nem que seja para identificar no último momento, com o mais tremendo desespero, o que abandonastes voluntariamente com criminosa mornidão, antes de serdes atirados no charco que vos pareceu desejável!

Purificados serão agora a Terra e todo o Universo! Nada mais restará da sujeira, para que assim, em paz e alegria, as criaturas possam servir a seu Senhor, ao Deus Todo-Poderoso, que em Seu amor lhes concedeu outrora o usufruto consciente de todas as bênçãos da Criação.

Quem quiser novamente trazer turvação, desdenhando as leis de Deus na Criação ou mesmo agindo contra elas, será inexoravelmente anulado, pois com tal procedimento ele traz para vós somente inveja, ódio, sofrimento, doença e morte!

Toda essa aflição somente poderá ficar longe de vós, se procurardes realmente conhecer e observar a *Palavra do Altíssimo!* Para isso ela tem de ser compreendida primeiro em *seu verdadeiro sentido!* Até agora, porém, só a tendes interpretado como agradava a vós *próprios!* E não como vos foi dada por Deus, para vosso auxílio e salvação dos perigos mais sérios!

Nem sequer recuais amedrontados por estardes tornando a própria Palavra sagrada em escrava de vossa vaidade, para, mediante a deformação de seu verdadeiro sentido, apenas *vos* servir, em vez de *vós* a servirdes para vossa própria salvação, *naquele* sentido para o qual ela vos foi dada!

Que fizestes da Palavra de Deus em vossas explicações e já ao escrevê-la! Pelo fato de debaterdes sobre ela, pelo fato de, como seres humanos terrenos, vos reunirdes para discuti-la, isso, por si só, já comprova as bases incertas e obscuras daquilo que ousastes apresentar como sendo a pura e sublime Palavra de Deus! A Palavra do Senhor é intocável, simples, clara e encontra-se gravada ferreamente na Criação.

Ali onde não é obscurecida nem alterada, não há sofisticações nem discussões! É compreensível a *todas* as criaturas.

No entanto, em vossa presunção ridícula, considerastes coisa à toa a grandeza dessa simplicidade! Trabalhastes na obscuridade da oficina de vosso cérebro penosamente, até que pudestes deformá-la *tanto* e conformá-la como *vos* agradava, de modo a corresponder aos vossos ínfimos desejos terrenos, às vossas fraquezas e ao alto conceito que tendes de vós e de vossa importância.

25. O ser humano terreno diante de seu Deus

Criastes com isso uma conformação que tinha de servir-vos, que satisfizesse vossa vaidade.

Pois essa espécie de humildade que evidenciais nada mais é senão a mais baixa vaidade, quando falais de vossos grandes pecados, para cuja expiação um *Deus* se ofereceu em sacrifício. *Por vós, um Deus!* Quão valiosos deveis julgar-vos! E não precisais fazer mais nada a não ser condescendentemente pedir remição, atendendo às muitas solicitações!

Nesse curso dos pensamentos, mesmo o mais pretensioso, em sua humildade hipócrita, terá de sentir-se um tanto pesado.

Essa é, porém, apenas uma coisa entre tantas outras. Deformastes *tudo* o que devia tornar clara vossa condição de criatura autoconsciente perante o grande Criador!

Sob a presunção da humanidade terrena nada disso permaneceu puro e sublime. Eis por que a sintonização certa em relação a Deus se desviou por si mesma, tornando-se errada.

Pretensiosos, esperando uma boa recompensa, ou mendigando de modo desprezível, só *assim* estivestes diante de vosso Senhor, quando por acaso uma vez ou outra dedicastes o tempo e o esforço para pensar realmente Nele, forçados por alguma vicissitude, que teve de atingir-vos pelo efeito recíproco de vossas ações!

Mas agora, finalmente, tendes de despertar e tomar a Verdade tal como *é realmente* e não conforme *vós* pensais que seja! Com isso desmoronará tudo quanto é errado, e as lacunas do hipócrita querer saber melhor se tornarão visíveis. Nada mais poderá ocultar-se nas trevas, pois por vontade de Deus de agora em diante haverá Luz, para que as trevas caiam e desapareçam!

Luz haverá agora também sobre a Terra e por toda a imensa matéria! Fulgurantemente se irradiará por todas as partes, desintegrando e cremando todo mal e toda vontade malévola! O que está errado terá de mostrar-se, onde quer que procure ocultar-se, terá de ruir diante do raio da Luz de Deus, que então iluminará toda a Criação! Tudo o que não estiver e não quiser viver de acordo com as maravilhosas leis de Deus afundará no círculo do aniquilamento, de onde jamais poderá soerguer-se! —

TUDO QUANTO É MORTO NA CRIAÇÃO DEVE SER DESPERTADO PARA QUE SE JULGUE!

Juízo Final! Todas as promessas a isso ligadas anunciam a ressurreição de todos os mortos para o Juízo Final. No sentido de tal expressão mais uma vez os seres humanos incluíram um erro, pois isso não deve significar: ressurreição de *todos* os mortos, e sim ressurreição de *tudo* quanto é morto! Isto é: vivificação de tudo quanto se encontre sem movimento na Criação, para que se torne *vivo* para o Juízo de Deus e assim, em sua atividade, ser elevado ou exterminado!

Nada permanece imóvel agora, pois a força viva que agora flui intensificada através de toda a Criação impele, pressiona e obriga tudo à movimentação. Dessa forma, é fortalecido também o que até então repousava ou dormia. É despertado, fortificado e *tem* assim de agir, sendo, em atividade redespertada, praticamente arrastado para a Luz, mesmo que queira esconder-se. Pode-se dizer também que vem à Luz e tem de mostrar-se, não podendo mais continuar dormindo, onde quer que se encontre. Empregando palavras populares: Vem à tona!

Tudo se torna vida e atividade nesta Criação inteira, mediante a nova penetração da Luz! A Luz atrai com isso poderosamente... com ou sem a vontade do que está latente na Criação, ou talvez até escondido, e que chega finalmente em contato com essa Luz, não podendo escapar dela nem que tenha as asas da aurora, e nenhum lugar da Criação inteira pode dar-lhe proteção. Nada permanece sem ser iluminado.

Na movimentação decorrente dessa atração, porém, terá de destroçar-se e queimar nessa Luz aquilo que não suportar a irradiação, aquilo que, portanto, em si próprio já não aspirar mais por essa Luz. O que estiver sintonizado à Luz, porém, florescerá e se fortalecerá na pureza de sua vontade!

Assim também sucederá com todas as *características* das almas desses seres humanos terrenos. O que até então parecia repousar morto, o que dormia, sem o conhecimento muitas vezes da própria pessoa, será sob essa força despertado e fortalecido, será transformado em pensamentos e ações, a fim de, segundo sua maneira de atuar, julgar-se em face da Luz! Ponderai, tudo o que estiver latente *em vós* será vivificado! Nisso se encontra a ressurreição de tudo quanto é morto! Juízo vivo! Juízo Final!

Com isso, tendes de solucionar tudo em vós mesmos, tendes de purificar-vos, ou desaparecereis junto com o mal, caso ele se torne predominante em vós. Então, ele vos *segurará*, caindo sobre vossas cabeças, escumando fragorosamente, para arrastar-vos consigo ao abismo da decomposição, pois ele não poderá subsistir sob o esplendor da força divina! — —

Dei-vos, pois, a Palavra, que mostra o caminho que no despertar desta Criação vos leva seguramente às alturas luminosas, que não vos deixará cair, aconteça o que for e o que surgir dentro de vós! Se tiverdes o olhar voltado para a Luz, com fiel convicção, se tiverdes compreendido direito minha Palavra, se a tiverdes acolhido em vossas almas, então escalareis tranquilamente rumo às alturas, saindo do caos purificados e clarificados, livres de tudo quanto outrora vos poderia ter impedido a entrada no Paraíso.

Por isso, velai e orai, para que não deixeis vossa clara visão turvar-se pela vaidade e pela presunção, que são as piores armadilhas para esses seres humanos terrenos! Acautelai-vos! Conforme tiverdes preparado o terreno dentro de vós, assim acontecerá para vós na purificação da Criação! —

O LIVRO DA VIDA

Assim como a escuridão cobriu o Gólgota quando Jesus, a Luz viva, deixou esta Terra, assim ela se estende agora sobre a humanidade, trazendo-lhe de volta o grande sofrimento que causou ao amor de Deus, com a maneira cruel do ardiloso raciocínio, incapaz da mínima vibração intuitiva, e que, como o mais forte instrumento de Lúcifer, era sagrado para vós! —

Procurai, pois, agora, seres humanos, se puderdes, proteger-vos da ira sacrossanta de Deus com vosso raciocínio! Defendei-vos contra a onipotência Daquele que cheio de graça vos concedeu *esta* parte da Criação para utilização, mas que devastastes e sujastes como uma estrebaria de animais sem trato, a ponto de aí só poderem habitar o sofrimento e a miséria, porque, ante vosso atuar errado e vossa vontade tenebrosa, toda paz e alegria fogem, toda pureza se esconde horrorizada.

Procurai esconder-vos da inflexível justiça de Deus! Ela vos atinge por *toda parte,* executando inexoravelmente a vontade divina, sem diminuir algo da tremenda culpa com que vos sobrecarregastes por obstinação e teimosia.

Sois julgados antes mesmo que possais balbuciar uma única palavra de desculpa, e de nada vos valem todos os pedidos, todas as súplicas, todas as blasfêmias ou imprecações, pois empregastes e dilapidastes imperdoavelmente o último prazo destinado ao exame de consciência e conversão, cuidando apenas de vossos vícios! —

Não vos digo isso como advertência, pois para tanto já é demasiado tarde. Longe estou de continuar a exortar, como tenho feito há anos. Deveis apenas refletir nisso no *vivenciar* vindouro! Por isso, digo mais uma vez o que essa época contém para vós. Talvez o saber disso vos *alivie* muitos sofrimentos, mesmo que isso nada mais possa evitar.

Sabeis que é o resgate da culpa que vós próprios pusestes voluntariamente sobre os ombros, pois ninguém a isso vos obrigou. Se puderdes, mediante minhas palavras, em vosso sofrimento, chegar ao reconhecimento, renascendo assim, dentro de vós, a saudade pela Luz e pela pureza, que se objetiva por um pedido cheio de humildade, então, mesmo afundando, ainda poderá existir salvação para vós, sim, porque o amor de Deus permanece vigilante.

Então também podereis ver a nova vida, que o Senhor só presenteará *aqueles* que de bom grado vibram nas sagradas leis de Sua Criação, que conservam Sua casa, da qual sois apenas hóspedes, livre de todas as ações hostis à Luz e que, por sua vez, não devastem criminosamente os belos jardins, em cujo esplendor e pureza devem alegrar-se continuamente, para nisso fortalecer-se.

Ó cegos, por que não quereis despertar! De tanta coisa grave poderíeis poupar-vos. Dessa forma, porém, todo o vosso ser terá de envolver-se em escuros véus de profunda melancolia, dos quais somente através dos relâmpagos fulminantes da sagrada ira de Deus ainda poderão advir-vos libertação e salvação!

E essa ira irromperá sobre vós com inimaginável poder no sagrado Juízo! —

O Juízo, no entanto, é *diferente* do que pensais. Sabeis da existência de um Livro da Vida, que pelo Juiz Deus em determinada hora será aberto para *cada* um!

O Livro da Vida mostra *os nomes* de todas as criaturas que chegaram à vida, e nada mais.

As folhas escritas, porém, que constituem esse grande Livro da Vida, que mostram os prós e os contras de cada pensamento e de todas as ações de cada um isoladamente, são *as próprias almas,* nas quais está impresso tudo quanto elas vivenciaram e executaram no decorrer de sua existência.

Nisso, fácil é ao Juiz ler claramente todos os prós e os contras. Quanto a essa leitura, pensais também erradamente. Também isso é muito mais simples do que procurais imaginar.

O Juiz não faz cada alma isoladamente caminhar até diante Dele, até diante de Seu trono, e sim envia em missão de Deus seus golpes de espada *pelo Universo!* Os golpes de espada são *irradiações* que emanam, atingindo *tudo* na Criação.

Reconhecei a grande simplicidade e a surpreendente naturalidade! O Juiz não envia os raios a este ou àquele, consciente ou deliberadamente, não, simplesmente os *emite* por ordem sagrada de Deus, pois é a força de *Deus;* nada mais poderia atuar dessa maneira senão a Sua sacrossanta vontade!

Os golpes da irradiação, ou as irradiações, atravessam, portanto, a Criação toda, mas com uma força *até então jamais havida*.

Nada consegue esconder-se de seu efeito! E assim, o raio da força de Deus atinge também *cada alma* em determinada hora na lei da atuação da Criação.

Então, tudo quanto a alma humana ainda traz consigo, por ocasião do impacto do raio de Deus, que nem se torna visível a ela, terá de reviver e também chegar aos efeitos e atividade, a fim de que *nisso* se concretize seu último fechamento de ciclo, que elevará ou afundará essa alma.

Do que tal alma, no decorrer de sua existência, já foi capaz de livrar-se quanto ao erro e ao mal, em resgates no vivenciar consentâneo com as leis da Criação, fica extinto de tal maneira como se nunca tivesse existido; por isso, não pende mais nela, não está mais impresso nela. Está livre disso e limpa; por conseguinte, não pode causar-lhe nenhum dano.

Somente aquilo que *ainda não* encontrou seu fechamento de ciclo e que, portanto, ainda pende nela, ainda lhe está ligado, será sem mais demora forçado para o fechamento de ciclo sob a pressão da Luz, ao mesmo tempo que, revivendo, se *mostra* nas tentativas de atividade, e nisso também recebe o golpe que lhe é devido.

Tais golpes estão exatamente de acordo com a força da própria vontade que, desencadeando-se pelo *efeito recíproco*, se dirigem *contra* a alma como ponto de partida! Pela pressão irresistível da Luz ficará tudo agora fortalecido e rechaçado para o ponto de partida, para a alma, sejam coisas boas ou más.

E tudo o que, de outro modo, no decorrer lento do âmbito condensado e endurecido de todas as almas humanas na Terra talvez ainda precisasse de muitos milênios para fechar-se no ciclo, será agora comprimido em poucos meses pela propulsão que ser humano algum esperava, decorrente da força dos golpes da Luz.

Assim se processa o Juízo universal em sua simples naturalidade! É desta vez o *"Juízo Final"*, que tantas vezes vos foi anunciado! Contudo, seus desencadeamentos são bem diferentes do que imaginastes. O que a tal respeito vos foi anunciado outrora deu-se *em imagens,* porque de outra forma nem teríeis compreendido.

Através da Mensagem do Graal, contudo, progride vosso saber sobre a atuação na Criação, podendo, por isso, sempre vos ser dito algo mais, pois hoje, devido à minha Mensagem, já podeis compreender.

Os golpes de espada do derradeiro dia investem como fortes irradiações de Luz em direção à Criação e fluem através de todos os canais já formados mediante os efeitos automáticos das leis divinas na Criação, e constituídos por todo o intuir, pensar, querer e também atuar dos seres humanos, como pontos de partida.

Por isso, os raios julgadores serão dirigidos através desses canais já existentes, com incontestável segurança, a todas as almas, produzindo lá seus efeitos de acordo com o estado da respectiva alma, mas *tão* aceleradamente, que toda a sua existência será trazida em poucos meses para o *último fechamento de ciclo* de toda a atuação de até então, soerguendo essas almas ou derrocando-as, vivificando-as e fortalecendo-as ou destruindo-as, de acordo com o estado real!

Assim é o Juízo! *Hoje* podeis através da Mensagem compreender o processo descrito.

Antes não o teríeis podido compreender e, por isso, tudo teve de ser anunciado em simples imagens, correspondendo aproximadamente ao funcionamento do processo. —

E esses golpes do Juízo Final já estão a caminho de vós, a caminho de cada um na Criação, não importando se está ou não com seu corpo terreno.

Os primeiros já vos atingiram e assim revive tudo quanto ainda pende em vossas almas.

Mas também os *últimos* golpes, que trazem aniquilação ou elevação, são enviados com severidade dominadora, para consumar a purificação nesta Terra! Já se estão arremessando sobre a humanidade, e nada consegue em parte alguma detê-los. Na hora exatamente determinada por Deus será a humanidade atingida de maneira inexorável, porém justa! —

O REINO DE MIL ANOS

LENDARIAMENTE flutua ele no pensamento de muitos seres humanos que estão a par da promessa, no entanto vago, sem forma, porque ninguém sabe fazer uma ideia real dele!

O reino de Mil Anos! Pretensos conhecedores sempre de novo se empenharam em apresentar um esclarecimento sobre a maneira de efetivação da grande época de paz e alegria que aí deve existir. Nunca conseguiram, porém, uma aproximação da Verdade! Todos andaram errados, porque nisso reservaram aos seres humanos terrenos um papel demasiadamente preponderante, como sempre acontece com tudo quanto os seres humanos pensam. Deixaram valer, além disso, as concepções anteriores, edificaram por cima delas e, por essa razão, cada uma dessas edificações tinha de ser considerada, já de antemão, errada, não importando como era constituída.

E depois o ser humano se esqueceu do essencial! Ele não contou com a condição igualmente prometida de que, *antes* do reino de paz de Mil Anos, *tudo* tem de tornar-se *novo* no Juízo! Essa é a condição básica indispensável para o novo reino. No solo existente até agora, ele não pode ser levantado! Antes, *tudo* o que é velho tem de tornar-se novo primeiro!

Isso não significa, porém, que o que é velho tenha de refortificar-se, na mesma forma de até então, mas sim a expressão "novo" condiciona uma transformação, uma transmutação do velho!

Em seu cismar, o ser humano deixou de refletir sobre isso, nunca progredindo, por essa razão, em sua imaginação.

O que mais tem de modificar-se antes no Juízo é o próprio ser humano, pois foi só ele que trouxe a confusão à Criação posterior. Dele decorreu, por sua vontade errada, a desgraça no mundo.

A beleza, a pureza e a saúde originais, que sempre são a consequência de uma vibração nas leis primordiais da Criação, foram sendo torcidas e desfiguradas pouco a pouco, devido à vontade errada desta humanidade. Só puderam formar-se ainda caricaturas nesse desenvolvimento ininterrupto, em vez de amadurecimento sadio em direção à perfeição!

Imaginai, pois, o oleiro sentado diante do torno e da argila, que em sua flexibilidade se deixa plasmar em todas as formas. O torno, porém, não é movido pelo próprio oleiro, e sim por uma correia de transmissão que, por sua vez, a força de uma máquina não deixa parar.

Mediante a pressão do dedo conforma-se, então, a argila em contínua rotação, rotação que a pedra executa tendo a argila em cima. De *acordo*, porém, com a pressão do dedo, *assim* se vai moldando a forma, que pode sair bonita, feia, horrível.

De idêntica maneira age também o espírito do ser humano neste mundo da Criação posterior. Como espírito, ele exerce a direção por meio de sua vontade, isto é, a pressão sobre parte do enteal, que forma a matéria fina e também a grosseira. O enteal é para o espírito o dedo que exerce a pressão, conforme sua vontade. A argila é a matéria fina e a matéria grosseira, mas o movimento, que se dá independentemente do espírito humano, são os movimentos automáticos das leis primordiais da Criação, semelhantes a correntes, que impelem ininterruptamente para o desenvolvimento tudo o que o ser humano forma com sua vontade.

Assim, a vontade do espírito humano é responsável por muita coisa que se desenvolve na Criação posterior, pois *ele* exerce como espírito a pressão que determina a espécie da forma. Nada pode ele querer sem simultaneamente formar! Seja o que for! Por isso, nunca pode subtrair-se também à responsabilidade por tudo quanto tem formado. Sua vontade, seu pensar e seu atuar! Tudo toma forma na engrenagem deste mundo.

28. O reino de Mil Anos

Que o ser humano não o soubesse ou mesmo não quisesse saber, fica por sua conta, é sua culpa. Sua ignorância não altera o efeito.

Assim, devido à sua vontade errada, sua obstinação e sua presunção, reteve não somente todo desabrochar verdadeiro, mas sim estragou a Criação posterior, e em lugar de agir beneficamente só o fez de modo nocivo!

Exortações por meio de profetas, depois pelo próprio Filho de Deus, foram insuficientes para modificá-lo, a fim de tomar o caminho certo! Não *quis* e nutriu cada vez mais sua presunção de dominador do mundo, na qual já se ocultava o germe de sua queda imprescindível, o qual cresceu com a presunção, preparando as catástrofes que então terão de desencadear-se segundo as eternas leis primordiais da Criação, as quais o ser humano deixou de reconhecer, impedido por sua presunção senhoril.

Os horrores vindouros têm sua causa apenas na deformação das leis primordiais divinas, devido à vontade errada desses espíritos humanos na Criação posterior! Pois essa vontade errada levou todas as correntezas de força, que atuam automaticamente, para a confusão. Mas seu curso não pode ser alterado impunemente, uma vez que elas, enlaçadas e enredadas, depois se desatam em dado tempo *violentamente*. O desatar e o desenredar mostram-se nos efeitos a que chamamos catástrofes. Pouco importando se ocorram em organizações estatais, em famílias, em pessoas individualmente ou povos inteiros, ou em forças da natureza.

Assim, desmorona por si mesmo tudo quanto é errado, julgando-se através da força que há nas correntezas e que foram conduzidas erradamente pela presunção da humanidade, de modo diferente que o desejado por Deus, pois essas correntezas podem produzir *somente* bênçãos, quando andam por *aqueles* caminhos que lhes estão previstos pelas leis primordiais, isto é, que foram determinados pelo Criador. Nunca de outra forma.

Por isso, o fim também pôde ser previsto há milhares de anos porque, com a sintonização erradamente pretendida do ser humano, outra coisa nem poderia acontecer, visto que os efeitos finais de todos os fenômenos permanecem sempre ligados rigorosamente às leis primordiais.

Já que os espíritos humanos demonstraram absoluta incapacidade de reconhecer sua missão nesta Criação, pois eles próprios deram prova de não querer de modo algum cumpri-la, desdenhando-a e interpretando erradamente todas as advertências de convocados e de profetas, até mesmo a do próprio Filho de Deus, cunhando sua hostilidade mediante a crucificação, intervém Deus agora *rigorosamente*.

Por isso, o reino de Mil Anos!

Somente com *rigor* pode ainda ser ajudada a Criação posterior, bem como a humanidade, que provou que com vontade livre nunca se decidiu a tomar o caminho certo que tem de trilhar na Criação, a fim de nisso estar conforme a vontade de Deus, atuando também beneficamente como *aquela* criatura, que ela realmente é, por ser espiritual.

Por esse motivo, ficará a humanidade agora no Juízo *sem direitos,* será *deserdada* por um tempo do direito mantido até agora, de dominar com sua *vontade humana*, dirigindo e formando esta Criação posterior! Deserdada por mil anos, para que finalmente possa haver paz e esforços em direção à Luz, segundo as leis primordiais na Criação, contra as quais até agora o ser humano se colocou hostilmente.

A possibilidade e a garantia do reino de paz há muito almejado é dada, portanto, pela deserdação de todos os atuais direitos da humanidade na Criação posterior! *Assim* se encontra o ser humano diante de seu Deus! *Disso* tem ele agora de prestar contas. *Este* é o sentido e a necessidade do reino de Deus do Milênio aqui na Terra. Uma triste verdade que nem pode ser mais vergonhosa para esta humanidade! Mas... é o único auxílio.

Assim, o reino de Mil Anos será *uma escola para a humanidade,* onde deverá aprender *como* tem de portar-se nesta Criação posterior, de que maneira pensar e atuar, para cumprir corretamente a missão que lhe compete e assim ser feliz!

Para tal finalidade, fica a vontade humana, em sua função dominadora, impedida na Criação posterior por mil anos, depois que no Juízo for destruído o que ela semeou e conduziu erradamente!

Durante mil anos imperará unicamente a vontade de Deus, a que todo espírito humano terá de sujeitar-se, assim que conseguir passar no Juízo!

Caso advenha depois ainda uma falha como até agora, então a humanidade tem de contar com a aniquilação total!

Assim é o reino de Mil Anos e sua finalidade! A humanidade, em sua presunção e na ilusão de sua importância, imaginou isso muito diferente. Mas aprenderá e terá de vivenciar como realmente é!

Também nisso reside apenas uma *graça* de Deus para ajudar aqueles cuja vontade seja realmente pura!

UMA PALAVRA NECESSÁRIA

ACAUTELA-TE, espírito humano, pois tua hora é chegada! Só para maldades te serviste do tempo que te foi outorgado para o desenvolvimento que tanto almejaste!

Acautela-te com a tão atrevida presunção de teu raciocínio que te arremessou nos braços das trevas, que hoje triunfantemente te cravam as garras!

Levanta o olhar! Estás no Juízo divino!

Despertai e tremei, todos vós que, por causa da estreiteza e visão restrita, vos aglomerais ao redor do bezerro de ouro das coisas efêmeras, como borboletas atraídas por falsos fulgores. Por vossa causa quebrou outrora Moisés, enfurecido e decepcionado, as Tábuas das Leis de vosso Deus, destinadas a auxiliar-vos na ascensão para a Luz.

Esse quebrar foi o símbolo vivo de que a humanidade inteira não merecia conhecer a vontade de Deus, aquela vontade que ela repeliu com comportamento frívolo e presunção terrena, para dançar ao redor de um ídolo que ela mesma havia feito e, assim, dar livre expansão aos próprios desejos!

Mas agora se aproxima o fim no último efeito retroativo, as consequências, a retribuição! Pois nessa vontade, outrora tão levianamente rejeitada, deveis agora arrebentar-*vos!*

Aí não adianta mais nenhuma queixa, nenhum pedido, pois durante milênios vos foi dado tempo para reflexão! Mas jamais tivestes tempo para isso! Não quisestes, e ainda hoje vos julgais demasiado sábios em vossa incorrigível presunção. Não quereis reconhecer que *exatamente nisso* se mostra a maior estupidez. Com isso, acabastes transformando-vos neste mundo nos vermes nocivos que outra coisa não sabem fazer senão injuriar com obstinação toda a Luz, porque em vossa teimosia, cavando só nas trevas, perdestes toda a possibilidade de erguer livremente o olhar na busca de reconhecer ou suportar a Luz.

Com isso sois agora marcados por vós próprios!

Por essa razão, recuareis cambaleando, ofuscados, tão logo a Luz torne a raiar, e afundareis irremediavelmente no abismo que já se abriu atrás de vós, a fim de tragar os então condenados!

E aí deveis ficar atados inexoravelmente, para que todos quantos se esforçam por alcançar a Luz possam encontrar, com reconhecimento bem-aventurado, o caminho para tanto, livre de vossa presunção e de vossos desejos, que vos levam a aceitar lantejoulas ao invés de ouro puro! Afundai nesse pavor letal que vós próprios preparastes com incrível afinco! De agora em diante não devereis mais poder perturbar a Verdade divina!

Como se esforçam os homúnculos por apresentar seu ridículo e aparente saber, trazendo-o para o primeiro plano, perturbando dessa maneira tantas almas que poderiam salvar-se, se não tivessem caído nas garras desses depredadores do espírito que, quais salteadores, espreitam no primeiro lance do caminho, *aparentando* seguir na mesma direção. Que é, porém, que oferecem realmente? Com grandes gestos e palavras vazias baseiam-se, vaidosos e ostensivos, em tradições cujo verdadeiro sentido nunca compreenderam.

A voz do povo emprega para isso uma boa expressão: Batem palha vazia! Vazia porque não levantaram do chão, concomitantemente, os próprios grãos, para os quais lhes falta a compreensão. Tal estreiteza está disseminada por toda parte; com teimosia estúpida repetem frases alheias, já que não podem dar nada de seu.

Contam-se aos milhares os que disso fazem parte, e há outros milhares ainda que cuidam possuir com *exclusividade* a verdadeira crença! Humildemente advertem, com satisfação íntima, a respeito da presunção, quando se trata de algo acima de sua compreensão! *São dos piores até!* Trata-se exatamente dos que já estão condenados, porque jamais poderão ser auxiliados devido à obstinação em suas crenças. Quando perceberem que foi um erro, já não adiantará mais nenhum espanto, nenhum lamento e nenhum pedido. Pois não quiseram de maneira diferente, perderam seu tempo. Não se deve sentir tristeza por causa deles. Cada instante é demasiado precioso para que se possa perdê-lo com esses que querem saber tudo melhor, pois jamais despertarão de sua teimosia, mas afundarão nisso cegamente! Com palavras repugnantes e asquerosas, com afirmações de sua crença em Deus, com seu apenas ilusório reconhecimento de Cristo!

Não são melhores as massas daqueles que executam seu culto a Deus com a regularidade e empenho de outros trabalhos, como necessários, úteis e convenientes. Em parte também por hábito, ou porque é "costume". Talvez também por ingênua precaução, porque enfim "não se pode saber para que, afinal de contas, isso é bom". *Desaparecerão como um sopro no vento!* —

Com mais razão pode-se lastimar os pesquisadores que, não obstante sua séria vontade de investigação, descuidam de sair do matagal em que remexem infatigavelmente, supondo encontrar *aí* um caminho que vá ter ao começo da Criação. Isso, contudo, de nada adiantará, não valendo sequer como desculpa! Aliás, estes são poucos, pouquíssimos. A parte principal dos que se intitulam pesquisadores se perdem em brincadeiras insignificantes.

A maioria restante da humanidade, porém, *não tem tempo* para "introspecção". Aparentemente, trata-se de seres humanos terrenos muito atormentados, bastante sobrecarregados com trabalho, a fim de conseguir satisfazer os desejos terrenos e as necessidades cotidianas e, por fim, também outras coisas que vão muito além disso. Não reparam que os desejos, quanto mais satisfeitos mais aumentam, e que devido a isso não se lhes apresenta nunca a meta final, e os que se esforçam assim *nunca* chegam a obter tranquilidade, nunca encontram tempo para o despertar *interior!* Absolutamente sem alvo elevado para a eternidade, deixam-se arrastar através da existência na Terra, escravizados pelas cobiças terrenas.

Enfim, exaustos por tal atividade, precisam ainda cuidar também do corpo, repousando, distraindo-se, mudando de ambientes. Assim não lhes sobra tempo, naturalmente, para as coisas extraterrenas, espirituais! Caso sobrevenha, uma vez ou outra, alguma tênue intuição com referência ao "depois da morte", ficam na melhor das hipóteses algo pensativos por um momento, mas nunca se deixam dominar nem despertar por isso, recalcando logo irritados tudo isso, e lamentando que, mesmo que quisessem realmente, não poderiam incomodar-se com isso! Para tanto não dispõem de *nenhum* tempo!

Muitos querem até que a possibilidade lhes seja facultada por *outros*. Também não é raro se queixarem do destino e resmungarem contra Deus! Com todos esses, cada palavra evidentemente é perdida, porque *nunca querem* reconhecer que só dependia deles mesmos dar outra forma a tudo isso!

Para eles só há necessidades *terrenas,* que vão sempre aumentando, à medida dos sucessos. Nunca desejaram *seriamente* outra coisa. Sempre criaram obstáculos de toda sorte a tal respeito. Levianamente relegaram isso para o quinto ou o sexto lugar, a que só se dirigem em graves aflições ou na hora da morte. Para todos, isso permaneceu até hoje coisa secundária, que ainda tem tempo!

Tendo-se dada, porém, *uma oportunidade bastante notória* para se ocuparem seriamente com isso, surgiram logo desejos extras, que não passam de desculpas, como: "Quero *antes de tudo* fazer isto ou aquilo, e depois, sim, de bom grado estarei disposto a tanto". Exatamente como Cristo já mencionara outrora!

Em parte alguma se encontra a seriedade tão indispensável à mais necessária de todas as coisas! Isso lhes parecia demasiadamente distante. Por essa razão, agora estão *todos* perdidos, todos! Nenhum deles logrará entrada no reino de Deus!

Frutos apodrecidos para a ascensão, que só espalham essa podridão à sua volta. Considerai, pois, vós mesmos, quem *então* ainda pode sobrar! Um quadro triste! Contudo, infelizmente bem verídico. —

E quando, agora, o Juízo amolecer a humanidade, ela cairá depressa de joelhos na poeira! Contudo, imaginai já *hoje de que maneira* ela então se ajoelhará: em todo o seu estado miserável, e ao mesmo tempo ainda arrogantemente, pois novamente apenas lamentando e *pedindo que lhe seja dado auxílio!* Que *lhes seja retirada* a pesada carga com que eles próprios se sobrecarregaram e que ameaça esmagá-los! *Esses* são, então, seus pedidos! Ouvis bem? Pedem o afastamento do sofrimento, porém, nenhum pensamento aí na própria melhora interior! Nem sequer *um* desejo sincero de mudança voluntária da compreensão errada em que andaram, visando apenas a coisas terrenas! Nem a *mínima* vontade de reconhecer seus erros e faltas de até então, e nem de confessá-los corajosamente.

E quando então o Filho do Homem, na grande aflição, apresentar-se entre eles, tratarão logo de estender as mãos para ele, chorando, suplicando, porém somente na esperança de que *os ajude segundo seus desejos,* isto é, que suspenda o sofrimento, conduzindo-os a uma nova vida!

Ele, porém, repelirá a maior parte desses pedintes como vermes venenosos! Pois todos esses que aí estão suplicando, depois de tal auxílio, logo tornariam a cair em seus antigos erros, envenenando o ambiente. Ele acolherá *somente aqueles* que lhe pedirem forças, a fim de se erguerem finalmente para uma contínua melhora; aqueles que se esforçarem, cheios de humildade, para afastar a teimosia até então mantida e saudar alegremente como salvação a Palavra da Verdade que promana da Luz! —

Uma compreensão da Mensagem do Graal, bem como, antes, da Mensagem do Filho de Deus, só lhes será possível quando atirarem para o lado *tudo* quanto o espírito humano construiu por meio de sua compreensão vaidosa, e *recomeçarem tudo desde o princípio!* Têm, antes, de tornar-se como as crianças! Uma transferência, saindo dos erros de até agora, é impossível. Tem de ser uma completa transformação para o *novo,* desde a base, crescendo e fortalecendo-se pela simplicidade e humildade.

Se os seres humanos fossem ajudados de acordo com o que pedem na hora do perigo e da aflição, tudo seria depressa esquecido outra vez, assim que lhes fosse tirado o temor. Sem escrúpulos, em sua incompreensão, novamente começariam a criticar em vez de ponderar com acerto.

Tal perda de tempo será inteiramente impossível no futuro, pois a existência desta parte do mundo está correndo para seu final. Para cada espírito humano significa agora: ou uma coisa — ou outra! Salvação dos emaranhados por ele criados ou afundamento nisso!

A escolha é livre. Mas as consequências da decisão são determinantes e imutáveis!

Como libertados de uma grande pressão, os salvos então respirarão e jubilarão, tão logo as trevas imundas e repelentes, através dos golpes de espada da Luz, tiverem de afundar nas profundezas que lhes competem, junto com as criaturas que a elas quiseram apegar-se!

Então, a Terra ficará purificada de todos os pensamentos pestíferos, reerguendo-se virginalmente, e a paz florescerá para todos os seres humanos!

O GRANDE COMETA

JÁ HÁ anos vêm os entendidos falando da vinda dessa estrela tão significativa. O número dos que a esperam vai assim aumentando cada vez mais, e mais e mais se vão densificando as alusões a respeito, de maneira que, na realidade, deve estar iminente seu aparecimento. Entretanto, *o que* ela significa, o que traz, de onde vem, ainda não foi esclarecido direito.

Julgam que sua vinda acarretará transformações de caráter incisivo. Contudo, essa estrela significa muito mais.

Estrela de Belém *pode* ela ser chamada, porque é da mesmíssima espécie daquela. Sua força levanta as águas para grandes alturas, traz catástrofes climáticas e outros fenômenos mais. A Terra treme quando seus raios a envolvem.

Desde o acontecimento em Belém, nada mais ocorreu de semelhante. Assim como a estrela de Belém, também esta se desligou do reino eterno dos espíritos primordiais numa determinada época, a fim de que chegasse a atuar nesta Terra no momento exato em que deverão passar por toda a humanidade os anos de iluminação espiritual.

A estrela vem fazendo seu percurso em linha *reta* desde o reino eterno até esta parte do Universo. Seu núcleo está repleto de elevada força espiritual; ela se envolverá com matéria e, dessa forma, será visível também para os seres humanos terrenos. Seguro e imperturbável, prossegue o cometa em seu rumo e na hora certa estará presente, conforme já há milênios foi determinado.

Os primeiros e imediatos efeitos já principiaram nos últimos anos. Quem não quiser ver e ouvir isso, quem não sentir o ridículo de pretender apresentar tudo quanto já vem acontecendo de *extraordinário*, como fatos comuns, para esse naturalmente toda ajuda é inútil. Ou quer fazer como o avestruz, por medo, ou está sobrecarregado com a pior restrição. A ambas as espécies deve-se deixar seguir seus caminhos sossegadamente, podendo-se apenas dar um sorriso ante suas afirmações de fácil contestação.

Aos que entendem, também poderia ser dito onde irão atingir os primeiros raios *fortes*. Mas como tais radiações envolverão a Terra toda, pouco a pouco, não há motivo para entrar em maiores explicações a respeito. Decorrerão anos até chegar a esse ponto, e passarão anos até que a Terra torne a ficar livre dessa influência.

Então ela estará *purificada* e *renovada* em *todos os sentidos,* para bênção e alegria de seus habitantes. Nunca foi tão bela como então há de ficar; por isso deve cada fiel olhar para o futuro com serena confiança, sem apavorar-se com o que possa ocorrer nos próximos anos. Se puder volver os olhos para Deus, cheio de confiança, não lhe sobrevirá nenhum sofrimento. — —

O MESTRE DO UNIVERSO

O MESTRE do Universo não se denomina acaso assim porque deva instruir o Universo ou talvez fundar uma religião que venha unificar o Universo, ou, em sentido mais restrito, a Terra, ou, melhor ainda, a humanidade da Terra ou que domina a Terra, mas é chamado Mestre do Universo porque *esclarece* o "Universo", trazendo ensinamentos a respeito dele. Aquilo que o ser humano realmente precisa saber! Ensina a *reconhecer* o "Universo" em sua atuação automática, para que os seres humanos terrenos possam orientar-se de acordo, possibilitando-lhes, dessa forma, ascender conscientemente, no reconhecimento das verdadeiras leis do Universo!

Trata-se, portanto, de uma doutrina do Universo, de ensinamentos a respeito do Universo, isto é, da Criação.

Atrás desse *legítimo* Mestre do Universo se encontra, conforme outrora com Cristo, radiante e visível aos *clarividentes puros,* a grande *Cruz do Salvador!* Pode-se dizer também: *"Ele porta a Cruz"!* Isso, no entanto, nada tem a ver com o sofrimento e o martírio.

Esse será um dos sinais de "vivo fulgor" que nenhum mago ou charlatão, mesmo o mais esperto, conseguirá imitar, e mediante o qual se reconhecerá a absoluta legitimidade de sua missão!

Esse fenômeno extraterreno não é acaso desconexo ou apenas arbitrário; portanto, não é antinatural. Compreende-se imediatamente a conexão, logo que se conhecer o verdadeiro sentido da "Cruz do Salvador". A Cruz do Salvador não tem a mesma significação da cruz do sofrimento de Cristo, por meio da qual a humanidade não podia ser salva, conforme descrevo pormenorizadamente na dissertação "A Morte na Cruz" e tantas vezes tenho repetido. Trata-se de algo bem diferente, por sua vez aparentemente simples, e, no entanto, de porte gigantesco! A Cruz já era conhecida antes do tempo terreno de Cristo. É o sinal da Verdade divina! Não somente o sinal, mas também sua forma viva. E como Cristo foi o portador da autêntica Verdade divina, e emanou da Verdade, estando em ligação imediata com ela, trazendo consigo uma parte dela, ela aderiu também vivamente a ele e nele! Ela é *visível* na Cruz viva, portanto luminosa e autonomamente *radiante!* Pode-se dizer que ela é a própria Cruz. Lá onde se encontra essa Cruz radiante se encontra também, por conseguinte, a Verdade, porque essa Cruz não pode ser separada da Verdade; ambas são uma só, *porque essa Cruz mostra a forma visível da Verdade*.

A Cruz que emite raios ou a Cruz radiante *é,* portanto, a Verdade em sua própria forma primordial. E como unicamente por intermédio da Verdade o ser humano pode subir e não de outra forma, logo o espírito humano só poderá encontrar a verdadeira *salvação* no reconhecimento ou conhecimento da Verdade divina!

E como, por sua vez, a salvação só se encontra na Verdade, daí resulta que a Cruz, isto é, a Verdade, é a Cruz salvadora, ou a *Cruz do Salvador!*

É a Cruz do Salvador! *O Salvador, porém, é a Verdade* para a humanidade! Somente o conhecimento da Verdade e a decorrente utilização do que a Verdade encerra, ou do caminho apontado pela mesma Verdade, pode conduzir o espírito humano de sua atual escuridão e perdição para cima, rumo à Luz, libertando--o e salvando-o da situação presente. E como o Filho de Deus, enviado, e o Filho do Homem, já a caminho, são os *únicos* portadores da Verdade *límpida,* e a trazem em si, ambos têm de trazer consigo, de modo natural e inseparável, também a Cruz; portanto, são portadores da Cruz radiante, portadores da Verdade, portadores da salvação que reside para os seres humanos na Verdade. Trazem a salvação pela Verdade para quantos a acolherem, isto é, para os que seguirem o caminho apontado.

— Que vale aí todo o palavreado astuto dos seres humanos? Ele se desvanecerá na hora da aflição.

Por isso, o Filho de Deus disse aos seres humanos que tomassem da *Cruz* e o seguissem, isto é, portanto, que *recebessem a Verdade e vivessem de acordo com ela!* Que se adaptassem às leis da Criação, aprendessem a compreendê-las direito e só se utilizassem delas, por meio de seus efeitos automáticos, para o bem.

Mas que tem feito desse fato simples e natural a mente humana tão restrita! Uma doutrina de sofrimento que Deus e o Filho de Deus nunca desejaram! E com isso foi tomado um caminho *errado,* que não se encontra em harmonia com o caminho apontado, e sim se afasta para bem longe da vontade de Deus, a qual só deseja conduzir para a alegria, e não para o sofrimento.

É naturalmente um símbolo terrível para a humanidade que o Filho de Deus tenha sido pregado por ela, outrora, exatamente na forma terrenamente apresentada da configuração da Verdade, e martirizado até a morte, portanto, sucumbindo terrenamente no símbolo da Verdade que ele trouxe. A cruz do sofrimento das igrejas *não* é, porém, a Cruz do Salvador.

Diz-se do Filho de Deus que é "aquele que se encontra na força e na Verdade". A força é a vontade de Deus, o Espírito Santo. Sua forma visível é a Pomba. A forma visível da Verdade é a Cruz autonomamente irradiante. Ambas eram visíveis vivas no Filho de Deus, porque ele se encontrava nelas. Tratava-se então, nele, de um fenômeno natural e lógico.

O mesmo se verá também no Filho do Homem! Por cima dele, a Pomba; atrás dele, a Cruz do Salvador, pois ele está, por sua vez, inseparavelmente ligado a isso, como portador da Verdade "que se encontra na força e na Verdade"! *São os sinais infalíveis de sua legítima missão, para que se cumpram as promessas.* Os sinais que nunca serão imitados, que são indestrutíveis, que advertem e que também prometem, não obstante sua severidade terrível! Todas as trevas têm de desaparecer diante deles!

Elevai o olhar! Assim que os inexoráveis indícios de sua vinda se anunciarem, desembaraçando-lhe o caminho dos empecilhos que a presunção humana ali amontoou, *cairá a venda dos olhos de muitos* que são agraciados por reconhecê-lo *dessa maneira!* E em altas vozes *terão* que dar testemunho, impelidos pela força da Luz.

Nenhum sequer dos inúmeros falsos profetas e guias de hoje poderá permanecer diante *dele,* pois é por ambos os altos signos, que ninguém pode portar, *a não ser* o Filho de Deus e o Filho do Homem, que o próprio Deus fala a favor de Seus servos, e toda a astúcia humana terá de calar-se em face disso. —

Prestai atenção à hora, está mais próxima do que *todos* pensam.

O ESTRANHO

As trevas pairavam novamente sobre a Terra. Obscureciam triunfantemente os seres humanos, fechando o caminho para o reino espírito-primordial. A Luz de Deus se retirara deles. O corpo que servira para isso, como receptáculo terreno, pendia na cruz, ensanguentado e destruído, como vítima do protesto daqueles a quem quis trazer a felicidade e a sagrada paz.

No ponto mais alto de toda a Criação, na radiante proximidade de Deus, encontra-se o Supremo Templo do Graal, como Templo da Luz. E lá dominava imensa tristeza por causa dos espíritos humanos desencaminhados nas profundezas, que se fecharam hostilmente à Verdade, pela cega ilusão do querer saber melhor, deixando-se atiçar pelas trevas cheias de ódio e perpetrando até o crime contra o Filho de Deus. Pesadamente se abatia sobre o mundo todo essa maldição criada pela humanidade, oprimindo-a numa estreiteza de compreensão ainda maior. —

Com sério espanto, um jovem contemplava, lá do Supremo Templo do Graal, o monstruoso acontecimento... o futuro Filho do Homem. Já nessa época ele estava entregue a seus preparativos que levaram milênios, pois deveria descer bem aparelhado para os baixios onde, por vontade dos seres humanos, as trevas reinavam.

E eis que delicadamente pousou no ombro do jovem absorto a mão de uma mulher. A Rainha da feminilidade estava ao seu lado e falou com afetuosa tristeza:

"Deixa o acontecimento atuar sobre ti, querido filho. *Assim* é o campo de luta que terás de atravessar na hora do cumprimento, pois, a pedido do Salvador assassinado, Deus-Pai concede que tu, antes do Juízo, anuncies mais uma vez Sua Palavra aos renegados, a fim de salvar aqueles que ainda queiram ouvi-la!"

Calado, o jovem baixou a cabeça, pedindo forças em fervorosa oração, pois o eco de tão grande amor de Deus agitava-se poderosamente nele!

Rapidamente se espalhou por toda parte a notícia da nova possibilidade de graça, pela última vez, e muitas almas rogaram a Deus consentimento para poder colaborar na grande obra de salvação de todos quantos ainda quisessem encontrar o caminho para Deus. O amor de Deus-Pai concedeu a algumas almas tal ensejo, que resultaria em vantagens para sua ascensão. Cheio de gratidão e alegria, o grupo dos assim agraciados prestou jubilosamente um juramento de fidelidade para o cumprimento da concedida possibilidade de servir.

Dessa forma se constituíram *aqueles* convocados que deveriam ficar mais tarde à disposição do enviado de Deus, quando chegasse na Terra a hora do seu cumprimento. Com cuidado passaram a ser preparados para essas incumbências e em tempo certo foram encarnados na Terra para poderem estar prontos, assim que o chamado lhes fosse dirigido, *sendo que seu primeiro cumprimento do dever era estarem atentos a esse chamado.*

ENQUANTO isso, o legado do assassinado Filho de Deus, sua Palavra viva, era utilizada na Terra apenas para fins egoísticos. Faltava aos seres humanos toda e qualquer noção dos verdadeiros princípios de Cristo. Acostumaram-se, pelo contrário, a um servilismo tão falso, exclusivamente terreno, que acabaram recusando tudo o mais como não vindo de Deus, e ainda hoje recusam e hostilizam tudo quanto não mostre essa moleza repelente desejada por eles, e que não professe o mesmo tão insano e servil culto da humanidade.

Tudo onde falta como base o reconhecimento da supremacia humana é considerado simplesmente como errado e não pertencente à Palavra de Deus. Mas por baixo de tal conduta se esconde, de fato, nada mais do que a preocupação receosa de que se torne evidente o vazio, já desde muito sentido, dessa construção errada.

Foi *isso* que fizeram do sagrado legado do Filho de Deus! Com pressuposições assim mesquinhas transmitiram suas palavras claras, interpretando-as de modo demasiadamente humano. Adeptos foram atraídos mediante concessões às fraquezas humanas, até que pudesse estabelecer-se determinado poderio terreno, o que sempre era visado como a principal finalidade. Não tardou assim a exteriorizar-se, com bestial crueldade, quão longe os portadores dos não compreendidos princípios de Cristo se encontravam da verdadeira compreensão desses princípios, e quão pouco viviam de acordo com eles.

De modo persistente, e cada vez mais nítido, foi-se tornando evidente que exatamente os que queriam apresentar-se como portadores dos princípios de Cristo eram os mais acérrimos inimigos e maiores afrontadores dos verdadeiros princípios de Cristo, de maneira vergonhosa e imperdoável! A História toda mostra, depois da existência terrena de Cristo, com o começo das igrejas, esses fatos tão claramente, em caracteres gravados indelevelmente a fogo, que não é possível denegá-los nem diminuí-los. O pelourinho da hipocrisia consciente foi erigido abertamente durante a longa história dos assassínios individuais ou em massa, levados a efeito sob a criminosa invocação de Deus, pelourinho esse que ainda hoje, em muitos lugares, continua a ser construído apenas com determinadas alterações, adequadas às circunstâncias dos tempos atuais.

Assim, foi aumentando progressivamente o negror das trevas, graças ao empenho afoito de todos os espíritos humanos, à medida que mais se ia aproximando o tempo em que o Filho do Homem tinha de encarnar-se na Terra.

Movimentos jubilosos nos elementos anunciaram o nascimento terreno. Anjos acompanharam-no, cheios de amor, em sua descida até esta Terra. Os primordialmente criados formaram uma sólida barreira ao redor dele e de sua infância terrena. Sua juventude terrena pôde ser feliz. Como uma saudação de Deus-Pai via de noite o cometa brilhando sobre si, contemplando-o como uma coisa natural, como parte dos demais astros, até que lhe foi posta a venda nos olhos, a qual deveria manter durante seu amargo aprendizado terreno.

Estranho lhe pareceu ficar tudo à sua volta, apenas um anseio elevado e insaciável enchia sua alma, provocando um estado de inquietação crescente, para pesquisar ininterrupta e nervosamente. Esse anseio não se deixava acalmar por coisa alguma que a Terra oferecesse.

Com a venda de matéria fina diante dos olhos, encontrava-se então em terreno hostil em frente às trevas, num campo de luta em que as trevas todas podiam fincar os pés mais firmemente do que ele. Por isso, estava na própria natureza da coisa que, por toda parte onde ele procurasse empreender algo, sua ação não encontrasse eco, nem redundasse em êxito, mas apenas as trevas agindo sempre hostilmente contra ele.

Enquanto não chegasse para ele a época do cumprimento, as trevas sempre podiam permanecer mais fortes, prejudicando-o terrenamente em qualquer setor terreno onde atuasse, pois tudo quanto é terreno *tinha* de contrapor-se hostilmente ao enviado de Deus, bem naturalmente, já que hoje toda a vontade dos seres humanos é dirigida *contra* a legítima vontade de Deus, não obstante a aparente procura pela Verdade, atrás da qual se esconde sempre apenas a presunção em múltiplas formas. As trevas encontraram com facilidade, por toda parte, criaturas dispostas a estorvar o enviado da Luz, e a feri-lo bem dolorosamente.

Assim, seu tempo de aprendizado na Terra tornou-se um caminho de sofrimentos.

Assim como o espiritual atua atraindo e sustentando com grande força, aparentemente à semelhança de um ímã, sobre o enteal bem como sobre a matéria fina e grosseira, de maneira igual e ainda muito mais forte aquilo que tem sua origem acima do espiritual tem de atuar, na Criação posterior, sobre *tudo* quanto está situado abaixo. Trata-se de um fenômeno natural, não sendo possível de modo diferente. Contudo, em seus efeitos só se assemelha a uma força de atração. Força de atração no sentido conhecido só tem a espécie igual correspondente.

Nesse caso trata-se, porém, do existente *poder do mais forte* no sentido puramente objetivo e mais nobre! Isto é, não concebido no sentido terreno humano, pois na matéria grosseira essa lei, como tudo o mais em seus efeitos, ficou embrutecida pela interferência dos seres humanos. Os efeitos naturais desse poder dominante mostram-se em sua forma exterior como uma atração magnética, reunindo, mantendo a coesão, dominando.

Em decorrência dessa lei, os seres humanos se sentiram atraídos magneticamente para esse Estranho velado e forte, proveniente das alturas, conquanto muitas vezes se opondo hostilmente. Os invólucros espessos que trazia não conseguiam evitar totalmente que essa força estranha à Terra o atravessasse, enquanto esta, por sua vez, ainda não fosse capaz de irradiar livremente, a fim de exercer *aquele* poder irresistível que terá, quando chegar a hora do cumprimento, depois de caírem tais invólucros.

Isso trouxe divergência entre as intuições dos seres humanos. A presença do Estranho, por si só, já lhes despertava, ao se encontrarem com ele, pensamentos de esperanças das mais variadas espécies, e que, infelizmente, só se concentravam, por causa de sua mentalidade, em desejos terrenos que eles nutriam e desenvolviam em seu íntimo.

Mas o Estranho nunca podia atender a tais desejos, porque sua hora ainda não era chegada. Por isso, muitos se viram frequentemente frustrados de modo pesado em sua imaginação, chegando mesmo, esquisitamente, a se sentirem ludibriados. Não raciocinavam que, na realidade, tinham sido *apenas suas próprias* esperanças egoísticas que não se realizaram, e atiravam assim, em sua desilusão, a responsabilidade para cima do Estranho. No entanto, este não os chamara; eles, sim, é que o importunavam e se agarravam a ele, devido àquela lei para eles desconhecida, e frequentemente se tornaram uma carga pesada

32. O Estranho

para ele, com a qual teria de passar *aqueles* anos de sua permanência na Terra, que lhe haviam sido destinados como tempo de aprendizado.

Os seres humanos terrenos sentiam nele algo misterioso, desconhecido, que não podiam explicar, e tinham o pressentimento de um poder oculto, que não compreendiam, e acabaram supondo, devido à sua ignorância, tratar-se de mera sugestão, hipnose e magia propositais, conforme o grau de sua incompreensão, quando de tudo isso absolutamente nada entrava em cogitação. A simpatia inicial, aquela atração sentida de modo estranho, acabava transformando-se muitas vezes em ódio, que explodia em pedradas morais e tentativas de conspurcação daquele, de quem prematuramente tinham esperado muito.

Ninguém se deu ao trabalho de uma justa autoanálise, a qual demonstraria que o explorado pelos importunadores tinha sido o Estranho, que vivia por si em outros ideais e concepções, não tendo explorado ninguém, conforme tais elementos importunadores tentavam convencer a si mesmos e a outros, amargurados por verem desfeitas as realizações de seus desejos de uma vida cômoda. Respondiam assim às cegas, com insensato ódio e inimizade, às gentilezas recebidas, semelhante à ação de Judas.

Mas o Estranho na face da Terra tinha de deixar que tudo isso caísse sobre ele, sendo uma contingência natural de sua existência, enquanto a humanidade vivesse no erro. Nisso, unicamente, ele conseguiu reconhecer do que os seres humanos terrenos em sua espécie eram capazes, cujas ações e pensamentos maus lhe eram inteiramente estranhos. Tal vivência trouxe, porém, simultaneamente também, uma têmpera a ele indispensável, que se foi colocando aos poucos como uma armadura em volta de sua índole sempre disposta a auxílio, e assim se formou um abismo entre ele e a humanidade... por causa das feridas da alma que, atuando de modo separador, só podem sarar pela completa transformação da humanidade. As feridas que lhe infligiram constituíram, daí em diante, o abismo que só poderá ser transposto por *aquele* ser humano *que* percorrer *totalmente* a estrada das leis de Deus. Apenas essa pode servir de ponte. Todos os outros terão de despencar no abismo, pois não há outro caminho para a travessia. E permanecer parado diante dele acarreta a destruição.

Na hora exata, antes do fim desse tempo difícil de aprendizado, realizava-se o encontro com *aquela* companheira que, como uma parte dele, devia acompanhá-lo durante a vida terrena, a fim de, segundo a determinação divina, cooperar na grande missão. Ela, estranha também na face da Terra, submeteu-se alegremente, por reconhecimento próprio, à vontade de Deus, a fim de integrar-se gratamente nela.

Só então chegou a época dos convocados, dos que outrora tinham feito perante Deus o juramento de fidelidade para o servir! O consentimento de seu pedido foi atendido com cuidado. Na época certa se processou a encarnação na Terra. Guiados fielmente, foram aparelhados terrenamente com tudo aquilo que cada missão necessitava para seu cumprimento. Tudo lhes foi conduzido, presenteado e de modo tão visível, que não podiam deixar de ver que se tratava de um presente, de um feudo para a hora do cumprimento da promessa feita outrora.

Entraram pontualmente em contato com o enviado, por meio de sua Palavra, a seguir também pessoalmente... mas muitos deles pressentiram, sim, o chamado, intuíram algo de diferente em suas almas; no entanto, durante sua peregrinação na Terra já se tinham deixado envolver de tal maneira com coisas puramente terrenas e em parte até pelas trevas, que não podiam mais dispor de forças suficientes para se dedicarem ao verdadeiro servir, para cuja realização lhes fora permitido vir à Terra nessa época tão importante.

Alguns manifestavam ainda alguma fraca vontade de cumprir, mas suas falhas terrenas os impediam. Houve outros ainda, infelizmente, que entraram mesmo no caminho preestabelecido, mas desde o início procuraram em *primeiro* lugar vantagens terrenas para si. Muitos daqueles, imbuídos de séria vontade, até esperavam que aquele a quem *eles* teriam de servir lhes aplainasse o caminho para o cumprimento, em vez do contrário.

Apenas poucos, isoladamente, mostraram-se realmente aptos a entrosar-se em sua missão. A esses, pois, na hora do cumprimento era outorgada uma força dez vezes maior, de modo que as lacunas não mais ficaram perceptíveis, tornando-se capazes de realizar, em sua fidelidade, mais até do que o grupo numeroso jamais o teria conseguido. —

Com tristeza, o Estranho na Terra viu a devastação entre o grupo dos convocados. *Isso foi para ele uma de suas mais amargas experiências!* Por mais que tivesse aprendido, por mais que tivesse sofrido através dos próprios seres humanos... em face desse último fato ficou atônito, sem poder compreender, pois não encontrou nenhuma desculpa para esse falhar. Segundo sua concepção, um convocado, que vira satisfeito seu pedido, tendo sido especialmente conduzido e encarnado, não podia querer outra coisa senão cumprir jubilosa e fielmente sua missão! Para que, aliás, estava na Terra! Por que tinha sido protegido fielmente até a hora do enviado vir a precisar dele! Tudo lhes fora presenteado unicamente por causa de seu servir indispensável.

Foi por isso que o Estranho confiou plenamente no primeiro dos convocados que encontrou. Teve-os a todos exclusivamente na conta de amigos, os quais de modo algum poderiam pensar, intuir e agir de forma diferente, senão na mais inabalável fidelidade. Pois tratava-se do mais elevado e precioso que podia acontecer a um ser humano. Não lhe veio um pensamento sequer de que fosse possível também um convocado tornar-se impuro durante o tempo de sua espera. Para ele era incompreensível que uma pessoa distinguida com tamanha graça pudesse falhar criminosamente, negligenciar e perder brincando a finalidade específica de sua existência terrena. Eles, com seus erros aderentes, pareciam-lhe apenas mui necessitados de auxílio... Assim, pois, o horror desse reconhecimento atingiu-o mais duramente, quando teve de vivenciar que o espírito humano, também em tais casos extraordinários, não é de inteira confiança e se mostra indigno da mais elevada graça, mesmo com a condução espiritual mais fiel!

Abalado, viu de repente, diante de si, a humanidade em sua indescritível inferioridade, em sua baixeza. Ela lhe causou asco.

32. O Estranho

CADA vez mais opressoramente a miséria caía sobre a Terra. Sempre mais nitidamente se mostrava a inconsistência das estruturações erradas de toda a atividade humana de até agora. Cada vez mais evidente a prova de sua incapacidade. Em meio à confusão crescente, tudo começou pouco a pouco a vacilar, exceto uma coisa: a presunção humana a respeito de sua própria pretensa capacidade.

Justamente essa se desenvolvia com mais pujança do que nunca, o que aliás era natural, uma vez que a presunção sempre necessita do solo da estreiteza. O aumento da estreiteza tem de acarretar também um forte vicejar da presunção.

A ânsia de projeção cresceu numa convulsão febril. Quanto menos tinha o ser humano para dar e quanto mais nele a alma angustiada apelava pela libertação, pressentindo claramente o afundamento, tanto mais importunamente tratava de agarrar-se às *futilidades terrenas exteriores,* às distinções humanas, numa falsa necessidade de equilíbrio. Mesmo que, enfim, os seres humanos sentissem frequentemente, em horas silenciosas, qualquer dúvida dentro de si, tratavam logo fervorosamente de, no mínimo, ainda serem *considerados* como conhecedores. A *qualquer* preço!

Assim, resvalava velozmente para baixo. No reconhecimento do desmoronamento vindouro, causador de medo, cada qual, por fim, procurava entorpecer-se conforme sua maneira, deixando prosseguir o inaudito. Cada um fechava os olhos diante da responsabilidade ameaçadora.

"Sábios" seres humanos anunciavam, entretanto, a época da vinda de um poderoso salvador da calamidade. A maioria desses sábios queriam, contudo, reconhecer a si próprios como esse salvador, ou, quando havia neles um pouco de modéstia, queriam encontrá-lo pelo menos em seu círculo.

"Fiéis" oravam a Deus, rogando que os livrasse da confusão. Mas evidenciava-se que esses homúnculos terrenos já procuravam entremear intimamente em seus pedidos, na expectativa do atendimento, determinadas condições a Deus, desejando ter esse salvador exatamente *de acordo com as suas ideias*. Tão longe alcançam os frutos da estreiteza terrena! Os seres humanos chegam a crer que um enviado de Deus precise enfeitar-se com futilidades terrenas! Esperam que ele tenha necessidade de orientar-se por suas restritas concepções terrenas, a fim de ser reconhecido por eles e, dessa forma, conquistar sua credibilidade e confiança. Que presunção inaudita, que pretensão já se manifesta unicamente nesse fato! A presunção será terrivelmente fulminada na hora do cumprimento, juntamente com todos aqueles que se entregaram a tal ilusão em seus espíritos! —

E eis que o Senhor chamou Seu servo que andava pela Terra como Estranho, para que falasse, para que transmitisse a Mensagem a quantos se mostrassem sedentos!

E vede, o saber dos "sábios" era falso, e as orações dos fiéis não eram sinceras, pois não se abriam à voz que vinha da Verdade e que, por isso, só poderia ser reconhecida onde a gota da Verdade não tivesse sido soterrada no ser humano pelos erros terrenos, pelo poder do raciocínio e todas as demais coisas que são propícias a desviar o espírito humano do verdadeiro caminho, levando-o à queda.

Essa voz só poderia encontrar eco onde o pedido partisse de uma alma verdadeiramente humilde e sincera.

O chamado se fez ouvir. Aonde chegava, ocasionava inquietações e separações. Contudo, naqueles lugares onde era aguardado sinceramente produzia paz e felicidade.

As trevas entraram em movimentação inquieta e se condensavam ainda mais espessas, pesadas e escuras ao redor da Terra. Agredindo hostilmente, manifestavam-se num ou noutro lugar, cheias de ódio, nas fileiras daqueles que queriam atender o chamado. Cada vez mais estreitamente, porém, rodeavam *aqueles* convocados que por seu falhar tinham de afundar na escuridão, para a qual voluntariamente haviam estendido a mão. Seus juramentos anteriores prendiam-nos espiritualmente de modo firme ao enviado, atraindo-os para a hora do cumprimento próximo, ao passo que seus erros os impediam e os repeliam até, impossibilitando assim qualquer ligação com a Luz.

Disso, por sua vez, somente podia surgir uma ponte para o ódio, para o ódio maciço das trevas contra a Luz. E assim eles tornavam mais árduo o caminho de sofrimento do enviado da Luz até o Gólgota, para cujo agravamento concorreu de bom grado a maior parte da humanidade, principalmente os que presumiam já conhecer e trilhar o caminho da Luz, como outrora os fariseus e os escribas.

Tudo isso criou uma situação na qual a humanidade pôde demonstrar mais uma vez que ela hoje repetiria a mesma coisa que perpetrou outrora contra o Filho de Deus. Só que desta vez de uma forma mais moderna, a crucificação simbólica mediante tentativa de *morte moral* que, segundo as leis de Deus, *não é menos criminosa do que o assassínio corporal*.

Era o cumprimento, depois da última possibilidade de graça, levianamente perdida. Traidores, falsas testemunhas e caluniadores vieram das fileiras dos convocados. Os vermes das trevas em número cada vez maior ousavam aproximar-se, por se julgarem seguros, porque o Estranho na Terra, no cumprimento de sua missão, ficou calado em face da sordidez, como lhe fora ordenado, como outrora também o Filho de Deus não fez de outra maneira diante da multidão vociferante, que queria tê-lo pregado à cruz como criminoso.

No entanto, quando os renegados perjuros já se consideravam vencedores em seu ódio cego, quando as trevas novamente consideravam anulada a obra da Luz, porque esperavam ter desacreditado terrenamente por completo o portador dessa obra, aí Deus revelou *Sua vontade com onipotência!* E então... tremendo, caíram de joelhos também os escarnecedores, mas... era tarde demais para eles!

SALVAÇÃO! LIBERTAÇÃO!

Salvação! Libertação! Quantas vezes os seres humanos já fizeram uma imagem errada destas palavras, querendo ver nisso um incondicional auxílio da Luz, com exclusão da sacrossanta justiça. Reside nisso uma total confusão, que já hoje se mostra em tudo quanto o sentido humano concebe. Querem transformar Deus em seu escravo prestimoso, que deve ser aceito apenas para o bem-estar dos pequenos seres humanos terrenos.

Perguntai-vos a tal respeito, aclarai vossos pensamentos sem atenuações, olhai objetivamente até o fundo e então acabareis reconhecendo que todo o pensar jamais foi sintonizado de modo diferente, mas sim que Deus, para atender vossos pedidos, sempre deve ajudar servilmente, a fim de que vossos desejos se realizem.

Certamente não dais a isso a designação que caberia ao vosso modo de ser, e sim apresentais com rodeios, como sempre, vossa vontade errada; colocais o manto de uma humildade aparente e falais apenas em "conceder" em vez de servir, mas isso não altera em nada, que todo vosso atuar, mesmo na oração, seja do mal, não podendo agradar a Deus!

Sede verdadeiros ao menos uma vez, finalmente, com vós mesmos, e tremei ao reconhecer de que forma vos portastes diante de vosso Deus; teimosos, arrogantes, insatisfeitos, hipócritas por superficialidade, só pensando Nele na hora da necessidade e do sofrimento, para que vos tire das consequências de vosso atuar, a respeito das quais nunca perguntastes antes se vossas decisões se incluíam nos moldes de *Sua* vontade.

Que sois vós, seres humanos, diante da onipotência e sublimidade do Senhor, para querer que Ele se deixe governar *assim* por vós, conforme vos seja agradável! Com que presunção quereis impor, à força, aqui na Terra, *aquelas* leis que vosso restrito modo de pensar gerou, leis essas em desacordo com as leis divinas por Ele colocadas na Criação. Conduzis tantas vezes vossa vontade errada com uma astúcia irresponsável e uma maneira de pensar maldosa perante Deus, lesando assim vosso próximo, a fim de obterdes proveito próprio, quer seja em dinheiro e bens, ou em prestígio junto àqueles para quem o fazeis.

Agora, tudo isso recairá duramente sobre vós, como o peso de uma rocha, pois nenhuma de vossas atuações erradas pôde ser considerada como extinta na lei da reciprocidade, a não ser que vós próprios vos tenhais livrado mediante a mudança de vossa vontade para o bem.

Os obstáculos que ainda impedem o resgate de tantas coisas serão arrancados! Irresistivelmente, tudo recai sobre a humanidade terrena, que deseja permanecer na indolência espiritual e na presunção, para impor sua vontade que há muito já se afastou para longe da vontade de Deus.

Mas isso será o fim do domínio das trevas sobre a Terra! Tal domínio desmoronará e arrastará consigo todos os seres humanos que a ele se associaram.

Contudo, no meio dos ruidosos estrondos dos desmoronamentos vibra a Palavra! Vitoriosamente atravessará os países, para que ainda se possa salvar quem sinceramente se *esforçar* para tanto.

Nisso reside a condição de que cada ser humano tem de esforçar-se para reconhecer a Palavra do Senhor como salvação! Caso deixe, duvidando, passar essa última oportunidade, sem aproveitá-la com todas as suas forças, jamais terá diante de si situação igual, e estará eternamente perdido para ele o momento propício de sua libertação.

Salvação, libertação, ocorrerá para ele unicamente na Palavra, que tem de acolher, a fim de, vivendo de acordo com ela, libertar-se dos laços que o prendem embaixo, na ignorância e deformação dos conceitos reais.

Da pior maneira fostes envenenados e postos em perigo, pela interpretação errada do amor de Deus, que procurastes despojar de todo o vigor, de toda a força e clareza, envolvendo-o em moleza doentia e condescendência nociva, o que vos acarretou indolência espiritual, tendo de precipitar-vos, com isso, na perdição.

Acautelai-vos com a deformação destruidora do conceito do sagrado amor de Deus! Caireis com isso num entorpecimento agradável a princípio, que se transformará em sono mortal.

Nenhum amor *verdadeiro* se encontra na condescendência e na bondade que deve perdoar tudo, mas sim esse erro é como um veneno entorpecente que apenas debilita, cansando os espíritos, e por fim produz a paralisia completa, forçando a morte eterna, uma vez que não haverá possibilidade de um despertar ainda em tempo.

Apenas um frio cortante da pureza divina pode traspassar o cansaço e abrir para o verdadeiro amor o caminho que conduz a vossos espíritos. A pureza *é* severa, não conhece paliativos nem mesmo desculpas. Por isso, terá de parecer áspera a muitas pessoas que de bom grado procuram iludir-se. Mas, na realidade, ela só fere onde algo não estiver em ordem.

A moleza causa danos não somente a vós como também àqueles que julgais agradar com isso. Sereis julgados um dia por um *Superior,* com uma espécie de justiça que se tornou estranha a vós, por vossa própria culpa, desde muito tempo, pois vós vos distanciastes dela.

É a *justiça de Deus,* imutável de eternidade a eternidade, independente da opinião dos seres humanos, e livre de suas simpatias, ódios, maldades e poderes. Ela é *onipotente,* pois vem de Deus!

Se não empregardes *todas* as forças para libertar-vos de conceitos antigos, não aprendereis a compreender essa justiça. Tampouco conseguireis tornar-vos novos interiormente! E somente o *novo* ser humano, que se encontra na Palavra da vida, ansiando pela Luz, recebe os auxílios de que precisa, para transpor um Juízo de Deus.

O ser humano tem de ajudar-se pela Palavra, que lhe mostrará o caminho a tomar! Só *assim* poderá encontrar salvação; do contrário, ela não lhe será concedida! Tem de robustecer-se na luta que trava a seu próprio favor, ou nela perecerá!

Despertai e enfrentai, lutando, todas as trevas, então vos será concedida a força auxiliadora. Já os fracos, porém, perderão tudo o que ainda possuem de força, pois não sabem utilizá-la de modo certo. Assim, o pouco que ainda possuem lhes será tomado porque, na lei da atração da igual espécie, a força flui para aqueles que a utilizam com afinco e de *maneira certa*. Assim se cumprem as palavras de antiquíssimas promessas.

A FALA DO SENHOR

É DEVER sagrado do espírito humano pesquisar por que se encontra na Terra, ou por que motivo vive nesta Criação, à qual se encontra ligado por milhares de fios. Nenhum ser humano se tem em conta de tão insignificante, para crer que sua existência seja sem finalidade, se *ele* mesmo assim não a tornar. A tal respeito considera-se ele em todo caso demasiado importante. No entanto, são apenas poucos os seres humanos que conseguem, penosamente, libertar-se *a tal ponto* da indolência de seu espírito, para se ocuparem seriamente em pesquisar qual a sua finalidade na Terra.

E é também unicamente indolência do espírito que os faz de bom grado adotar doutrinas fixas estabelecidas por outros. E indolência reside na tranquilidade de pensar que é grandeza agarrar-se à crença dos pais, sem submeter os pensamentos nela contidos a exame próprio, de maneira rigorosa e meticulosa.

Em todas essas coisas os seres humanos são apoiados fervorosamente por associações calculistas e egoísticas, as quais acreditam que a expansão do número de adeptos seja o melhor caminho para o aumento e a consolidação da influência e, com isso, o crescimento do poder.

Longe delas se encontra o verdadeiro reconhecimento de Deus, pois de outra forma não prenderiam o espírito humano nas algemas de uma doutrina fixa, mas sim teriam de educá-lo com vistas à responsabilidade própria, determinada por Deus, que condiciona fundamentalmente *inteira liberdade às suas decisões espirituais!* Unicamente um espírito livre nisso pode chegar ao verdadeiro reconhecimento de Deus, que nele amadurece para a

convicção plena, a qual é necessária a cada um que queira ser erguido às alturas luminosas, pois somente a convicção livre e sincera pode ajudá-lo a tanto. —
Vós, seres humanos, porém, o que fizestes! Como tolhestes essa altíssima graça de Deus, impedindo criminosamente que ela pudesse desenvolver-se, ajudando todos os seres humanos terrenos a abrir *aquele* caminho, que os conduz seguramente à paz, à alegria e à mais alta felicidade!

Ponderai: também na opção, no assentimento ou na obediência, que talvez ocorra apenas por hábito, como consequência da indolência espiritual, ou porque nos outros seja usual assim, *reside uma decisão pessoal,* que para os que assim agem acarreta responsabilidades, de acordo com as leis da Criação!

Para aqueles que induzem o espírito humano assim, decorre paralelamente também uma responsabilidade inevitável, de inexorável consequência. Nem o menor pensamento ou ação podem ser postos de lado, sem consequências de igual espécie da Criação, em cuja contextura os fios se tecem inexoravelmente, tanto para uma pessoa individualmente, como para a coletividade, aguardando os resgates, os quais, por sua vez, terão de ser recebidos ao final por seus autores, isto é, geradores, seja como sofrimento ou alegria, conforme a maneira com que foram criados outrora, somente aumentados e consequentemente mais robustecidos.

Estais presos na tecedura de vossa própria vontade, de vosso atuar e só vos libertareis disso quando essa tecedura puder cair de vós pelo resgate.

Entre todas as criaturas na Criação só o espírito humano tem *livre-arbítrio,* o qual até hoje ele próprio não pôde esclarecer nem compreender, porque, nos limites estreitos de seu cismar intelectivo, não encontrou nenhum ponto de apoio como prova disso.

Seu livre-arbítrio reside unicamente nas *decisões* que em cada hora ele pode tomar inúmeras. Mas ele está sujeito inexoravelmente às consequências de cada uma de suas próprias decisões, no tecer automático das leis da Criação! Daí decorre sua responsabilidade, que está inseparavelmente ligada à concessão de uma liberdade de vontade na decisão, e a qual foi dada ao espírito humano como algo inseparável e característico.

Do contrário, onde estaria a justiça divina que, como apoio, equilíbrio e conservação de todas as atuações criadoras, está firmemente ancorada na Criação?

Ela nem sempre conta, porém, em seus efeitos, somente com o curto espaço de tempo de uma existência terrena do espírito humano, mas sim existem nisso outras condições totalmente diferentes, como os leitores de minha Mensagem sabem.

Com muitas decisões superficiais já trouxestes frequentemente sobre vós desgraças, forçando-as às vezes sobre vossos filhos. Se vós próprios vos mostrastes demasiado indolentes para reunir ainda aquela força, a fim de decidirdes na mais íntima intuição, sem considerar o aprendido, mesmo que cada palavra que resolvestes aceitar possa conter verdade, então não devíeis procurar impor as consequências de vossa indolência a vossos filhos, precipitando-os assim na desgraça.

O que, portanto, a indolência espiritual acarreta em um lado, o raciocínio calculador ocasiona em outro.

Por meio desses dois inimigos da liberdade espiritual de decisão, está, pois, atada a humanidade, à exceção de alguns poucos que ainda se esforçam por obter a coragem de arrebentar tais amarras dentro de si, a fim de se tornarem seres humanos verdadeiros, conforme estipula a observância das leis divinas.

As leis divinas são em tudo verdadeiras amigas, graças auxiliadoras provenientes da vontade de Deus, que assim abre o caminho para a salvação de cada um que para isso se esforce.

Não existe nenhum outro caminho para tanto, a não ser aquele que as leis de Deus na Criação mostram nitidamente! A Criação inteira é a fala de Deus, que deveis esforçar-vos seriamente por ler, e que nem é tão difícil como imaginais.

Pertenceis a esta Criação como uma parte dela; por conseguinte, tendes de vibrar com ela, atuar nela, amadurecer aprendendo dela, e assim, colhendo reconhecimentos, subir cada vez mais, de um degrau para outro, seguindo na irradiação, a fim de enobrecer tudo aquilo que entre em contato convosco em vosso caminho.

34. A Fala do Senhor

Então se desenvolverão à vossa volta belos milagres, uns após os outros, que vos soerguerão reciprocamente cada vez mais alto. Aprendei a reconhecer vosso caminho na Criação, assim sabereis também a finalidade de vossa existência. Ficareis repletos de jubilosa gratidão e da mais alta felicidade que um espírito humano seja capaz de suportar, e que só se encontra no reconhecimento de Deus!

No entanto, a felicidade bem-aventurada do verdadeiro reconhecimento de Deus nunca pode desenvolver-se de crenças cegas aprendidas, e muito menos florescer, mas unicamente saber convicto, convicção sábia outorga ao espírito aquilo de que ele necessita para isso.

Vós, seres humanos terrenos, estais nesta Criação a fim de *encontrar* a felicidade bem-aventurada! Na fala em que Deus se expressa a vós de modo vivo! E compreender essa fala, aprendê-la, intuir nela a vontade de Deus, *eis* vosso *alvo* no percurso através da Criação. Na própria Criação a que pertenceis reside o esclarecimento da *finalidade* de vossa existência e ao mesmo tempo também o reconhecimento de vosso *alvo!* De outra forma jamais encontrareis ambos.

Isso exige de vós que *vivais* a Criação. Vivê-la ou *vivenciá-la* só o conseguireis, contudo, quando a *conhecerdes* realmente.

Abro-vos, pois, com a minha Mensagem o Livro da Criação! A Mensagem vos mostra claramente a fala de Deus na Criação, fala essa que deveis aprender a compreender, para que possais absorvê-la inteiramente.

Imaginai por um momento uma criança qualquer na Terra, que não pode compreender o pai ou a mãe, porque nunca aprendeu a língua que lhe é falada. Que seria de tal criança?

Ela ignora completamente o que querem dela e, dessa maneira, irá caindo de um mal para outro, atraindo sobre si um sofrimento após outro, e acabará talvez inteiramente incapacitada para a finalidade terrena, como também para a alegria terrena.

Cada criança não tem de aprender sozinha, por *si mesma,* a língua de seus pais, para poder vir a ser algo? Ninguém poderá livrá-la desse esforço!

Do contrário nunca poderia orientar-se, nunca amadureceria e nunca poderia atuar na Terra, mas sim permaneceria um estorvo, um peso para os demais, e por fim teria de ser afastada, para não causar prejuízos.

E vós, aguardais algo diferente?

O inevitável cumprimento de tal dever da criança, tendes vós para com vosso Deus, logicamente, Cuja fala *vós* tendes de aprender a compreender, tão logo quiserdes Seu auxílio. No entanto, Deus fala para vós em Sua Criação. Se quiserdes progredir nela, então tendes de reconhecer primeiro essa Sua fala. Se negligenciardes isso, sereis afastados dos que conhecem a fala e que por ela se orientam, pois do contrário causareis danos e estorvos, sem que talvez quisésseis isso realmente!

Portanto, *vós* tendes de fazer isso! Não vos esqueçais disso, e cuidai para que tal se realize, do contrário estareis indefesos e expostos a tudo o que vos ameaça.

Minha Mensagem será para vós um guia fiel!

ÍNDICE

Introdução 9
1. Que procurais? 11
2. O clamor pelo guia 15
3. O anticristo 21
4. Moralidade 26
5. Despertai! 33
6. O silêncio 43
7. Ascensão 52
8. Culto 57
9. Enrijecimento 62
10. Infantilidade 68
11. Castidade 75
12. O primeiro passo 78
13. O mundo 84
14. A estrela de Belém 94
15. A luta 100
16. A moderna ciência do espírito 105
17. Caminhos errados 119
18. O que separa hoje tantos seres humanos da Luz? 122

19. Era uma vez...! 133
20. Erros 156
21. A palavra humana 171
22. A mulher da Criação posterior 178
23. Submissão 182
24. Indolência do espírito 189
25. O ser humano terreno diante de seu Deus 195
26. Tudo quanto é morto na Criação deve ser despertado para que se julgue! 200
27. O Livro da Vida 202
28. O reino de Mil Anos 207
29. Uma palavra necessária 212
30. O grande cometa 218
31. O Mestre do Universo 220
32. O Estranho 224
33. Salvação! Libertação! 235
34. A Fala do Senhor 239

DISSERTAÇÕES CONTIDAS NO VOLUME 2 DE "NA LUZ DA VERDADE"

1. Responsabilidade
2. Destino
3. A criação do ser humano
4. O ser humano na Criação
5. Pecado hereditário
6. Deus
7. A voz interior
8. A religião do amor
9. O Salvador
10. O mistério do nascimento
11. É aconselhável o aprendizado do ocultismo?
12. Espiritismo
13. Preso à Terra
14. A abstinência sexual beneficia espiritualmente?
15. Formas de pensamentos
16. Vela e ora!
17. O matrimônio
18. O direito dos filhos em relação aos pais
19. A oração
20. O Pai Nosso
21. Adoração a Deus

22. O ser humano e seu livre-arbítrio
23. Seres humanos ideais
24. Lançai sobre ele toda culpa
25. O crime da hipnose
26. Astrologia
27. Simbolismo no destino humano
28. Crença
29. Bens terrenos
30. A morte
31. Falecido
32. Milagres
33. O batismo
34. O Santo Graal
35. O mistério Lúcifer
36. As regiões das trevas e a condenação
37. As regiões da Luz e o Paraíso
38. Fenômeno universal
39. A diferença de origem entre o ser humano e o animal
40. A separação entre a humanidade e a ciência
41. Espírito
42. Desenvolvimento da Criação
43. Eu sou o Senhor, teu Deus!
44. A imaculada concepção e o nascimento do Filho de Deus
45. A morte do Filho de Deus na cruz e a Ceia
46. Desce da cruz!
47. Esta é a minha carne! Este é o meu sangue!
48. Ressurreição do corpo terreno de Cristo
49. Conceito humano e vontade de Deus na lei da reciprocidade
50. O Filho do Homem

Dissertações contidas no volume 2   249

51. A força sexual em sua significação para a ascensão espiritual
52. Eu sou a ressurreição e a vida; ninguém chega ao Pai, a não ser por mim!
53. Matéria grosseira, matéria fina, irradiações, espaço e tempo
54. O erro da clarividência
55. Espécies de clarividência
56. No reino dos demônios e dos fantasmas
57. Aprendizado do ocultismo, alimentação de carne ou alimentação vegetal
58. Magnetismo terapêutico
59. Vivei o presente!
60. O que tem o ser humano de fazer para poder entrar no reino de Deus?
61. Vês o argueiro no olho de teu irmão e não atentas para a trave no teu olho
62. A luta na natureza
63. Efusão do Espírito Santo
64. Sexo
65. Pode a velhice constituir um obstáculo para a ascensão espiritual?
66. Pai, perdoa-lhes, pois não sabem o que fazem!
67. Deuses – Olimpo – Valhala
68. Criatura humana
69. E mil anos são como um dia!
70. Intuição
71. A vida

DISSERTAÇÕES CONTIDAS NO VOLUME 3 DE "NA LUZ DA VERDADE"

1. No país da penumbra
2. Cismadores
3. Mártires voluntários, fanáticos religiosos
4. Servos de Deus
5. Instinto dos animais
6. O beijo de amizade
7. A ferramenta torcida
8. A criança
9. A missão da feminilidade humana
10. Onipresença
11. Cristo falou…!
12. Lei da Criação: "movimento"
13. O corpo terreno
14. O mistério do sangue
15. O temperamento
16. Vê, ser humano, como tens de caminhar através desta Criação, para que fios do destino não impeçam, mas auxiliem tua ascensão!
17. Uma nova lei
18. Dever e fidelidade
19. Beleza dos povos

20. Está consumado!
21. No limite da matéria grosseira
22. O reconhecimento de Deus
23. O nome
24. O enteal
25. Os pequenos enteais
26. Na oficina de matéria grosseira dos enteais
27. Peregrina uma alma...
28. Mulher e homem
29. Almas torcidas
30. O guia espiritual do ser humano
31. Fios de luz sobre vós!
32. A Rainha Primordial
33. O circular das irradiações
34. Evitai os fariseus!
35. Possesso
36. Pedi, e vos será dado!
37. Agradecimento
38. Faça-se a Luz!
39. Inenteal
40. Natal
41. Não *caiais* em tentação!
42. Conceito de família
43. Doce lar
44. Fiéis por hábito
45. Vê o que te é útil!
46. Onisciência
47. O sexo fraco
48. A ponte destruída

49. A guardiã da chama
50. Visão geral da Criação
51. Alma
52. Natureza
53. Germes espirituais
54. Germes enteais
55. O círculo do enteal
56. Os planos espírito-primordiais I
57. Os planos espírito-primordiais II
58. Os planos espírito-primordiais III
59. Os planos espírito-primordiais IV
60. Os planos espírito-primordiais V
61. Os planos espírito-primordiais VI
62. Os planos espírito-primordiais VII
63. Epílogo: Como assimilar a Mensagem

AO LEITOR

A Ordem do Graal na Terra é uma entidade criada com a finalidade de difusão, estudo e prática dos elevados princípios da Mensagem do Graal de Abdruschin "NA LUZ DA VERDADE", e congrega as pessoas que se interessam pelo conteúdo das obras que edita. Não se trata, portanto, de uma simples editora de livros.

Se o leitor desejar uma maior aproximação com as pessoas que já pertencem à Ordem do Graal na Terra, em vários pontos do Brasil, poderá dirigir-se aos seguintes endereços:

Por carta:
ORDEM DO GRAAL NA TERRA
Rua Sete de Setembro, 29.200 – CEP 06845-000
Embu das Artes – SP – BRASIL
Tel.: (11) 4781-0006

Por e-mail:
graal@graal.org.br

Pela Internet:
www.graal.org.br

Fonte: Times
Papel: Pólen Soft 70g/m^2
Impressão: Mundial Gráfica Ltda.